돈과 섹스의 영성

돈과 섹스의 영성

887549 059636

폴 트립 지음 | 이지혜 옮김

아바서원

아침마다 경험하는 새로운 자비와

날마다 주시는 구원의 은혜에

영원히 감사하며.

차례

　오늘 아침, 나는 당신이 지금 읽고 있는 이 책을 탈고했다. 자유로운 오후를 맞이한 내 기분을 아무리 좋게 묘사한다 해도, 애석하다 고밖에 할 수 없을 것 같다. 이 책을 쓰면서 드러난 내 참모습에 큰 충격을 받았기 때문이다. 여전히 내 마음 한구석에 자리 잡고 있는 정욕과 중요하지도 않은 물건에 돈을 허비하고 있는 모습에 마음이 슬프고 아프다. 하지만 절망하지 않는다. 이 책을 쓰면서 내게 자유와 변화를 주시는 주 예수 그리스도의 은혜의 능력 때문에 그 어느 때보다 훨씬 기뻤기 때문이다.

　우리가 성과 돈에 관련해 여전히 율법주의에 빠져 있다고 생각하면 슬퍼진다. 율법주의는 제대로 된 규칙을 세워 서로가 책임지면, 이 효과적인 체제 속에서 그들의 인생을 정비할 수 있고, 마침내 성과 돈으로 미친 세상에서 그들을 구할 수 있다고 말한다. '성과 돈'이라는 죄가 사람들을 속이고 노예 삼는 힘을 똑똑히 보면서도, 우리가 인간의 개입이라는 부족한 힘에 의지하여 편안함을 느낀다는 사실 그 자체가 미친 짓이다. 인간이 겪는 어려움 중에, 성과 돈처럼 날마다 저지르는 악행보다 더 강력하게 죄의 악함을 보여주는 영역이 있을까?

그럼에도 우리가 기뻐해야 할 이유는 확실히 있다. 예수 그리스도의 교회가 곳곳에서 복음의 소망으로 다시 돌아오고 있기 때문이다. 곳곳에서 노소를 불문한 그리스도인 지도자들이 성과 돈 문제의 진단에 도움을 얻고자 예수 그리스도의 복음을 찾고 있을 뿐 아니라, 유혹에 중독된 약한 사람들에게 예수님의 은혜에서만 발견할 수 있는 소망도 드러내고 있다.

그렇지만 오늘도 얼마나 많은 사람들이 성과 돈에서 그것들이 줄 수 없는 것을 찾고 있는지, 그러면서 유혹에 빠지고 중독이 깊어지는지를 생각하면 슬프다. 이들은 수치심에 자신의 잘못된 행동과 종노릇을 부인할 것이다. 더욱이 개개인이 남몰래 이런 어려움을 겪는 사이, 시간이 지날수록 주변 문화가 점점 더 성과 돈에 미쳐 간다는 사실이 슬플 따름이다.

하지만 이 모든 난관 중에도 기뻐할 수 있는 것은, 예수님이 여전히 다스리시며 최후의 원수가 굴복하기까지 그 나라는 끊임없이 전진할 것을 우리가 알기 때문이다. 그분은 모든 상황과 장소, 관계를 다스리신다. 그렇지 않으면 우리에게는 소망이 없을 것이다. 예수님은 그분의 영광과 당신의 유익을 위해 다스리신다. 이 다스림은 그분이 당신에게 약속하신 모든 것을 주실 것을 보장한다. 그분만이 그가 다스리는 곳에서 자기 약속을 이행하겠다고 보장하실 수 있기 때문이다. 물론 그가 다스리지 않는 곳은 없다.

자, 이제 슬픈 경배자로 이 책을 읽기 시작하자. 이 책을 읽으면서 때로는 눈물을 흘리고, 때로는 기쁨의 탄성을 내지르길 기대한다. 얼굴을 찡그리며 즐거워하거나 눈물을 흘리며 기뻐하라. 그것이 메시아가 성과 돈 문제를 온전히 해결해 주시리라는 확신 가운데 '이미'와 '아직' 사이에서 기다리며 살아가는 우리에겐 당연한 행동이다.

폴 데이비드 트립

◇

—

1장

미안하지만,
우린
제정신이
아니다

▷◁

열세 살 난 이 여자아이는 입만 열면 가슴 커지는 이야기를 하고, 머릿속으로도 늘 그 생각뿐이다. 이 아이에게 여자가 된다는 것은 가슴 크기가 전부다.

열다섯 살 난 또 다른 여자아이는 자칭 구강성교 전문가다. 구강성교에 대한 지식뿐 아니라 경험도 좀 있는 듯하다. 이 아이가 꼽는 구강성교의 좋은 점은, "실제로는 성관계가 아니지만" 성관계를 맺는 방법이란 것이다.

나는 여름에, 필라델피아 도심을 걸어 다니다 보면 눈을 어디에 둬야 할지 모르겠다고 아내에게 하소연했다. 정도의 차이는 있지만, 신체를 노출하고 다니는 여자들이 너무 많아서다.

팀은 열일곱 살이다. 그는 자기도 모르는 사이, 여자를 물건으로 보는 훈련이 되어 있었다. 마치 여자의 가치가 아름다운 외모와 몸매에 달려 있기라도 한 것처럼 말이다.

조지는 결혼해서 세 자녀를 두었다. 겉으로는 원만한 결혼생활처럼 보이지만, 그는 하루에 한 번 이상 자위를 한다. 아내 모르게 자위행위를 한 지도 벌써 수년째다.

강연이 끝난 후, 부부는 상심한 마음과 분노를 품고 나를 찾아왔다. 인터넷 음란물에 중독된 대책 없는 아들을 어찌해야 할지 몰라 상담을 받고 싶어했다. 아들이 십 대나 이십 대 초반쯤 되겠거니 하고 나이를 물었는데, 놀랍게도 "여덟 살"이라고 했다. '여덟 살이라니!' 대답을 제대로 이해하느라 시간이 좀 걸렸다. 여덟 살!

남아프리카공화국에서 열린 강연에서 한 부부가 점심식사를 같이 하고 싶다고 했다. 식사가 끝난 후 부부는 사연을 들려주었다. 교회 전도사인 아들이 얼마 전에 결혼했는데, 담당 청년부의 한 여학생과 그 전부터 성관계를 해왔다고 한다.

세계 어느 대도시를 가든, 동성 결혼을 시민의 권리라고 여겨 지지하지 않으면 고리타분하고 편협한 사람으로 치부된다.

당신의 도덕성에 해가 되지 않는 영화나 자동차 광고, 대중가요는 찾아보기 힘들다.

산드라는 스무 살이다. 그녀가 생각하는 최신 유행 의상은 몸을 드러내도록 디자인한 옷들이다. 산드라의 옷장에는 몸에 딱 달라붙으며, 짧고 가슴이 깊이 파인 옷들이 많다. 산드라는 여러 면에서 자신의 믿음을 진지하게 생각하는 그리스도인이다.

그 사람은 자신의 문제를 깨닫고 내게 상담을 요청했다. 그는 낮에는 신학교 수업을 듣고 저녁에는 여자들을 스토킹하고 다녔다. 스타벅스에 앉아 있다가 맘에 드는 여자가 눈에 띄면 상대방 몰래 집까지 따라가곤 했다.

자신이 맡은 학생들과 성관계를 맺어 체포된 교사와 코치들은 또 얼마나 많은가?

요즘 바람피우고 싶어하는 사람들끼리 짝지어 주는 웹사이트가 인기다.

어느 도심 고등학교에서는 아이가 있는 여학생들이 너무 많아 학교 건물 옆에 탁아소를 열었다.

노골적으로 성적인 사진을 핸드폰으로 전송하는 사람들이 많다 보니 '섹스팅'(sexting)이라는 신조어가 생겨날 정도다.

인터넷 음란물은 월드와이드웹에서 가장 큰돈이 되는 사업이다.

고교 졸업반 학생들은 안정된 직장을 얻기도 전에, 주거래 은행에서 미리 승인한 신용카드를 졸업 선물로 받는다.

텔레비전과 인터넷을 켜면 부자와 유명인들의 호화로운 생활이 끊임없이 등장한다.

신용카드 여러 장과 대출을 낀 많은 신혼부부들이 채무라는 위험한 부담을 지고 결혼생활을 시작하지만, 겉으로는 그런 부담을 알지도, 무서워하지도 않는 듯하다.

늘 수입보다 지출이 많아서 점점 더 쌓이기만 하는 빚더미에 파묻히지 않으려고 용쓰는 사람들이 너무 많다.

고급차 판매업자들은 능력도 안 되는 사람들에게 돈을 빌려 주면서까지 판매를 유도하여, 그들이 실제보다 더 부유하고 성공한 것처럼 보이게 도와준다.

필요 이상으로 크고, 감당하기 힘든 비싼 집에 사는 많은 사람들은 압류라는 막을 수 없는 현실을 두려워한다.

고등학생 자녀의 생일 선물로 5만 달러짜리 자동차를 사주는 부모를 보면서, '더 크면 무슨 선물을 사주려나?' 하고 궁금해지지 않을 수 없었다.

헌신된 그리스도인들이 진 평균 채무액만 보더라도 참으로 남부끄러운 일이다.

어느 가정은 집을 담보로 추가 대출을 받아 그 돈을 자유 입출금 통장에 넣어 두고 사용 가능한 현금을 늘렸다.

빚 때문에 염려는 끊이지 않는 데다 수입은 턱없이 부족하여, 그 뒤를 쫓느라 허덕이며 살아가는 사람들이 너무 많다.

복음주의 교회에서는 대부분의 헌금이 극소수 교인의 주머니에서 나오고, 나머지 출석 교인들은 헌금을 아예 내지 않거나 쥐꼬리만큼 드리고 있다.

대도시에 사는 많은 부부가 날마다 자녀를 어린이집에 맡긴다. 그러면서 맞벌이를 하지 않으면 생활비가 부족하기 때문이라고 말한다.

젊은 시절 무리하게 빚을 진 많은 노인들이 은퇴 자금을 빚 갚는 데 탕진하고는 은퇴 후에도 일을 한다.

❖

성과 돈, 우리가 이 두 영역에서 심각한 문제에 봉착했단 사실을 확인하려고 굳이 멀리까지 갈 필요는 없다. 뉴스에서는 매일같이 성과 돈에 관련된 추문을 쏟아놓는다. 타블로이드 신문 기사만 보아도 뭔가 끔찍이 잘못되었다는 사실을 확인하기에 충분하다. 성과 돈에 관련된 어떤 문화권의 담론도 자기기만이나 현실 왜곡에 물들지 않은 경우가 드물다. 성과 돈 모두 그것들이 약속한 것을 가져다주지 못할 뿐 아니라, 우리 생각보다 훨씬 위험하다. 성과 돈은 오늘날 우리 사회에서 인간 공동체의 구조를 갉아먹는 영적 용제 역할을 한다. 더욱이 성과 돈은 당신의 마음을 장악하여 인생의 방향을 결정하는 비뚤어진 힘을 가지고 있다. 사실상 성과 돈은 당신이 모든 것을 통제하고 있다는 들뜬 기분을 느끼게 해주지만, 그와 동시에 당신을 그 통제에 조금씩 얽어매는 주인으로 등극한다. 이렇듯 성과 돈은 내면의 안정감을 준다고 말하지만, 정작 당신을 만족시킬 능력이 없다. 당신으로 하여금 쾌락을 기대하게끔 유혹하지만, 공허함과 더 큰 갈증만 남길 뿐이다. 결국 성과 돈은 만족하게 된다는 허황된 가능성만 제시한 채 더 많이 가진 사람 앞에서 당신을 시기감에 몰아넣는다. 성과 돈은 신체적 쾌락이 영적 평안으로 이끄는 길이라는 거짓말을 이해시키려 한다. 성과 돈은 창조주만이 주실 수 있는 것을 자신들도 줄 수 있다고 버젓이 약속한다. 성과 돈은 그 자체로 아름답지만, 인간의 타락으로 왜곡되고 위험해졌다.

안팎에서 이런 상황이 벌어지고 있는데도, 예수 그리스도의 교회는 이 두 영역에 대해 이상하리만치 침묵하면서 언급을 피했다. 우리는 매우 소심하게, 또 조심스럽게, 당황스러워하며 이 두 영역에 접근하는 것 같다. 이런 태도는 개인적으로나 문화적으로, 성경적으로도 옳지 않다. 목회자들은 돈 문제에 대해 가르치거나 설교하기를 주저할 때가 많다. 이 주제가 하나님의 부르심을 벗어나기라도 한 것처럼 말이다. 목회자들이 돈 문제를 언급할 때 매우 조심스럽다면, 성 문제를 이야기할 때는 더더욱 그렇다. 그러는 사이, 주변 세상에서는 이 두 주제에 대한 이야기가 끊이지 않는 것 같다.

그리스도인 부모들도 이 두 주제에 서툴기는 마찬가지다. 돈을 사랑하는 것이 얼마나 위험한지, 감당할 수 없는 빚에 빠지기가 얼마나 쉬운지, 분수에 맞는 삶이 무엇인지, 재정 사용이 마음의 진정한 상태를 어떻게 드러내는지를 자녀들에게 제대로 가르치는 부모가 얼마나 되겠는가? 얼마나 많은 부모들이 당황스러워하며 잠시 성교육을 해주고는 끝났다는 안도감에 다시는 성 이야기를 하지 않겠다고 결심하는 것을 보지 않았던가? 기독교 가정에서 자란 많은 젊은이들이 질문과 혼란, 유혹에 시달리면서도, 당황하여 입을 다문 부모에게서 어떤 도움과 지혜를 구할 수 있겠는가? 13, 15, 18세 아이들이 빠지는 유혹과 궁금해하는 질문이 각기 다르다는 사실을 알고, 십 대 자녀들이 성에 대해 편안하게 이야기할 수 있도록 안전한 자리를 마련해 주는 부모들이 얼마나 될까? 그러는 사이, 대중매체를 통해 중독처럼 퍼져 나간 문화적 강박과 왜곡이 보수적인 그리스도인들의 눈과 귀, 그리고 마음마저 사로잡고 있다.

그러나 지혜가 많으신 하나님은 그분의 영광과 우리의 유익을 위해 우리를 세상에 살게 하셨다. 이 세상을 살아가는 인간의 삶 속에서 성과 돈은 피할 수 없는 중요한 일부분이다. 성과 돈은 하나님이 애초에 그렇게 만드셨기 때문에 매우 중요하고 피할 수 없는 문제다. 성과 돈은 하나님이 지으신 창조물이요, 그분의 전적인 주관 아래 존재하므로, 우리는 당황하거나 겁내지 말고 존중과 경외로 그것들에 접근해야 한다. 성과 돈은 하나님에게서 나왔고, 그분께 속해 있으며, 그분을 통해 계속해서 존재한다. 주님께 영광을!

하나님은 우리를 성과 돈이 던지는 거짓말과 속임수, 왜곡과 유혹이 가득한 세상에 살게 하셨다. 하나님이 실수하셔서 당신이 현재 이곳에 살고 있는 것이 아니다. 오해와 유혹이 가득한 이 타락한 세상에서 당신이 다양한 어려움에 노출된 것은 하나님의 계획에 방해되는 것이 아니다. 오히려 그것이야말로 그분의 계획이다. 하나님은 전적으로 그분의 소망에 따라 당신을 바로 지금, 여기에 두셨다. 그분은 막대한 실수를 처리하거나 어떻게든 수습해 보려고 애쓰고 계신 것이 아니다. 하늘에서 초조해하며 손을 만지작거리고 계시지도 않는다. 그분은 당신이 만날 문제들을 온전히 아시고, 신중하고도 지혜로운 선택에 따라 당신이 지금 있는 곳에서 살아가게 하셨다. 이 모두가 그분의 지식과 목적에 따라 된 일이다. 다시 말하지만, 이 모든 것은 그분의 궁극적인 영광과 당신의 유익을 위해 존재한다.

그러므로 성과 돈에 관련하여 우리에게 아무 힘도 없다는 듯이, 또는 불가피하게 마주한 문제들에 전혀 대비할 수 없다는 식으로 행동해서는 안 된다. 우리는 이런 어려움을 혼자 겪는다고 생각해서는 안 된다. 세상을 멀리하는 것만이 진정한 의를 이루는 길이라 여기고 복음주의 수도자처럼 살아가서도 안 된다. 인간 존재에 가장 중요한 이 두 영역에서 조용히 침묵만 지켜서는 안 되는 것이다. 창조주는 성과 돈, 두 영역에 대해 강력하고도 분명히 말씀하셨다. 더욱이 우리는 거짓을 드러내고 자유를 주시는 예수 그리스도의 복음의 진리를 잊어서는 안 된다. 하나님은 주 예수 그리스도의 은혜를 통해 과거의 용서와 미래의 소망뿐 아니라, 바로 지금 당신을 두신 곳에서 당신이 맞닥뜨리는 모든 문제를 다루고 계심을 반드시 기억해야 한다. 이 복음만이 성과 돈 문제를 명확하게 진단해 줄 수 있으며, 이 안에서 진정한 치료법을 찾을 수 있다. 우리는 복음으로 인해 성과 돈 문제를 지혜롭게 대할 수 있고, 그것으로부터 우리를 보호할 수 있으며, 소심함과 두려움을 버리고 담대하게 마주할 수 있다. 복음은 하나님을 영화롭게 하고 그분이 허락하신 좋은 것들을 온전히 누릴 수 있도록 성과 돈의 영역에 관여하는 데 필요한 모든 것을 제시한다.

왜 지금 이 책인가?

사람들에게서 "무슨 책을 쓰고 계시나요?", "다음에 쓸 책은 어떤 내용인가요?"라는 질문을 자주 받는다. 이 질문 다음에는 으레 "지금 그런 책을 쓰시는 이유라도 있나요?"라는 두 번째 질문이 이어진다. 성과 돈에 대한 책을 쓰고 있다고 대답했더니 다들 관심 있는 눈치였다. 사람들은 다른 주제도 많은데 왜 하필 그 두 주제를 골랐는지 궁금해했다. 그러면서 굳이 지금 그 주제로 글을 쓰게 된 동기가 무엇인지 물었다. 지난 몇 개월간 그 질문을 곰곰이 생각하면서 세 단어가 반복해서 마음속에 떠올랐는데, 그 질문에 대한 최선의 답변이 될 것 같다. 그 세 단어는 바로 광기와 중독, 그리고 영광이다.

광기

무엇보다 우리 사회가 미쳤다는 말이다. 성과 돈 문제에서만큼 우리 문화가 제정신이 아니란 말이 충분히 이해된다. 사람들이 이 문제에 접근할 때 동반되는 망상과 자기기만, 자멸의 정도가 가히 미쳤다고 할 수 있다. 성과 돈 문제의 미친 실상을 확인하기 위해 굳이 멀리 갈 필요도 없다. 우리는 빚에 빠져 허우적거리고 있으면서도 끊임없이 돈을 쓴다. 터무니없는 지위를 성에 부여하면서도 그 위험을 보지 못한다. 우리 자녀들은 올바른 성교육을 받기 이전부터 성적 대상이 되어간다. 또한 아이들은 용돈을 셈할 수 있는 능력을 갖추기 전부터 물질만능주의의 맛을 배운다. 근사한 식당에 가서 식사를 하려고 앉아 있으면, 성적 '사랑'을 생생하게 묘사한 노래가 배경음악으로 깔린다. 아무것도 모르는 우리 아이들에게 만들지도 않은 신용카드를 보내와 잘라버린 적이 한두 번이 아니다. 은행은 젊은이들이 경력을 쌓는 건 고사하고 안정된 직장을 잡기도 전에 빚을 지도록 부추기고 있다. 이것뿐인가? 심한 노출과 성행위를 방불케 하는 안무를 강요하는 관습에 반기를 들 수 있는 여자 가수는 드물다.

우리는 자녀들에게 자족하고 감사하는 법을 가르치기보다는 소비하는 법을 가르치는 데 능숙하다. 하나님이 주신 자원을 돌보는 선한 청지기의 중요성보다는 돈의 유용성을 가르치는 데 더 능숙하다.

　요즘 여학생들은 확실히 성품보다는 얼굴이나 몸매 걱정을 더 많이 한다. 요즘에는 '영웅'이라고 하면 예전의 전통적 의미보다는 젊고 돈 많은 섹시한 사람을 지칭하는 듯하다. 콧대가 얼마나 높고, 입술이 얼마나 도톰하며, 가슴이 얼마나 큰지가 젊은 여성들의 정체성을 결정한다. 사람들은 '섹시하다'거나 '체격이 좋다'는 말로 상대방을 평가한다. 더욱이 '음경', '질', '가슴', '엉덩이' 같은 말들이 황금시간대, 텔레비전 화면 속에 여과 없이 등장한다. 이제 음란물은 질 나쁜 이웃이나 음습한 지역의 전유물이 아니라, 컴퓨터와 기본 활용 능력만 있으면 클릭 한 번으로 연결되는 인기 인터넷 게시판에 버젓이 등장한다.

　돈 문제로 말하자면, 개인과 회사, 정부의 부채 규모만 봐도 이 사회가 정신이 나갔다는 명백한 증거가 된다. 우리는 그런 현실을 부인하면서, 더 많이 소비하는 것만이 이 시궁창에서 빠져 나갈 길이라고 생각한다. 개인 신용카드는 돈에 대한 세계관을 뒤집어놓았다. 이제는 카드 수수료만 감당할 수 있다면 수중에 있지도 않은 돈을 주기적으로 쓰는 것쯤은 지극히 정상적인 일로 받아들인다.

　주위를 둘러보고 귀를 기울여 보라. 곰곰이 생각할 시간을 가져 보라. 당신의 마음이 진정으로 원하는 것이 무엇인지 생각해 보라. 삶에서 가장 중요한 두 가지 영역에서 인간 공동체가 비정상을 정상으로 보는 바람에, 우리는 어려움에 봉착했다. 다같이 미쳐서 추락하고 있다. 이 혼란 가운데 성과 돈 문제를 공정하며, 분명하고 지혜롭게 볼 수 있는 창이 딱 한 가지 있는데, 바로 주 예수 그리스도의 복음이다. 언제부턴가 우리를 사로잡고 있는 이 광기에서 우리를 해방시킬 수 있는 것이 딱 한 가지 있는데, 그것이 주 예수 그리스도의 복음의 은혜다. 우리를 겸손하게 만드는 진실은, 성과 돈이 문제가 아니라는 점이다. 성과 돈 자체는 악이 아니다. 우리가 처한 환경이 문제여서 어려움을 초래하는 것도 아니다. 사실은, 우리가 문제다. 언뜻 잘 이해가 되지 않을 수도 있지만, 우리 내면의 악이 우리를 외부의 악으로 이끄는 것이다. 다름 아닌 우리가 바로 문제이기에 우리는 진짜 문제에 봉착하게 된다. 문젯거리를 피해 도망갈 수도 있고, 관계를 바꿀 수도 있으며, 다른 데로 이사를 할 수도 있지만, 우리 자신에게서 달아날 길은 없다. 오히려 우리에게는 구원이 필요하고, 그렇기 때문에 지혜롭고 강하며, 적극적이고 신실한 구원자가 필요하다. 그 구원자가 바로 주 예수 그리스도시다. 그분은 적극적이고 지혜로우시며, 위급한 상황에서 우리를 절대 포기하지 않는 능력의 주님이시다.

중독

이 책을 쓴 동기가 된 두 번째 단어는 '중독'이다. 중독은 이렇게 작용한다. 피조물이 애당초 당신에게 줄 수 없는 것을 줄 수 있다고 믿고 그것을 찾다가, 만족이 없는 것을 발견한 당신은 금세 실망하고 현명하게 그런 희망을 포기하든지 할 것이다. 한편 다른 누군가는 계속해서 그것을 찾다가 중독의 길에 빠져들게 된다. 그 피조물은 잠시나마 쾌락과 행복, 안정감을 주고, 당신이 중요한 사람이라는 느낌들로 당신을 위로한다. 그래서 당신의 문제를 잠시 해결해 주는 것처럼 보일 것이다. 이처럼 중독은 사람을 취하게 한다. 기분이 좋아진다. 문제는, 당신이 찾는 그 피조물이 당신의 마음을 만족하게 해줄 능력이 없다는 것이다. 피조물은 원래 그렇게 창조되었다. 피조물은 내면의 평화와 만족감을 주지 못한다. 당신의 갈망을 잠재우지 못한다. 한마디로, 피조물은 당신의 구세주가 되지 못한다. 구세주 이외의 다른 무엇이 당신의 구원자가 될 수 있다고 믿으면, 그것은 당신의 구원자가 아니라 주인이 되고 말 것이다.

당신은 짧은 행복감에 기분이 들뜨지만, 그 기분이 쉬 사라지는 게 불안할 것이다. 그래서 얼마 못 가 또다시 그 대상을 찾고, 당신을 만족하게 하지 못하는 그 무언가에 더 많은 시간과 힘, 돈을 쓰게 될 것이다. 그런데도 매번 당신에게 안겨 주는 그 짧은 쾌감 때문에 그게 없으면 못 산다고 믿어 버린다. 당신도 모르는 사이에 중독된 것이다. 예전에는 당신이 **바라던 것이**, **이제는 꼭 필요한** 것이 되고, 그게 필요하다고 믿는 순간, 당신은 그것의 노예가 된다.

성이 가져다주는 쾌락은 강력하지만, 마음에 만족을 주지는 못한다. 생각지도 못한 돈이 계좌에 입금되면 입가에 미소를 짓겠지만, 진정한 행복을 주지는 못한다. 또한 다른 사람과의 신체 접촉으로 몸과 마음이 자극받을 수는 있지만, 당신을 온전히 채워 주지는 못할 것이다. 돈에는 당신의 삶을 일부 바꿀 수 있는 능력이 있지만, 당신을 더 나은 사람으로 만들어 줄 능력은 없다.

알게 모르게, 모든 사람은 구원자를 찾으며 살고 있다. 사람은 누구나 정체성과 내면의 평화, 의미와 목적을 추구하며 살아간다. 우리는 어딘가에서 그것을 찾을 것이다. 핵심은 이것이다. 창조주만이 주실 수 있는 것을 얻겠다고 피조물을 찾으면, 예외 없이 중독에 빠질 것이다. 당신을 섬겨 주리라 기대했던 것이 당신을 종으로 삼을 것이다. '자유'처럼 보였던 것이 실상은 '속박'이 될 것이다. 어떤 사물이나 대상 자체가 문제가 아니라, 당신이 그것에 요구하는 것이 문제가 된다.

영광

이 점은 우리를 세 번째 단어로 이끄는데, 이 책의 기저가 되는 그 단어는 영광이다. 앞에서도 말했듯이, 인간은 천성적으로 영광을 위해 창조되었다. 우리가 영광스러운 것들에 쉽게 매료되는 이유가 그 때문이다. 우리는 명화나 아름다운 음악의 영광을 좋아한다. 운동 경기나 대담한 묘기의 아슬아슬함을 좋아한다. 마술사의 날렵한 손놀림이나 잘 익힌 스테이크의 지글거리는 소리를 좋아한다. 영광스러운 성공의 순간이나 주변 사람들의 인정을 좋아한다. 대단한 재력이나 인체의 아름다움에 매료된다. 우리는 영광에 강력하게 끌리고, 그러므로 영광을 추구하면서 살아간다.

하지만 동물들은 다르다. 코뿔소는 뿔의 크기를 자랑하지 않는다. 사슴들이 모여 격년으로 점프 대회를 연다는 소리도 들어보지 못했다. 새들 역시 다른 새의 깃털을 부러워하는 법이 없다. 이처럼 동물들은 영광에 별 관심이 없는데, 인간이 하나님을 위해 창조된 방식과는 다르게 만들어졌기 때문이다. 인간은 천성적으로 하나님의 영광을 위해 창조되었다. 모든 사람의 내면에 있는 영광에 대한 갈망은 우리를 하나님께로 인도하기 위한 것이다.

여기서 문제가 있다. 하나님은 세상을 창조하면서 온 세상에 그분의 영광을 덧입히셨다. 하나님이 세상을 그렇게 만드셨기에 창조세계는 영광스럽다. 그런데 이 창조세계에는 궁극적 영광, 즉 당신의 마음을 만족하게 할 수 있는 그런 영광이 없다. 창조세계의 영광은 표지 영광(sign glory)이다. 창조세계의 모든 영광은 유일한 영광, 즉 하나님의 영광을 우리에게 보여주기 위한 표지에 불과하다. 이 영광만이 우리 마음에 쉼과 평화를 가져다줄 것이다. 우리는 그 영광을 위해 살도록 설계되었다. 그런데 우리는 그것이 우리가 찾는 게 아니라, 우리가 찾는 것을 가리켜 주는 표지라는 사실을 잊어버린다. 그러면서 그 표지가 할 수 없는 일을 해달라고 요구한다.

그래서 이 땅의 삶은 끊임없는 영광의 전쟁터가 되어 버렸다. 어떤 영광이 당신의 마음을 지배할 것인가, 이보다 더 큰 이슈는 없다. 그리고 마음을 지배하는 영광이 당신의 생각과 욕구, 선택과 말, 행동까지도 지배하게 된다. 하나님의 존재를 부인하는 인간의 죄성은 표지를 보고 멈출 테지만, 표지가 가리키는 것에는 아랑곳하지 않고 그 표지가 절대 줄 수 없는 것을 요구할 것이다. 하지만 그 피조물은 아무리 영광스럽다 해도 인간의 구원자가 될 수 없다. 오히려 많은 것을 앗아가면서도 사람들이 찾는 것은 조금밖에 주지 못하는, 잔

인무도하고 흉악한 주인이 될 것이다. 성과 돈은 영광스럽지만, 그것들은 당신 인생의 유일한 목적인 영광, 즉 하나님의 영광을 가리켜 주는 손가락에 불과하다.

수직적 해결책

지금까지의 이야기를 집중해서 들었다면, 이제부터 내가 하려는 이야기가 그다지 놀랍지 않을 것이다. **광기, 중독, 영광**이라는 단어는 성과 돈의 문제를 절대 수평적으로 해결할 수 없다는 사실을 지적해 준다. 성과 돈 문제는 일차적으로 상황이나 장소, 관계의 문제가 아니다. 성 문제는 일차적으로 생물학이나 심리학의 문제가 아니다. 이 사회의 성 중독은 인간의 신체가 문제라서 발생하는 것이 아니다. 인간이 성적 존재라는 사실 자체가 문제는 아니다. 성 문제는 일차적으로 현대 대중매체의 문제가 아니다. 돈 문제 역시 돈 그 자체의 잘못이 아니다. 이 미친 행동은 일차적으로 예산의 문제가 아니다. 신용카드 때문에, 물건을 사려면 대가를 지불해야 해서 문제가 생기는 것이 아니다. 돈 문제는 상황이나 장소, 관계의 문제가 아니다. 성과 돈의 영역에서 문제는 물리적이거나 수평적인 문제가 아니라, 마음의 문제다. 우리의 문제는 심각한 영적 문제다.

사도 바울은 고린도후서 5장 20절에서 매우 인상적인 이야기를 한다. 하나님이 우리를 한 가지 메시지의 사신으로 부르셨다는 것이다. 우리는 하루 24시간 내내 이 유일한 메시지의 진단과 치료법을 저버려서는 안 된다. 이 메시지는 하나님의 끊임없는 호소를 담고 있다. 그 메시지는 바로 "하나님과 화목하라"는 것이다. 이는 수직적인 해결책을 의미한다. 앞서 간단하게 생각해 보았고 이후로도 계속해서 살펴볼 이 광기는 먼저 수평적 문제가 아니기에, 수평적으로는 고칠 수 없다. 이 문제는 수직적이다. 하나님이 우리 마음의 유일한 주인으로 그분이 마땅히 계셔야 할 자리에 앉으실 때에야 비로소 우리 삶의 나머지 요소들도 제자리를 찾을 수 있다. 다른 것이 그분의 자리를 차지하면, 늘 광기와 혼란을 빚을 뿐이다.

실제로 우리는 창조주를 섬겨야 할 방식으로 피조물을 섬기기 시작했다. 입으로 무엇을 믿는다고 말하는 것과는 상관없이 말이다. 하지만 아무 효력이 없었다. 결국 공허함과 악다구니, 불만족만 남은 잘못된 선택을 한 피해자들이 되고 말았다. 우리를 도와주리라고 기대했던 것이 오히려 우리를 넘어뜨렸다. 문제는 바로 우리 자신이기에 우리는 이 문제에서 도망칠 수 없다. 하나님과 화목하게 살 때만이 우리는 그분이 애초에 의도하신 창조세계의 강력한 영광을 유지할 수 있다.

자, 그러니 나와 함께 이 여정을 시작해 보자. 성과 돈 문제에 시달리는 사람이 당신이든, 당신과 가까운 사람이든. 그 광기에 속아 넘어간 사람이 당신이든, 주변의 누군가이든. '예수 그리스도의 복음'이라는 완벽한 창으로 이 미친 문화에서 성과 돈이 차지하는 위치를 살펴보고, 복음에서만 찾을 수 있는 지혜와 자유를 경험해 보자.

2장

위험한
이분법

▷◁

말은 중요하다. 말은 사물에 형상과 의미를 부여한다. 당신이 생각하고 갈망하며, 알고 선택하는 것은 대부분 말로 형성된다. 하나님이 말씀으로 자신을 계시하셨기 때문에 인류는 말에 특별한 중요성을 부여했다. 우리는 하나님이 하신 일을 보고 그분을 알지만(일반 계시), 구체적으로는 말씀 때문에 그분을 안다(특별 계시). 신자는 하나님의 말씀인 성경에 근거해 자신과 삶, 주변 세상에 대해 생각하는 방식을 형성한다. 모든 일에서 당신의 부르심은 하나님이 말씀하신 경계 안에서 사는 것이다. 하지만 그 출발점은 여기다. 즉 성경에 처음 등장하는 두 단어가 얼마나 중요한지를 이해하는 것부터 시작해야 한다. 혹 이 말씀보다 중요한 말씀은 없으며, 성경의 다른 모든 말씀은 이 두 단어가 뜻하는 바의 기초 위에 세워졌다는 말에 반발하고 싶은 독자들도 있을 것이다. 하지만 이 두 단어의 기저에 있는 세계관을 이해하지 못하면, 당신 자신과 인생 역시 이해하지 못하며, 성과 돈에 대한 균형 잡힌 관점도 유지하지 못할 것이다.

성경은 "태초에 하나님이"라는 두 단어로 시작하는데, 우리 삶을 형성하고 거기에 목적과 의미를 부여하는 모든 것이 이 두 단어에 담겨 있다. 하지만 이 책에서 다루는 주제와 관련해서도 매우 중요한 역할을 한다. 이 말씀은 우리 인생을 성과 속으로 나눠 이에 따라 행동하려는 위험한 이분법적 타당성을 무너뜨린다. 이런 구분이 우리가 성과 돈을 생각할 때 위험이라는 문을 열어 주었다. 이 때문에 우리는 성과 돈의 세계와 성경의 원칙과 약속 사이에 거리를 두고 두 세계의 불협화음 가운데 살게 되었다. 이로써 인간의 삶에서 결코 무시할 수 없는 이 영역들을 예수 그리스도의 복음의 관점에서 보지 못하게 되었다. 즉 성경이 말하는 현실적인 지혜를 소중히 여기지 못하고 엉뚱한 데서 도움을 찾게 된 것이다. 그 때문에 주 예수 그리스도의 인격과 사역 가운데 발견할 수 있는 구조를 놓쳐 버렸다. 그래서 우리의 재정 사용과 성행위는 깊은 영성과 전혀 관계없는 일이 되어 버렸다. 우리의 재정 사용과 성에 관여하는 방식은 늘 마음의 진정한 영성을 드러내기 마련이다.

그러므로 잠시 시간을 내서 창세기 1장 1절의 이 두 단어가 뜻하는 바를 풀어보고, 성과 돈의 세계에 적용해 보기 원한다. 이 두 단어가 뜻하는 내용을 요약하자면 이렇다. 미친 이 세상을 피해 복음 중심으로 성과 돈에 접근하려면 창조 교리라는 창으로 삶을 바라보는 것부터 시작해야 한다. 성경의 창조 이야기가 시작되는 "태초에 하나님이"란 구절에서 우리는 다음 여섯 가지 내포한 뜻을 찾아볼 수 있다.

1) 하나님이 계시고 만물의 중심이시다.

성경 이야기가 우리에게서 시작하지 않음을 깨닫는 것은 우리를 겸손하게 하는 중대한 사실이다. 성경은 하나님에게서 시작된다. 성경 지면에 펼쳐지는 이야기가 그분의 이야기라는 사실을 깨닫는 것은 중요하다. 하나님이 무대 중앙에 계시고, 가장 중요한 대사는 그분 몫이다. 조명은 늘 그분을 향한다. 그분의 뜻과 계획에 따라 이야기가 흘러간다. 이 이야기는 온통 그분을 위한 이야기, 그분에게서 나온 이야기, 그분을 통한 이야기, 그분에 대한 이야기다. 하나님은 만물의 중심이라는 그분의 위치를 끈질기게 고수하신다. 그 권위 있는 자리를 포기하지도, 통제권을 다른 사람에게 넘기지도 않으실 것이다. 그분은 중심이요, 가장 중요한 한 분이요, 영광의 주님이시다. 인생의 모든 것을 이해하는 출발점은 바로 여기서부터다.

당신의 삶은 당신 이야기가 아니라 그분의 이야기다. 당신이 하나님을 경배하는 우주에 태어났다는 사실을 아는 것이 중요하다. 그분이 당신 마음에 바로, 즉 한가운데 자리 잡으실 때에야 비로소 인생의 모든 것이 제자리를 찾고 균형을 잡을 것이다. 이 말인즉, 모든 것은 당신의 즐거움과 영광이 아니라 그분의 즐거움과 영광을 위해 존재한다는 뜻이다. 그러므로 당신과 나는 하나님께 속한 영광을 그분께 돌리는 방식으로 모든 일에 접근해야 한다. 하나님과 그분의 영광을 잊어버리면, 모든 것을 당신의 영광을 위해 사용하게 되고, 그것은 결국 하나님께 값없이 받은 선물을 오용하는 것이다. 모든 일에 하나님이 중심이시고, 모든 것이 그분의 영광을 위해 존재함을 깨닫는 것은 고차원의 영성이 아니다. 오히려 인간성의 온전한 의미를 되찾는 것이요, 모든 인간은 그렇게 살도록 지음을 받았다. 자신을 세계의 중심에 놓는 것은 세계의 질서를 무너뜨리는 것으로, 만물의 작동 원리와는 거리가 멀다. 우리 삶의 어떤 영역에서든, 기본적인 창조 질서와 계획을 침해하는 것은 아무 유익이 없다.

당신의 안락과 쾌락, 통제와 행복, 편안함이 세상의 전부인 '자기 중심주의'(me-ism)는 아무런 효과가 없다. 자기 중심주의가 소용 없는 이유는 그것이 당신과 당신이 사는 세상의 작동 원리와는 완전히 다르기 때문이다. 원래 당신 것이 아닌 것을 억지로 당신 것으로 만들면 좋은 결과가 나올 리 만무하다. 하나님을 잊어버린 자기 주권은 위험하며, 마음을 파괴할 뿐 아니라 원래 창조된 의도와는 다르게 사물을 사용하게 한다. 그러므로 '자기 중심주의'는 결코 장기적인 평안과 쉼, 만족과 기쁨을 가져다주지 못한다.

자신과 자신이 바라는 쾌락을 세계의 중심에 놓을 때, 우리는 하나님의 지혜를 거부하며, 그분의 권위에 반항할 뿐 아니라 그분의 자리를 탐내게 된다. 그러나 자신의 영광과 당신의 유익을 절대 포기하지 않으시는 하나님은 그 자리를 당신에게 넘겨 주지 않으실 것이다.

이런 관점 없이 성과 돈의 세계를 바르게 이해하고 활용하는 것은 불가능하다. 이렇게 생각해 보라. 성 문제는 정욕이나 잘못된 선택, 성적 방종에서 비롯되지 않는다. 하나님이 삶의 다른 모든 영역에서처럼 성의 영역에서도 중심이셔야 한다는 사실을 잊을 때 비로소 문제가 생긴다. 섹스의 가장 큰 동기가 당신의 만족이라면, 당신도 모르는 사이 이미 문제에 빠진 셈이다. 당신은 어떤 식으로 자신을 '성'이라는 세계의 중심에 놓았는가?

한편 돈의 가장 큰 목적이 당신에게 쾌락을 줄 물건을 사는 것이라면, 당신은 미처 그 징후를 보지 못했을지도 모르지만 이미 문제에 빠진 셈이다. 돈 문제는 수입보다 지출이 많을 때 발생하지 않는다. 오히려 하나님이 돈의 영역에서도 중심이셔야 한다는 사실을 잊을 때 문제가 생기는 것이다. 돈의 가장 큰 목적이 당신의 즐거움을 충족시키는 데 불과하다면, 문제의 징후가 아직 드러나지 않았다 할지라도 당신은 이미 문제에 빠진 셈이다. 당신은 어떻게 해서 하나님을 잊어버리고 물건을 사고 공과금을 내는 수단으로만 돈을 보는, 돈에 대한 실용주의적 관점을 갖게 되었는가?

당신이 알건 모르건, 성과 돈이라는 세계의 중심에는 놀라운 능력과 영광, 그리고 은혜의 하나님이 계신다. 성과 돈이 당신의 마음과 삶에서 제자리를 찾으려면, 그분이 그 중심에 계심을 깨닫는 것부터 시작해야 한다.

2) 하나님은 세상 만물의 창조주요, 소유주시다.

나는 위의 문장에 나오는 단어들을 무척 신중하게 선택했다. 후자 (소유주)가 없으면, 전자(창조주)도 없다. 창조의 개념에는 늘 '계획'과 '소유'라는 개념이 따라다니기 마련이다. 당신이 인생에 대해 던질 수 있는 가장 중요한 질문이 있다면 바로 이 두 가지가 아닐까? "이것을 만드실 때 창조주는 어떤 목적을 갖고 계셨을까?", "내가 일상에서 이것을 사용할 때 이것이 창조주의 소유임을 인식하는 것은 어떤 모습으로 나타날까?" 당신과 나는 창조자가 아니라 피조물이기에, 우리가 소유자나 설계자인 양 우리 삶과 우리에게 주어진 것들을 대하는 것은 우리의 특권이 아니다. 수중의 돈이 전부 당신 것인 양 행동하면, 돈에 대해 소유주 행세를 하는 것이다. 당신이 번 돈을 당신 목적에 따라 사용할 권리가 있는 양 행동하면, 돈에 대해 설계자 행세를 하는 것이다.

여기서 꼭 알아야 할 중요한 사실이 있다. 인간은 하나님이 소유하신 피조세계의 관리자로 창조되었다. 아름다운 에덴동산 안에 아담과 하와를 두시고, 그분이 지으시고 소유하신 동산을 돌보며 살라고 명령하신 분은 바로 하나님이다. 아담과 하와가 동산을 소유한 것이 아니다. 창조의 법칙을 만든 것도 아니다. 그들은 자기 인생의 목적과 만물이 창조된 목적과 관련해서 권리를 주장할 수 없다. 그들은 하나님의 소유권을 인정하며, 그 안에서 하나님의 목적을 이루어 감으로 존재한다.

나는 이런 관점이 죄를 깨닫게 해준다고 믿는다. 꼭 필요하지는 않지만 지금 당장 갖고 싶은 물건을 사려 할 때, 내 돈은 주님의 것이라는 의식이 있는가? 아내와의 육체적 친밀감을 생각할 때, 내 몸과 성은 주님의 것이라는 의식이 있는가? 솔직해지자. 이런 생각은 사실 직관에 반한다. 오히려 지갑을 꺼내 갖고 싶은 물건을 사고 하나님의 존재는 까맣게 잊어버리는 게 자연스럽지 않은가? 내 성의 모든 측면을 소유한 분이 계신다는 사실 따위는 까맣게 잊고 성욕을 따르는 편이 자연스럽지 않은가?

우리와 밀접한 관계를 맺는 성과 돈을 일정한 규칙으로 축소해 버렸기 때문에 이런 영역에서 건전한 생각을 하지 못하는 것 같다. 하지만 하나님의 법칙은 임의적이지 않다. 일관성 없는 도덕관념이 아니다. 하나님의 법칙은 관계에 뿌리를 내리고 있는데, 이 법칙들은 거기에서만 합리성과 아름다움을 얻을 수 있기 때문이다. 우리는 하나님과 관계를 맺는 존재로 설계되었다. 우리는 그 관계 안에서 창조주이신 그분의 자리와 피조물인 우리의 자리를 날마다 인식한다. 하나님의 모든 법칙은 우리가 그분과의 긴밀한 관계 안에서 맺는 결과물이나 표현 또는 적용인데, 그 관계의 특징은 사랑으로 흠모하며 기쁨으로 순종하는 것이다. 하나님의 존재와 지혜, 능력과 영광을 찬양하는 것은 우리가 그분의 경계 안에 머무는 데 아무런 불평이 없다는 뜻이다.

이 말은, 우리 사회의 성적 광기를 드러내는 증거들만 늘어놓아서는 인간 문화의 성적 역기능을 제대로 토론할 수 없다는 뜻이다. 소유권과 목적, 설계의 관점에서 그것을 검토할 때만이 비로소 그 역기능을 제대로 파악하고 비판할 수 있다. 돈 사용의 원칙 몇 가지를 제시하는 것만으로는 돈 문제를 합리적으로 논의할 수 없다. 이 원칙은 현명한 원칙들이지만, 모든 창조물은 창조주 안에서 목적이 있다는 현실에 비추어 볼 때에야 비로소 의미가 있다. 하나님의 마음을 아는 것은 그분의 목적을 아는 것이요, 그분의 목적을 아는 것은 돈의 원래 의미를 알고 어떻게 사용해야 하는지를 이해하는 것이다. 이럴 때 비로소 돈의 오용을 깨닫고 비판할 수 있다.

여기서 한 가지 더 언급해야 할 것이 있다. 소유주식 생활을 이해하는 것이 중요하다. 소유주식 생활이란 당신의 삶과 그 삶을 구성하는 모든 것을 당신 것으로 생각하며 사는 것이다. 그런 삶에는 모든 인류가 추구하는 쉼과 기쁨, 평안과 행복, 만족이 없다. 이런 삶의 결과가 어떤지는 에덴동산의 불순종이 낳은 충격적이고 슬픈 이야기만 봐도 알 수 있다. 모든 사람이 추구하는 마음의 평안을 누릴 수 없을뿐더러, 만물의 중심이 하나님이시라는 우주의 핵심 원리도 위반하게 된다.

3) 하나님은 영이시고, 우리는 그분의 형상대로
그분과 관계를 맺도록 지어졌기에 삶의 모든 것은 영적이다.

인간은 삶을 의미 있는 범주로 나누어 거기서 의미를 찾으려 한다. 정치, 일, 경제, 교육, 성, 사회, 가족, 나이, 오락 등의 범주가 개념적 도구로 기능한다. 그래서 어떤 범주라고 하면, 어떻게 문제를 다루어야 하는지 대략 감이 온다. 당신이 구분한 범주가 건전하다면 이것은 아무 문제가 없다. 하지만 잘못된 범주들은 엉성하고 비상식적인 생각을 낳을 수 있고, 심하게는 비정상적 결과를 낳을 수 있다는 것이다. 성과 속이라는 낡은 구분법에서 발생한 문제도 바로 이것이라고 생각한다. 성경에 맨 처음 등장한 두 단어를 진지하게 생각한다면 성과 속의 구분법이 불편할 수밖에 없다. 살면서 의식적으로 하는 종교적인 노력이 있는가 하면, 확실히 그렇지 않은 행동도 있다. 하지만 우리가 여기서 이야기하는 것은 그런 것이 아니다. 당신의 삶을 하나님과 관계된 것과 관계되지 않은 것으로, 더 위험하게는 하나님께 속한 것과 당신에게 속한 것으로 구분하는 태도를 이야기하는 것이다. 이렇게 되면 하나님은 당신 존재에서 종교적이고 경건하고 교회적인 부분을 담당하시고, 나머지는 전부 세속 영역에 속하게 된다. 이 세속 영역으로 말하자면, 여기서 십계명만 잘 지켜 준다면 굳이 영적인 부분과 연결될 필요는 없다.

성경의 첫 두 단어는 이렇게 삶을 양분할 수 없다고 곧바로 지적한다. 다시 말해 우리 삶은 성과 속으로 구분할 수 없다. 하나님의 세상과 내 세상, 종교 영역과 비종교 영역, 신앙과 사실 등 어떤 범주가 됐든 하나님을 향한 것과 그렇지 않은 것을 구분하는 것은 잘못이다. 그랬다가는 실제로 큰 혼란을 불러오는 위험한 조현병(정신분열병)을 낳을 것이다. 모든 생명은 하나님의 창조물이기에, 그분을 통해 존재하고, 그분을 위해 있으며, 그분의 계획에 따라 움직이도록 계획되었다. 인생에는 순수하게 세속적인 영역이 없다. 하나님의 형상으로 창조된 인간이라는 존재가 당신을 늘 그분과 연결하게 한다. 어디를 가든, 무슨 일을 하든, 당신은 하나님이 만드신 것들과 마주치고, 그때마다 다시 하나님께 연결된다. 하나님은 자신이 만든 창조세계에 아주 강력하게 자신을 계시하신다. 우리는 하나님을 도저히 무시할 수 없다. 말 그대로 그분은 당신이 살아가는 환경이시다. 이미 여러 차례 말한 것처럼, 우리는 단 하루도 하나님과 마주치지 않고 살아갈 수 없다.

그렇기 때문에 성은 종교와 관련이 없지 않다. 성은 매우 영적이다. 당신과 당신의 성, 나아가 다른 사람과의 성적 관계는 항상 당신의 마음을 드러낼 것이다. 또한 당신의 성생활은 당신이 진정으로 예배하는 대상이 누구인지를 드러낼 것이다. 성은 매우 종교적이다. 성생활에서 당신은 의식적으로 하나님께 순종하든지, 스스로를 하나님의 자리에 놓든지 이 둘 중 하나일 것이다. 성은 단순한 인간관계에 불과하지 않다. 절대로 수평적이지 않다. 성은 늘 당신을 하나님과 연결시킨다. 하나님은 당신의 몸을 만드셨고, 볼 수 있는 눈과 갈 망하는 마음을 주셨으며, 어떻게 하면 성생활에서 청지기가 될 수 있는지 말씀해 주신다.

돈도 세속적인 것이 아니다. 돈 문제는 지갑과 은행 계좌에 돈이 얼마나 있느냐 하는 문제를 초월한다. 아이폰에서 구매 버튼을 누르는 것보다 훨씬 더 큰 문제다. 돈에 대한 생각과 돈을 사용하는 방법을 보면 당신이 가장 소중하게 여기는 것이 무엇인지 알 수 있다. 돈은 당신이 무엇을 정말로 가치 있게 여기고, 무엇을 진심으로 섬기는지를 드러낼 것이다. 돈은 당신이 자신을 세계의 한복판에 끼워 넣는 수단이 되거나, 당신이 다른 사람들을 섬기기 위해 이 땅에 보내졌음을 끊임없이 의식하는 표현이 될 것이다. 돈과 관련된 가장 중요한 질문은 "이걸 살 능력이 내게 있나?"가 아니라, "어떻게 하면 내게 이 물질을 맡기신 분께 영광을 돌리는 방식으로 그것을 투자할 수 있는가?" 하는 것이다.

돈의 세계는 영적 세계다. 하나님을 예배하느냐, 우상을 숭배하느냐로 결정되는 세계다. 돈의 세계에서 하나님을 피해 갈 방법은 없다.

4) 하나님은 만물의 창조주요, 관리자시므로, 그분만이 우리 예배를 받기에 합당하시다.

앞에서도 이미 말한 내용이지만, 여기서는 그 의미를 더 확장해 볼까 한다. 성과 돈의 세계는 예배의 세계다. 이렇게 말하면 많은 독자들에게 추가 설명이 필요할 것이다. 대다수 사람들에게 예배란 혼란스러운 단어다. 우리는 '예배'라고 하면 공식 예배만을 한정해서 생각한다. 하지만 더 중요한 것은 예배가 인간의 정체성이라는 것이다. 당신은 예배하기 위해 창조되었다. 이 말은 우리가 마음의 소망, 꿈, 평안, 동기, 즐거움, 안정감을 늘 뭔가와 연관시킨다는 뜻이다. 그러므로 우리는 일요일에만 예배하지 않는다. 날마다 일상을 통해 예배한다. 예배자는 당신의 정체성이요, 예배는 당신이 하는 일이다. 그러므로 성은 어떤 면에서 예배 행위이고, 돈을 사용하는 것도 어떤 면에서는 예배 행위다. '예배'라고 할 때 주말마다 하는 종교 행위만 생각하지 말고, 생활방식을 떠올려 보라. 이제부터 좀 더 자세히 설명해 보겠다.

성경에 나타난 예배의 생활방식에는 네 가지 측면이 있다. 첫째, 예배는 절하는 것을 뜻한다. 이것은 예배의 종교적·정서적 측면이다. '절'이라는 단어가 함축하는 자세는 중요하다. 절할 때는 하나님 앞에 무릎을 꿇고 사모하는 마음을 드린다. 그분께 합당한 영예를 드린다. 가장 귀한 제물, 사랑하는 마음을 드린다. 인간은 그분의 왕권과 권위, 그분의 중심 되심과 거룩하심에 고개를 숙인다. 그분이 살아 계시고, 인간은 그분을 위해 지음 받은 존재임을 인정하는 것이다. 잊지 말라. 당신이 성과 돈을 사용할 때 늘 어떤 대상이나 사물에 절하고 있는 셈이다. 우리는 살아가면서 이 중요한 영역 안에서 '고개를 숙인다'는 사실을 피할 수 없다.

둘째로, 예배는 순종을 뜻한다. '순종'이란 하나님의 지혜와 다스림을 인정하는 것이다. 순종은 내 삶이 내 것이 아니고, 나 자신의 법칙을 쓰기 위해 창조되지 않았다는 사실을 선언하는 것이다. 순종은 가장 일상적인 예배다. 내 삶의 세세한 선택과 행동들을 하나님의 크신 지혜와 권위 앞에 내려놓는 것이다. 따라서 당신이 성관계를 맺을 때는 하나님의 지혜와 선한 법칙에 기꺼이 순종함으로 하나님을 예배하든지, 당신 자신의 규칙을 만들어 자기를 믿든지 이 둘 중 하나일 것이다. 당신만의 규칙을 만드는 것은 당신이 하나님보다 똑똑하다고 자신에게 말하는 셈이다. 돈을 사용할 때도 당신은 하나님이 설정하신 돈의 경계 안에 기꺼이 머물러서 그분의 지혜와 다스리심을 인정하든지, 하나님의 경계를 넘어서든지 둘 중 하나다. 하나님이 정해 두신 경계를 넘어서는 행위는 인생은 당신 것이고, 당신 스스로 규칙을 만들 능력이 있다고 생각한 것에서 비롯된 것이다.

셋째로, 예배는 신뢰를 뜻한다. 신뢰는 당신의 삶과 행복, 미래, 내면의 평안을 하나님의 손에 기꺼이 맡긴다는 의미다. 하나님이 선하시고 그분의 길이 항상 옳다는 사실을 인정할 뿐 아니라, 정말로 그렇게 생각하고 바라며 말한다는 뜻이다. 성행위는 늘 어떤 사람이나 사물에 대한 신뢰를 드러낸다. 재정 사용 역시 마찬가지다.

마지막으로, 예배는 섬긴다는 뜻이다. 내 의견, 소망과 꿈, 인생 계획을 하나님의 더 크신 계획에 맡긴다는 의미다. 예배할 때 인간은 스스로 임명한 국왕으로 군림하는 자기만족의 소왕국에서 벗어나, 자기 삶의 시간과 힘, 자원을 하나님 나라의 계획과 목적, 사역에 드린다. 당신이 성생활을 할 때 이 두 나라 중 한쪽을 섬긴다는 것은 틀림없는 사실이다. 돈을 사용할 때도 마찬가지다. 당신은 성과 돈을 사용하면서 하나님이 당신에게 은혜를 주신 것은 자기의 소왕국을 번성시키기 위해서가 아니라, 더 크고 좋은 왕국으로 당신을 맞이하기 위해서라는 사실을 기억하게 될 것이다.

성과 돈의 세계는 예배의 세계다. "당신에게 성적 문제나 재정상의 빚이 없는가?"라는 질문은 별로 중요하지 않다. "성과 돈의 세계에서 당신이 예배하는 것은 무엇인가?" 하는 것이 정말로 중요한 질문이다.

5) 위험한 거짓 이분법을 곧이곧대로 믿는 바람에 우리는 성과 돈 문제에서 세상의 광기에 감염되어 버렸다.

우리의 사고와 인생관을 둘러싼 이러한 성과 속의 이분법이 생각보다 심각한 것 같아 염려스럽다. 세상을 이렇게 양분하면, 주변 문화의 광기를 그다지 경계하지 않게 된다. 아주 실제적인 예를 한 가지 들어보겠다.

대다수의 그리스도인 부모들이 자녀에게 이 두 주제를 이야기하는 방식을 한번 생각해 보라. 성 문제가 등장하면 이내 당황한 부모들이 남녀의 신체 구조와 성적 차이점을 얼렁뚱땅 설명해 주고는 성적 호기심이 넘치는 청소년기 아이들에게 해야 할 일과 하지 말아야 할 일만을 일러 준다. 하지만 이 정도 이야기로는 매일같이 노출되는 이 미친 세상에서 자녀를 보호하고 이들을 준비시키기에 턱없이 부족하다.

이 부모들의 의도는 나무랄 데 없지만, '성'이라는 큰 주제를 하나님의 존재에 근거해 이야기하지 못했다. 그분의 놀라운 사랑과 지혜, 능력, 은혜는 물론, 우리가 원래 지음 받은 삶, 곧 그분을 위해 살아갈 때 주시는 평화와 만족, 안정감이 넘치는 삶에 뿌리를 둔 성이라야 진정한 의미가 있다. "성은 절대 넘보면 안 돼"라는 식의 소극적

무장으로는, 끊임없이 속삭이는 유혹의 목소리로부터 자녀를 보호하기 힘들다.

그리스도인 부모들이 자녀에게 돈 이야기를 어떻게 하는지도 생각해 보라. 부모들은 자녀가 예산을 세우고 은행 계좌 이용법을 배워 빚이 얼마나 위험한지를 알기 바란다. 이런 주제들은 매우 건전하고 좋지만, 이런 것들이 거친 세상에서 자녀를 보호해 주지는 못할 것이다. 아이는 자신의 예배 본성이나, 돈이 어떻게 예배의 대상이 되는지를 알지 못한다. 자신이 하나님을 위해 창조되었고, 돈은 자신뿐 아니라 하나님의 기쁨을 위해 사용해야 한다는 사실도 모른다. 그러기에 돈이 주는 안정감은 든든한 예산이 아니라 하나님 나라를 추구하는 데서 찾을 수 있다는 사실을 모르는 건 당연하다. 하나님이 사랑하라고 명령하신 것을 사랑할 때 자신의 지갑도 두둑해진다는 하나님 관점의 물질관을 이해하지 못한다. 이런 깊은 진리의 맥락 속에서 돈 문제를 고민해 보지 못했기에 이 아이는 살면서 끊임없이 쏟아질 돈의 우상에 대비하지 못한다.

"모든 것이 예배이기에 모든 것은 영적"이라는 인생관 이외에는 우리 안팎에 퍼져 있는 이 미친 세상으로부터 우리를 보호해 줄 수 있는 것은 아무것도 없다.

6) 십자가의 목적은 우리를 하나님과 화해시키고
우리 마음에 마땅히 그분이 계셔야 할 자리를 회복하는 것이다.

성경의 첫 두 단어는 나머지 성경 이야기를 설명해 준다. 예수님이 이 땅에 오셔서 십자가에 죽으셔야 했던 이유는 우리가 하나님을 위해 창조되었고, 모든 것이 그분을 위해 존재한다는 현실 앞에서야 비로소 이해가 된다. 죄가 우리를 하나님과 갈라놓아 우리 자신을 위해 살게 되었고, 하나님의 은혜를 얻기 위해 우리가 할 수 있는 일은 아무것도 없기에, 구세주가 오셔야만 했다. 구세주는 우리가 살아야 마땅한 삶을 사시고 우리가 당해야 할 죽음을 대신하여 죽으셨다. 그리고 마침내 부활하셔서 죄와 죽음을 물리치셨다. 우리에게 영생을 보장해 주시고, 우리를 하나님과 화해시키기 위해 이 모든 일을 꼭 이루셔야만 했다.

우리가 하나님과 올바른 관계에 있을 때, 우리 자신을 위해서가 아니라 그분을 위해 살 때, 그분의 선한 목적에 우리 자신을 온전히 맡기고 그분의 현명한 다스림을 따를 때, 삶의 모든 것이 제자리를 찾을 것이다. 성과 돈으로 미친 이 세상에서 희망을 발견할 수 있는 곳은 오직 한 곳, 주 예수 그리스도의 십자가 아래뿐이다. 이 중요한 두 영역의 문제는 열심히 노력하고 애쓴다 해서 해결되지 않는다. 당신을 보호하기 위해 가장 필요한 것이 외부에 있지 않고 내면에 있기 때문이다. 당신에게 있는 '성과 돈'이라는 가장 위험한 문제는 당신 내면에 자리하고 있어서, 어딜 가든, 누구와 함께든 당신 곁을 떠나지 않는다.

따라서 "태초에 하나님이"라는 성경의 첫 두 단어는 우리를 한 가지 결론으로 이끈다. 내게서 나를 건져 줄 은혜와 변화의 구원자가 필요하다. 이 구원자가 은혜를 베푸시지 않는다면, 나는 미친 사람들 틈바구니에서 내 몸과 자원을 원래 의도와는 전혀 다른 방식으로 사용하게 될 것이다. 하지만 내게는 희망이 있다. 이 구원자가 오셔서 그분의 은혜를 아낌없이 부어 주셨기 때문이다. 그분은 단순히 규율만이 아니라, 그분을 몸소 내게 주셨다. 나를 용서하실 뿐 아니라, 이제 내 안에 오셔서 사신다. 그렇게 내 존재의 중심, 곧 내 마음에서부터 나를 바꾸기 시작하신다. 은혜로, 그분은 날마다 나를 대신해 싸우신다. 은혜로, 그분은 내가 지혜를 사랑하고 어리석음은 미워하게 하신다. 은혜로, 그분은 내가 내 나라보다 그분의 나라를 더 사랑하게 인도하신다. 은혜로, 그분은 내 잘못을 깨우치시고 용서로 나를 회복하신다. 은혜로, 내가 그분의 기준에 부합하지 못할 때에도 나를 밀어내지 않으시고 그 품에 안아 주신다. 은혜로, 더 이상 성과 돈이 문제를 일으키지 않는, 온전한 그곳으로 나를 데려가실 것이다.

모든 삶은 영적이기에, 이 땅에 숨 쉬는 모든 인간에게 성과 돈이 필요하다는 것은 구원자가 필요하다는 뜻이다. 그분이 오셨다! 그래서 희망이 있다!

3장

우리가
이런 행동을
저지르는
이유

▷◁

　그 남자는 알지도 못하는 사이 이미 오래전에 곤란에 빠졌다. 삶을 돌아보며 괜찮다고 결론을 내렸지만, 사실이 아니었다. 그는 스스로 성숙한 그리스도인이라 생각했고, 가정과 직장에 헌신한다고 여겼다. 하지만 그는 아무런 우려를 감지하지 못한 채 재앙을 향해 달리고 있었다.

　그는 그 여자와 오랫동안 한 직장에 근무했다. 같은 관리팀에서 일하면서 회의에서도 자주 마주쳤다. 10년 가까이 두 사람의 관계는 철저히 일 중심이었다. 그 일이 있기 전만 해도. 하루는 임원 식당에서 그 여자가 그 남자에게 앞자리에 앉아도 되느냐고 물었다. 그날 아침은 몹시도 스트레스가 심했다. 아이들은 전혀 말을 듣지 않았고, 아내와도 썩 좋지 않았다. 출근하려고 집을 나설 무렵, 가족 모두가 서로 화가 나 있어서 그나마 형식적으로 하던 입맞춤마저도 거르고 아내를 노려보며 집을 나왔다.

그 남자의 태도와 표정에는 지친 기색이 역력했을 것이다. 그 여자가 식판을 들고 자리에 앉으면서 가장 먼저 꺼낸 말이 일 이야기가 아니라 그 사람의 신상에 관한 이야기였으니 말이다. "트럭에 치이기라도 한 듯한 표정이네요." 그 여자가 농반진반으로 말했다.

"말도 마세요."

"무슨 일 있나요?"

"일 이야기는 아니에요. 집이 문제네요. 가끔은 그냥 모든 게 다 난감할 때가 있잖아요. 한꺼번에 너무 많은 사람과 관계가 헝클어질 때처럼요. 그럴 때는 직장에 도착하기 전에 스트레스를 꾹꾹 눌러 담고 일에만 집중하려 합니다. 그래야 잘리지 않죠." 그가 넋두리를 늘어놓았다.

"집에서도 직장에서처럼만 한다면, 꽤 좋은 남편과 아버지일 것 같은데. 이런 가장을 두었다면 복 받은 가정이고말고요." 그 여자는 시간을 확인하더니 먼저 실례해야겠다면서 서둘러 자리를 떠났다.

그는 멀어지는 그녀의 모습을 지켜보며 이렇게 생각했다. '참 다정하기도 하지. 최근 몇 달 사이에 들은 말 중에 제일 힘이 나는 이야기네.' 그러고 나서는 다시 업무와 바쁜 일과에 파묻혔고, 그 여자 생각은 머릿속에서 지워졌다.

며칠 뒤, 한 달에 두 번 있는 임원 회의에서 그녀를 만났다. 왠지 평소에 마주쳤을 때와 느낌이 달랐다. 회의 석상에 있는 다른 사람들과 달리 유독 그녀에게 눈길이 갔다. 그 여자에게 불편함을 주고 싶지 않아 똑바로 눈을 마주치지 않으려 애를 썼지만, 계속 곁눈질을 하게 됐다. 남자는 회의를 마치고 일이 산더미처럼 쌓인 자기 자리로 돌아왔다. 그는 애써 부인하려 했지만, 2-3일 뒤에 자기 사무실을 찾아온 그 여자를 보고 내심 기뻤다. 그 여자는 업무와 관련된 질문이 있어 그를 찾아왔다. 여자는 사무실을 나오면서 그에게 물었다. "집안 문제는 좀 잠잠해졌나요?" 그는 그녀의 뒷모습을 보며 미소를 지었다. 그는 자기 마음속에 어마어마하고 중요한, 어쩌면 인생을 뒤바꿔놓을 수도 있는 일이 벌어지고 있다는 사실을 까맣게 모르고 있었다. 그는 아직도 괜찮다고 믿고 있었다.

이런 유혹에는 일종의 부인이 따라오는데, 그는 달라진 건 아무것도 없다고 다짐했지만 실상은 아니었다. 그는 '그 여자를 볼 수 있을까?' 하는 기대감을 품고 일터에 나오기 시작했다. 물론 그 여자와 특별한 관계를 원하지는 않았다. 그녀와의 잠자리를 상상하는 것도 아니었다. 하지만 그의 마음속에서 그녀와의 관계는 확실히 달라져 있었다. 그는 원래 구내식당을 자주 이용하지 않았는데, 이제는 규칙적으로 식당을 찾기 시작했다. 직원들과 함께 식사하면 부서 분위기에 도움이 된다고 생각했지만, 그가 그곳을 찾는 진짜 목적은 딴데 있었다. 그 여자를 볼 수 있을지도 모른다는 기대 때문이었다. 그녀는 식당을 자주 이용했고, 두 사람이 함께 식사하는 횟수도 자연스레 늘어났다.

매번 점심을 함께할 때마다 그의 마음에는 자신조차 알아차리지 못하는 변화가 일어나고 있었다. 그 남자의 애정 나침반은 점점 더 그녀를 향하고 있었다. 아내에 대한 헌신을 저버리지도 않았고, 이혼 생각은 추호도 없었지만, 그의 마음이 움직이고 있었다. 그러니 머지않아 몸도 따라갈 것이다. 그 여자는 동료에 불과하다고 생각했지만, 사실과 달랐다. 직장 동료들과 친하게 지내는 게 중요하다고 생각했지만, 그렇게 친한 사람은 그 여자뿐이었다. 두 사람의 대화는 점점 더 횟수가 많아지고 깊어졌지만, 그는 전혀 위험하다고 생각하지 못했다.

한번은 복도에서 무슨 이야기를 하다 웃음이 터졌는데, 그 여자가 그의 손을 잡았다. 그 순간, 그는 아내와의 사이에서만 느꼈던 짜릿함을 느꼈다. 그 여자의 손길이 싫지 않았고, 또 만져 주기를 바랐다. 물론 성관계를 떠올리지는 않았다. 그저 그 여자가 맘에 들고, 가까이 지내는 게 좋았다. 신체적인 접촉을 은근히 즐겼다. 이미 오래전부터 제대로 지키지 못한 그의 마음은 이제 단순히 매력을 느끼는 정도가 아니라, 그녀에게 홀딱 빠져 버렸다. 그런데도 그는 자기가 얼마나 빠져 있는지 알지 못했다.

아내가 걱정하기 시작했다. 남편이 늦게까지 야근을 해서가 아니었다. 그는 일찍 들어왔다. 이상한 영수증이나 휴대폰 메시지를 발견한 것도 아니었다. 남편이 자기를 대하는 태도가 달라진 것을 느꼈기 때문이다. 남편은 부쩍 말수가 줄고 거리감이 느껴졌다. 평소보다 짜증이 늘고 화도 잘 냈다. 출퇴근길에 형식적으로 하던 입맞춤도 그만둔 지 오래였다. 잠자리에 관심을 끊은 지는 더 오래됐다. 무슨 일 있느냐고 여러 번 물어봐도, 회사 일이 힘들어서 그런 것 같다며 출근길에 식구들에게 더 잘하려고 애쓰기만 할 뿐이었다. 하지만 달라진 건 없었다. 아내는 무척 걱정스러웠지만, 뭘 걱정해야 할지도 모르는 형편이었다.

그러는 사이, 그 남자와 직장 동료의 육체관계는 더 심각해졌다.

내가 여기서 말하는 '육체'는 꼭 성관계만을 뜻하지 않는다. 내 말은, 두 사람의 신체 접촉이 더 잦아졌다는 뜻이다. 그는 그 여자에게 안부를 물으면서 어깨동무를 하곤 했다. 복도에서 회의를 기다리는 동안, 그 여자는 그 남자에게 몸을 밀착하곤 했다. 그는 뭔가를 설명하면서 그녀의 손을 잡기도 하고, 회의 도중에 탁자 밑에서 자기 신발로 그 여자의 신발을 건드리기도 했다. 이런 행동들이 그 남자나 다른 사람들에게 아무렇지 않게 비칠 수도 있으나, 전혀 그렇지 않았다. 이런 행동 하나하나가 사실은 매우 성적인 행동이기 때문이다. 그 남자는 이미 수 주 전에 마음으로 불륜을 저질렀다. 애정의 대상이 아내에서 그 동료로 바뀐 지 오래였고, 이제는 몸으로도 불륜에 빠지기 일보 직전이었다. 지금까지의 모든 행동이 회사에서 용납할 만한 수준의 전희였다면, 성관계를 맺는 것은 그야말로 시간문제였다.

주차장 계단에서 만난 두 사람이 헤어지면서 인사를 하는데, 그 여자가 갑자기 그 남자의 뺨에 입을 맞추었다. 그는 주변에 아무도 없는 것을 확인한 다음, 그 여자의 입술에 입을 맞추었다. 당황한 두 사람은 서둘러 자리를 떠났지만, 그들이 호텔 방에서 다시 만나기까지는 그리 오랜 시간이 걸리지 않았다. 이미 오래전에 예견된 절차였다.

상담실에서 마주앉은 그는 잘나가는 직장도 잃고, 아내와 별거 중이었다. 자기 잘못을 인정하지 않는 그는 혼란스럽고 우울했다. "그 여자는 내가 유부남이란 걸 알면서도 접근했어요." 그 남자가 변명하듯 말했다. 이전에도 수많은 사람들에게서 들었던 변명거리였다. 그는 20분간의 성적 쾌락을 위해 좋은 아내와의 나무랄 데 없는 결혼생활과 세 자녀를 내동댕이쳐 버렸다. 그는 자기 잘못을 알면서도, 비난을 피할 생각만 했다. '불륜을 저질렀지만 순수했다?' 어떻게 그런 일이 가능한가?

우리가 이런 행동을 저지르는 이유

판도를 뒤바꿔 놓는 사건이 있었다. 우리를 위해 마태복음 5장 27-30절에 이 사건이 기록되어 있다. 예수님은 여기에서 하나님 나라의 복음 원리를 가르치고 계신다. 나는 예수님이 이 말씀을 하실 때 거기 모인 사람들의 반응이 어땠을지 궁금했다.

> "또 간음하지 말라 하였다는 것을 너희가 들었으나 나는 너희에게 이르노니 음욕을 품고 여자를 보는 자마다 마음에 이미 간음하였느니라 만일 네 오른 눈이 너로 실족하게 하거든 빼어 내버리라 네 백체 중 하나가 없어지고 온 몸이 지옥에 던져지지 않는 것이 유익하며 또한 만일 네 오른손이 너로 실족하게 하거든 찍어 내버리라 네 백체 중 하나가 없어지고 온 몸이 지옥에 던져지지 않는 것이 유익하니라."

그리스도는 이 말씀에서 하나님의 율법의 본래 의도를 설명하고 진정한 윤리적 싸움이 벌어지고 있는 장소를 정의하실 뿐 아니라,

율법주의가 의로운 삶을 낳을 수 있다는 일말의 희망에 폭탄선언을 하신다. 이 짧은 본문을 전반적으로 살펴본 후에, 성과 돈이라는 주제와 관련한 뜻을 생각해 보려 한다.

이 말씀은 우리를 겸허하게 만들지만, 곰곰이 생각해 봐야 할 중요한 본문이다. 그리스도가 말씀하시는 내용이 대다수 사람들이 자기 자신이나 삶에 대해 생각하는 방식과는 전혀 상반되기 때문이다. 15킬로미터 상공에서, 지금 그리스도는 인간이라면 누구나 살면서 한 번쯤 던지는 질문에 대답을 주고 계신다. "사람들은 왜 이런 행동을 저지를까? 왜 우리는 이런 말을 하고 저런 결정을 내리는 것일까? 왜 우리는 애써 싸움에서 이겨 놓고도 다른 사람들에게 기꺼이 양보하는 것일까? 그런 일을 절대로 안 하겠다고 말해 놓고서 왜 결국엔 그 일을 하고 마는 것일까? 도대체 왜?"

성과 돈의 전쟁은 단순히 주변 문화의 유혹에 맞서는 싸움이 아니다. 단순한 행동이나 우리가 몸으로 하는 일이 문제가 아니다. 그리스도는 우리 외부에 있는 사람들이나 상황이 아니라 내면에 있는 것이 우리 행동을 좌지우지한다고 말씀하고 계신다. 성 문제는 분명 마음의 문제인 것이다. 이미 오래전에 마음이 넘어간 곳으로 몸이 뒤따르는 것이 불륜이다. 그리스도는 이렇게 말씀하시면서 행동의 도덕적 가치를 생각과 욕망에 부여하신다. 즉 사회 통념에 어긋나는 성행위를 할 때 불륜의 경계를 넘어선 것이 아니다. 당신을 향한 하나님의 뜻에 벗어난 생각과 욕망에 마음이 쏠릴 때 이미 그 경계를 넘어선 것이다. 그저 행동만 제어해서는 성적인 죄와 싸워서 승리할 수 없다. 잘못된 성행위는 하나같이 마음의 결정과 연관이 있고, 그 결정은 마음의 욕망과 연결되어 있다. 몸이 잘못된 행위에 굴복하기 전에 이미 마음은 넘어간 상태다.

여기서는 논의가 주로 성에 집중되어 있지만, 성적인 죄나 유혹에 대해 이야기하는 모든 내용은 돈 문제에도 적용될 수 있다는 점을 언급하고 싶다. 돈 문제 역시 항상 마음의 문제다. 예수님은 마태복음 6장 19절에서 '보물'이라는 단어를 사용하여 돈과 물질주의의 문제가 마음에서 비롯된다고 말씀하신다. 보물은 단순한 물건이 아니다. 우리가 쌓는 보물들은 늘 마음의 진정한 가치관을 드러내기 마련이다. 우리가 모으는 보물들은 늘 마음이 간절히 바라는 부를 드러내기 마련이다. 그렇다면 도대체 보물은 무엇인가? 보물이란 우리 마음속에 그 가치와 중요성이 점점 커져서 이제는 우리 생각과 욕구를 통제하고 있는 무언가를 가리킨다. 따라서 돈에 열광하는 현상은 주변 사람들이나 문화로부터 받은 영향력을 뛰어넘는 것이다. 돈을 잘못 사용하는 문제는 마음의 보물을 엉뚱한 곳에 둔 결과라고 할 수 있다.

마가복음 7장 20-23절의 쓴소리에 귀를 기울여 보자.

> "또 이르시되 사람에게서 나오는 그것이 사람을 더럽게 하느니라 속에서 곧 사람의 마음에서 나오는 것은 악한 생각 곧 음란과 도둑질과 살인과 간음과 탐욕과 악독과 속임과 음탕과 질투와 비방과 교만과 우매함이니 이 모든 악한 것이 다 속에서 나와서 사람을 더럽게 하느니라."

예수님은 이렇게 말씀하시지 않았다. "이보게들, 이건 아주 단순한 문제랍니다. 내 의도대로 움직이지 않는, 깨지고 악한 이 세상에 여러분이 살기 때문에 벌어지는 일들이죠. 이 세상에는 여러분을 꼬드겨 잘못을 저지르게 하는 악한 사람들이 가득합니다. 거룩하게 살고 싶은 사람은 성이나 돈을 멀리하면 됩니다." 그런데도 우린 그런 식으로 생각하곤 한다. 바람을 피운 남편들은 이렇게들 말했다. "교수님, 제 아내와 하루만 살아 보세요. 제가 왜 그랬는지 이해가 가실 겁니다." 한눈판 아내들은 상대방의 유혹이 너무 강했다고 핑계를 댔다. 임신한 십 대 자녀를 둔 부모들은 텔레비전, 유튜브, 페이스북이 문제라고들 했다. 성범죄를 저지른 목회자들은 과중한 사역이 부담스럽고 외로워서 그랬다고 대답했다. "내가 왜 이런 행동을 저질렀을까?"라는 질문에, 사람들은 본능에 따라 자기 외부에서 대답을 찾는다. 하지만 예수님의 말씀에 귀를 기울이고 그 내용을 곰곰이 생각해 보라. "사람에게서 나오는 그것이 사람을 더럽게 하느니라."

그리스도의 말씀의 결론은 이것이다. 성적인 죄와의 싸움은 우리가 사는 환경이나 주변 사람들과의 싸움이 아니다. 성적인 죄와의 싸움은 우리 마음의 어둡고 곤궁한 형편을 드러내 준다. 우리 자신이야말로 가장 큰 문젯거리다. 성범죄에서, 어디 사는 어떤 사람에게든 가장 큰 위험은 자기 외부가 아니라 내면에 자리한다. 격리, 장소나 관계의 변화, 행동 관리 등은 전혀 효과가 없는데, 이런 것들은 문제의 본질인 마음을 빗나가기 때문이다. 성적인 문제는 눈이나 성기보다 훨씬 더 근본적인 데서 출발한다.

이처럼 성적인 문제가 마음의 문제라면, 성경이 마음에 대해 뭐라고 하는지 살피는 것이 중요하다. 단언컨대, 성경에서 이 마음의 원리들을 검토하지 않고서는, 우리 안팎의 성적인 문제에 대해 올바른 대화를 할 수도 없고, 진정한 변화를 이끌어내지도 못할 것이다.

1) 성경이 마음에 대해 뭐라고 말하는지 알아야 한다.

성경은 마음을 가리켜 우리의 감정과 동기, 의지와 생각, 욕망의 중심이라고 말한다. 이 말은, 성경에서 '마음'이라는 단어가 눈에 띄면 머릿속으로 다음과 같은 정의를 떠올려야 한다는 뜻이다. 마음은 한 사람의 인격의 원인이 되는 중심이다. 즉 사람들이 특정 행동을 하는 것은 마음속에 그것이 자리하고 있기 때문이라는 뜻이다. 상황 때문이 아니다. 주변 사람들 때문이 아니다. 그런 장소에 있었기 때문도 아니다. 마음이 그렇기 때문이다. 그것이 바로 성경이 말하는 요지다. 당신 내면에 있는 관제소가 바로 마음이다.

2) 마음은 늘 무언가의 지배를 받아 움직인다는 사실을 이해해야 한다.

마음은 관제소다.

3) 마음은 예배의 중심이라는 사실을 깨달아야 한다.

마음은 항상 무언가의 다스림에 순종하고 있는데, 그 무언가는 다음 두 가지 중 하나다. 창조주가 아니면, 피조물의 통제를 받는다. 이제는 내 말이 무슨 뜻인지 더 잘 이해가 될 것이다. 쾌락을 추구하는 것은 잘못이 아니지만, 하나님보다 쾌락을 더 사랑한다면 난관에 봉착하게 된다. 안락함을 즐기는 것은 잘못이 아니지만, 하나님을 사랑하는 마음보다 안락함을 추구하려는 마음이 더 크다면 어려움을 당할 것이다. 무언가를 욕망하는 것 자체가 문제가 아니라, 지배하려는 욕망이 문제다. 이렇게 한번 말해 보자. 좋은 것을 바라는 욕망도 그 욕망이 우리를 지배하게 되면 나쁘게 변질된다. 성이 가져다주는 쾌락이 하나님의 뜻보다 더 마음을 지배할 때 당신의 마음은 이미 하나님의 경계를 넘어선 것이다. 몸이 그 뒤를 따라가는 건 시간문제다.

4) 마음을 지배하는 것이 행동을 조종한다는 것을 깨달아야 한다.

사람의 행동은 불가분하게 마음의 생각, 그리고 욕망과 연결되어 있다. 당신이 어떤 행동을 하는 이유는 결코 주변 사람들과 상황 때문이 아니다. 사람들과 상황이 그런 기회나 장소를 마련해 줄지는 몰라도, 원인과는 거리가 멀다. 따라서 하나님이 금하신 성행위를 저질렀을 때는 당신 외부에서 이유를 찾아서는 안 된다. 내면을 들여다보아야 한다. 예수님의 말씀처럼, 마음으로 간음한 사람은 머지않아 몸으로도 간음을 저지르게 되는 법이다. 앞의 두 본문이 말해 주는 바는 이것이다. 마음에 있는 생각과 욕망의 죄가 늘 당신을 이 세상의 악에 걸려 넘어뜨린다. 당신의 성 문제는 미쳐 버린 대중매체와 대중문화보다 훨씬 더 근본적인 원인을 안고 있다. 그 원인은 당신 내면에 자리한 자기밖에 모르고 쾌락에 중독된 광기이고, 그것이 당신을 주변 사회에 영향을 받는 손쉬운 목표물로 만든다. 수도원과 거부운동이라고 순결한 삶을 보장해 주지 않는다. 과거에도, 미래에도 그런 일은 없다.

5) 이 땅에 살아가는 당신은 시시때때로 마음에 유혹이 찾아온다는 사실을 깨달아야 한다.

앞서 언급한 내용에 비추어, 당신과 나는 이 땅에서 끊임없이 유혹을 받으며 살아간다는 사실을 겸허히 인정해야 한다. 순결한 마음의 소유자는 없다. 단 한 사람도 없다. 십자가의 은혜로, 죄의 세력이 깨졌지만 그렇다고 해서 우리가 죄가 없다는 뜻은 아니다. 죄는 여전히 각 사람의 마음에서 막강한 파괴력을 발휘하고 있지만, 우리를 거룩하게 하시는 하나님의 은혜로 죄의 장악력은 조금씩 그 뿌리가 뽑히고 있다. 나도 내가 죄 없는 사람이라고 생각하기 좋아하지만, 그렇지 않다는 경험적 증거를 주기적으로 내놓고 있다. 모든 사람은 내면에 순수하지 못한 갈망을 지니고 있다. 모든 사람은 순수하지 못한 생각을 한다. 모든 사람은 순수하지 못한 꿈을 꾼다. 모든 사람은 갈망해서는 안 될 것을 갈망한다. 한 사람도 예외가 없다. 이 땅에서 윤리적으로 완전한 순수함이란 스스로 내세우는 환상에 지나지 않으므로, 거부해야 마땅한 것이다. 하나님의 은혜가 우리를 끊임없이 정결케 하셔도 우리 마음은 계속해서 어둡고 엉망진창이다.

인생에서 유혹에 약하지 않은 순간은 단 한 번도 없다. 솔직한 사람이라면, 바라서는 안 될 것을 바라는 부분이 반드시 있기 마련이다. 조용히, 비밀리에, 때론 자신도 모르는 사이에, 바람직하지 않은 시선으로 사물을 바라보고, 고려해서는 안 될 것을 고려하기 시작하고, 즐겨서는 안 될 꿈을 즐긴다. 자신은 순수하다고 말하지만, 자주 순수하지 못한 마음에 사로잡힌다.

6) 이 땅에 사는 동안 당신은 자신의 마음이 변덕스럽다는 점을 인정해야 한다.

예배 시간에 이런 찬양들을 부를 때면 마음이 불편해진다. "약할 때 강함 되시네…주 나의 모든 것." "온 맘 다해 사랑합니다." 가끔은 찬양을 부르다 말고 이런 생각을 해본다. "정말? 진짜로?" 과연 하나님의 사랑만이 내 마음을 다스리고 계신가? 정말로 그런가? 하나님이 내 사랑의 중심에 계시고, 내 가장 큰 기쁨이신가? 정말로 그런가? 우리는 우리의 악한 마음이 얼마나 변덕스러운지를 과소평가하고 있는 것 같다. 우리의 충성심은 쉽게 오락가락한다. 애정을 주는 대상도 얼마나 빨리 바뀌는지 모른다. 우리의 사랑은 변덕이 죽 끓듯 한다. 그토록 굳게 다짐했던 헌신도 헌신짝처럼 내던진다. 더 괜찮은 꿈이다 싶으면 그동안 간직했던 꿈도 쉽게 포기한다. 마음에 죄가 없을 때야 비로소 우리는 진실함을 회복할 것이며, 안정감 또한 찾을 것이다. 우리 안에 죄가 남아 있는 한, 더 좋아 보이는 주인을 끊임없이 찾아 헤매며, 우리에게 은혜를 주신 주님의 영광을 부인할 것이다.

7) 이 땅에서는 마음이 당신을 속일 수 있다는 사실을 받아들여야 한다.

사람들은 자신보다 더 자기 마음을 잘 아는 사람은 없다고 생각하고 싶어한다. 남들은 다 스스로 속일지 몰라도 나만은 예외라고 생각하는 것이다. 하지만 사실은 다르다. 죄의 속성은 현혹하는 것이므로 죄가 마음속에 사는 한, 우리 마음의 진정한 상태를 깨닫지 못할 수밖에 없다. 하지만 이것이 다가 아니다. 우리는 마음의 눈이 멀었을 뿐 아니라, 그 눈먼 상태도 깨닫지 못한다. 실제로는 보지 못하면서도 본다고 굳게 믿는다. 설상가상으로, 그 눈먼 상태에 동참하기까지 할 것이다. 스스로 옳다 하는 죄의 특성 때문에, 우리는 선하지 않은 것을 선하다고 느끼거나 우리 자신이 문제가 아니라고 믿게끔 애를 쓸 것이다. 그래서 바람직하지 않은 시선으로 직장 동료를 바라봤던 그 남자는 자신은 정욕을 품은 것이 아니라, 하나님의 아름다운 피조물을 감상했을 뿐이라고 자신에게 말할 것이다. (여성의 아름다움을 알아봐 준 것이 죄란 말입니까?) 둘 사이에 감정이 싹트고 약간의 신체관계가 발전한 것을 두고는 친한 친구 사이라고 말할 것이다. (친한 여자 친구 몇 명 있는 게 잘못입니까?) 남편 대신 다른 남자와 정서적으로 가까워진 여자는 살다 보니 남편 이외에 다른 남자 친구들이 필요했다고 말할 것이다. (결혼한 여자는 다른 남자의 의견도 못 듣습니까?) 하나같이 자기를 변명하는 질문들이다. 이 사람들은 자기 마음을 속이는 일에 동참했다. 마음은 속이기를 잘하므로, 사람들은 대개 눈이 보고 마음이 인정하기 훨씬 전부터 성적인 위험에 빠져 있다.

8) 몸은 마음 가는 대로 따라간다는 사실을 인정해야 한다.

이미 여러 차례 이야기했으니, 부연 설명은 필요 없을 것 같다. 하지만 이 점은 반드시 강조해야 한다고 생각한다. 성적인 문제는 늘 더 깊은 마음의 문제를 반영하기 마련이다. 이미 마음을 주었다면, 몸을 통제하기는 쉽지 않을 것이다.

9) 상황이나 위치, 관계보다 당신의 행동이 당신에 대해 더 많이 드러낸 다는 것을 고백해야 한다.

복음주의 교회들은 이 점을 성경적으로 정확하며, 진정성 있게 지적하지 못하는 듯싶다. 교회 안에 퍼져 있는 성 문제(인터넷 음란물, 혼외정사, 혼전 성관계 등)와 관련해서, 우리는 엉뚱한 곳만을 지적해 왔다. 우리는 주변 사회에서 접하는 충격적인 성적 타락과 음탕함에 대해 떠들어대기만 했다. 물론 충격적이다. 자녀들은 피해 가기 불가능할 정도로 퍼져 버린 성적 이미지에 대해 서슴없이 이야기한다. 패션계와 연예계의 성적 대상화를 지적한다. 물론 그런 문제들을 지적해야 마땅하다. 또 수십억 달러에 달하는 전 세계적 음란물 제국이 인터넷을 장악하고 있다고 이야기한다. 고등학교 건강 교육의 도덕적 불감증에 관해서도 이야기한다. 가족 드라마에까지 손을 뻗친 성적인 농담에 관해 이야기한다. 이는 모두 중요한 문제들이어서 토론과 행동이 필요하지만, 자기기만과 자기 의는 이런 대화를 더 힘들게 만들고 우리는 더 큰 어려움에 봉착하게 된다.

교회의 막대한 부채와 관련해서도 우리는 물질주의가 원인이라는 피상적인 지적만 한다. 우리는 끊임없이 뭔가에 팔리고 있다고 이야기한다. 생활비가 많이 든다고 이야기한다. 신용카드 수수료가 지나치게 비싼데도 카드 발급은 너무 쉽다고들 이야기한다. 한 사람의 정체성을 그 사람이 입는 옷과 모는 차의 상표로 판단하는 얄팍한 사회 풍조를 이야기한다. 그런 이야기들도 물론 중요하겠지만, 문제의 원인으로는 부적절할 뿐 아니라 자기 의에 빠질 위험마저 있다.

교회 안까지 파고든 이런 성 문제들은 우리 마음의 진정한 상태를 여실히 보여준다. 교인들 사이에 있는 빚과 물질주의 역시 주변 사회보다는 우리 자신에 대해 더 많이 밝혀 준다. 이번 장에서 하려는 중요한 말은 바로 이것이다. 당신 자신이 문제가 아니라고 한다면, 모든 선택과 행동에서 당신의 마음이 핵심이라는 사실을 부인한다면, 당신 내면에 지금도 숨 쉬고 있는 이 위험한 불순물을 덮는 데 급급하다면, 당신은 당신에게 절실한 도움을 찾고 있지 않은 것이다. 정직하게 살펴보면, 당신에게 필요한 보호 장비를 갖추고 있는 것이 아니다. 그러므로 또다시 유혹과 속임수에 빠질 수밖에 없다.

그러면 어떻게 할 것인가?

우리는 문화 분석으로는 개인의 성과 돈 문제를 해결할 수 없다는 사실을 받아들여야 한다. 개인의 고백이 우선이다. 열악한 상황이나 주변 사람들의 행동을 지적만 해서는 변화를 불러올 수 없다. 변화는 오직 한 곳, 마음 깊은 곳의 고백에서부터 시작된다. 성 문제에서 우리는 모두 성생활의 가장 큰 문제가 바로 우리 자신이라고 고백할 수 있어야 한다. 돈 문제에서도 우리는 모두 가장 큰 위험 요소가 바로 우리 자신이라고 고백해야 마땅하다. 이런 겸허한 자기 고백이 있을 때에야 비로소 지속적인 변화가 가능하다.

다윗이 겸손히 죄를 고백한 다음 기도(시 51편)를 나와 함께 드렸으면 한다. 미루지 말고 바로 지금 하라.

하나님이여 주의 인자를 따라

　내게 은혜를 베푸시며

주의 많은 긍휼을 따라

　내 죄악을 지워 주소서.

나의 죄악을 말갛게 씻으시며

　나의 죄를 깨끗이 제하소서.

무릇 나는 내 죄과를 아오니

　내 죄가 항상 내 앞에 있나이다.

내가 주께만 범죄하여

　주의 목전에 악을 행하였사오니

주께서 말씀하실 때에 의로우시다 하고

　주께서 심판하실 때에 순전하시다 하리이다.

내가 죄악 중에서 출생하였음이여

　어머니가 죄 중에서 나를 잉태하였나이다.

보소서. 주께서는 중심이 진실함을 원하시오니

　내게 지혜를 은밀히 가르치시리이다.

우슬초로 나를 정결하게 하소서. 내가 정하리이다.

　나의 죄를 씻어 주소서. 내가 눈보다 희리이다.

내게 즐겁고 기쁜 소리를 들려주시사

　주께서 꺾으신 뼈들도 즐거워하게 하소서.

주의 얼굴을 내 죄에서 돌이키시고

　내 모든 죄악을 지워 주소서.

하나님이여 내 속에 정한 마음을 창조하시고

　　내 안에 정직한 영을 새롭게 하소서.

나를 주 앞에서 쫓아내지 마시며

　　주의 성령을 내게서 거두지 마소서.

주의 구원의 즐거움을 내게 회복시켜 주시고

　　자원하는 심령을 주사 나를 붙드소서.

그리하면 내가 범죄자에게 주의 도를 가르치리니

　　죄인들이 주께 돌아오리이다.

하나님이여, 나의 구원의 하나님이여,

　　피 흘린 죄에서 나를 건지소서.

　　내 혀가 주의 의를 높이 노래하리이다.

주여 내 입술을 열어 주소서.

　　내 입이 주를 찬송하여 전파하리이다.

주께서는 제사를 기뻐하지 아니하시나니 그렇지 아니하면 내가

드렸을 것이라.

　　주는 번제를 기뻐하지 아니하시나이다.

하나님께서 구하시는 제사는 상한 심령이라.

　　하나님이여, 상하고 통회하는 마음을 주께서 멸시하지 아니

하시리이다.

주의 은택으로 시온에 선을 행하시고

　　예루살렘 성을 쌓으소서.

그때에 주께서 의로운 제사와

번제와 온전한 번제를 기뻐하시리니

그때에 그들이 수소를 주의 제단에 드리리이다.

성과 돈 문제가 마음의 문제라면, 우리가 마음속 생각에 따라 행동하는 것이 사실이라면, 우리에게는 문화 분석이나 성경 지식, 규율 이상의 것이 필요하다. 인터넷 음란물에 중독된 사람에게 규칙을 전달하고 얼마나 지킬 수 있는지 보라. 빚더미에 앉은 사람에게 돈을 건네고 얼마 만에 다시 빚을 지는지 보라. 성적인 죄는 마음의 문제다. 빚은 마음의 태도다. 순결을 잃지 않고 이 미친 사회로부터 우리를 보호할 수 있는 유일한 희망은 마음의 변화뿐이다. 그리고 마음의 변화를 위해서는 이 아름답고 가슴 아픈 시편에서 다윗이 간절히 구한 그 자비가 우리에게도 필요하다.

지금 잠시 책을 내려놓고 그 은혜를 구하지 않겠는가? 인정하든 인정하지 않든, 당신은 다윗만큼이나 절실하게 그 은혜가 필요하다.

4장

최고의
즐거움

▷◁

지는 해가 자아내는 여러 겹의 아름다움.

지저귀는 새의 노랫소리.

고수 향신료의 얼얼한 맛.

부드럽고 떨리는 입맞춤.

커다란 오크나무 잎사귀 틈으로 부는 바람소리.

동물들이 내는 불협화음.

유리처럼 빛나는 고요한 호수의 일렁임.

화려한 장미향.

끝없이 펼쳐진 약초와 향신료들.

감정을 사로잡는 음악의 힘.

시각예술의 강력한 의미 전달력.

이 모든 것을 감상할 수 있는 오감의 선물.

즐거움에 대한 갈망이 존재한다는 것.

아름다움을 인식하고 즐길 줄 아는 능력.

아름다움을 창조하는 능력.

끝없는 창조세계의 풍경, 소리, 모양, 색깔, 빛, 질감.

수면이 가져다주는 휴식의 쾌감.

이 모두를 포함한 그 이상의 것을 우리가 날마다 누릴 수 있다는 놀라운 현실. 삶의 즐거움은 어느 곳에나 있다. 그 즐거움이 날마다, 종일 당신을 반긴다. 아무리 애를 써도 그 즐거움에서 벗어나기는 힘들다. 왜 그런지 아는가? 대답은 단 한 가지. 하나님이 그렇게 만드셨기 때문이다. 그분은 놀라운 지혜와 목적으로 이 세상을 창조하셨다. 이 세상에는 온갖 즐거움이 넘쳐흐른다. 보고 듣고 맛보고 만질 수 있는 즐거움이 가득하다. 생각하고 느낄 수 있는 즐거움도 있다. 장소, 상황, 관계에서 얻는 즐거움도 있다. 이 즐거움이 존재하는 까닭은 그것이 하나님의 창조세계를 향한 목적에 걸맞기 때문이다. 즐거움은 하나님이 주신 주요한 선물의 하나다. 하지만 당신과 나는 하나님의 창조세계에서 즐거움이 하는 역할이 무엇인지, 날마다 우리를 반기는 그 즐거움에 어떻게 반응해야 하는지를 이해해야 한다.

가장 먼저, 쾌락이라는 더 큰 주제를 외면한 채 성과 돈에 대한 책을 쓸 수 없다는 점부터 짚고 넘어가야 할 것 같다. 이렇게 한번 표현해 보면 어떨까? 쾌락을 잘못 이해하면, 성과 돈을 모두 오용하기 쉽다. 따라서 성과 돈을 좀 더 구체적으로 자세하게 살펴보기 전에, 성과 돈을 아우르는 핵심 주제인 쾌락을 먼저 살펴보는 것은 중요하다.

쾌락의 탄생

쾌락과 그 탄생이 하나님의 생각이라고 말하는 것은 구태의연한 신학을 과장한 것이 아니다. 어떤 형태든 정당한 쾌락은 하나님의 창조물이요, 쾌락을 인식하고 즐길 수 있는 인간의 능력은 그분의 계획에 따른 것이다. 인류의 시초인 에덴동산은 이런 사실과 그 뜻을 가장 잘 보여주는 곳이다. 나는 독자들에게 이른바 에덴 해석학을 소개하려고 한다. 당신과 나는 사실에 근거해 살아가는 것이 아니라, 사실에 대한 각자의 독특한 해석에 근거해 살아간다. 예를 들면 이런 식이다. 하나님이 쾌락을 창조하셨다면, 쾌락 자체는 문제가 아니다. 우리가 쾌락을 잘못 이해하고 이 잘못된 해석에 비추어 쾌락을 경험할 때 문제가 발생한다.

따라서 다른 모든 문제와 마찬가지로 쾌락과 관련해서도 해석상의 안내 기준이 필요한데, 하나님이 에덴동산을 창조하시고 아담과 하와를 그곳에 두신 사실은 우리에게 완벽한 해석 도구를 제공한다. 에덴동산이라는 해석 도구로 쾌락을 살필 때 등장하는 그에 대한 다섯 가지 관점을 제시해 보려고 한다.

1) 금욕주의자들은 틀렸다.

금욕주의('훈련'이나 '연습'을 뜻하는 헬라어 단어에서 파생)의 역사는 오래되었고, 복음주의 기독교 가운데 지금도 다양하게 존재한다. 금욕의 주요 세계관은 세속 쾌락을 포기함으로써 더 고차원의 영적 상태에 도달할 수 있다는 것이다. 금욕주의의 문제는 그것이 하나님이 창조하신 세계와 인간의 본질을 잘못 이해함으로써 쾌락을 문제시했다는 점이다. 완벽한 세계에 에덴동산이 존재했다는 사실만으로도 금욕주의는 설 자리를 잃는다.

하나님은 아담과 하와를 위험과 악한 쾌락이 도사리고 있는 환경에 두시고는 그들의 파멸과 그분의 심판을 두려워하여 그것을 피하라고 요구하신 것이 아니다. 그들의 충성심과 거룩함을 시험하는 잣대로 금욕을 요구하시지 않았다. 오히려 그 반대다. 하나님은 그들에게 쾌적한 환경을 제공하시고 마음껏 누리게 하셨다. 그 동산에는 보고 듣고 냄새 맡고 만지고 맛볼 수 있는 즐거움이 가득했다. 그곳에서는 정서적·성적 사랑의 쾌감도 즐길 수 있었다. 동산은 살기 좋은 곳이었고, 선천적으로 악하거나 위험한 것은 아무것도 없었다. 하나님이 창조하신 아담과 하와의 원래 모습으로 살아가기 위해서는 피하는 것이 아니라 오히려 적극적으로 참여해야 했다. 금욕주의는 창조세계를 저주하고, 창조세계를 얼마나 멀리하느냐 하는 정도로 거룩함을 평가하기 때문에 잘못된 것이다. 금욕주의는 하나님을 올바로 모시는 행위가 아니다. 오히려 정반대. 금욕주의는 하나님을 무자비하거나 지혜롭지 못한 분으로, 또는 둘 다로 본다. 금욕주의가 말하는 하나님은 당신이 달려가고 싶은 분이 아니라 오히려 피하고 싶은 분이다.

금욕주의는 인류의 본성도 오해하고 있는데, 이 부분이 바로 내가 하려는 이야기의 핵심이다. 인간은 안팎이 뒤집힌 존재다. 다시 말해, 외부에 있는 것이 아니라 내면에 있는 것의 영향을 받아 행동한다. 하나님이 인간을 외부에 있는 것들에 영향을 받아 선택하고 행동하는 존재로 지으셨다면, 아담과 하와를 그처럼 즐길 거리가 풍부한 환경에 두지 않으셨을 것이다. 인간은 금세 환경의 영향을 받아 중독되고, 주변에 널린 강력한 결정 요인들 때문에 스스로를 통제할 수 없을 것이기 때문이다.

하지만 아담과 하와는 그렇게 지어지지 않았다. 그들에겐 사고하고 상상하며, 고려하고 재며, 또한 선택하고 느끼며, 한편으로는 후회하고 예배할 수 있는 마음이 있었다. 하나님은 인간의 마음이 쾌락이 아니라 그분의 다스림을 받는 한, 그들이 쾌락에 참여하면서도 하나님께 영광을 돌리고 길을 잃지 않으리란 것을 아셨다.

에덴동산의 창조와 창세기 3장의 비극적인 반항은 한 가지 중요한 사실을 말해 준다. 쾌락이 아니라, 바로 당신이 문제다. 조금은 모질게 들릴 수도 있지만, 사실이 그렇잖은가? 쾌락과 연관된 모든 문제는 마음의 문제다. 성과 돈이 존재하는 바람에 우리가 성과 돈에 미치게 된 것이 아니라, 그 문제는 우리 마음의 불성실과 반항을 드러낸다. 따라서 성과 돈 문제를 악한 것으로 규정하고 피해야 한다고 말하는 것만으로는 문제를 바르게 다룰 수 없다. 돈이 많다고 해서 영적이지 않다고 할 수 없다. (하나님이 원래 정하신 배경에서) 성을 하나님이 주신 선물로 알고 즐기는 것을 세속적이라고 할 수 없다. 가난하다고 해서 저절로 하나님과 가까워지지도 않고, 순결을 지킨다고 해서 무조건 영적으로 고결하지도 않다.

에덴동산이 모든 걸 말해 준다. 하나님의 영광을 오해하여 그분이 즐기라고 주신 쾌락들을 멀리한다고 해서 쾌락 문제가 해결되지는 않는다. 오히려 그런 태도는 쾌락 자체를 탓하고 쾌락을 지으신 분의 지혜와 사랑에 의문을 제기하는 것이다.

2) 쾌락은 하나님을 영화롭게 한다.

하나님이 세상을 만드신 의도는 그분이 창조하신 즐거움들로 영광을 받으시려는 것이었다. 쾌락을 주는 모든 것은 그것을 창조하신 분의 더 큰 영광을 드러내고 가리키도록 완벽하게 창조되고 계획되었다. 쾌락을 유도할 뿐 아니라 깊은 영적 목적을 위해 설계되었다. 그것들을 보면서 우리는 하나님을 떠올린다. 단순히 그 존재만이 아니라 그것들을 지으신 분의 지혜와 능력, 영광에 감탄하게 된다. 하나님은 당신의 이목을 얻고 마음을 사로잡기 위해 이 땅에 그런 즐거움들을 허락하셨다.

쾌락 자체를 목적으로 생각하면 쾌락을 이해할 수 없다. 쾌락은 즐거운 것이다. 쾌락을 즐겼다거나 더 느끼고 싶다고 해서 죄책감을 가져서는 안 된다. 이는 모두 하나님의 계획에 따른 것이다. 하지만 우리는 쾌락에는 순간의 즐거움을 초월하는 목적이 있음을 이해해야 한다. 쾌락은 그분의 존재를 나타내는 표지로 존재한다. 나는 그분의 품에서 내 마음에 만족과 안식을 주는 유일한 쾌락을 누릴 것이다. 쾌락은 다른 모든 피조물처럼, 육체적인 기쁨의 중심일 뿐만 아니라, 내 마음의 깊은 생각과 동기의 중심으로 하나님을 모시게 하기 위해 존재한다. 쾌락은 사물이 아니라 그 사물을 창조하신 분을 예배하도록 이끌기 위해 존재한다. 아름다움으로 가득한 이 모든 쾌락은 우리에게 하나님의 영광을 가리켜 준다.

섹스의 즐거움 또한 그리스도와의 아름답고 친밀한 연합을 상기시키기 위해 존재하는데, 그런 연합은 은혜로만 가능하다. 음식의 즐거움은 떡과 포도주 되신 그리스도가 우리 마음에 주시는 흡족함만을 추구하라는 동기를 심어 주기 위해 존재한다. 아름다운 것들을 보고 즐거운 것은 우리로 하여금 모든 면에서 완벽하게 아름다우신 주님을 바라보게 하려는 것이다. 소리의 즐거움은 한 마디 한 마디가 아름다움 그 자체인 그분의 소리를 듣게 하려고 존재한다. 만지는 것의 즐거움은 내게 그분의 영광을 상기시키기 위해서다. 그분의 만지심에만 위로와 치유, 변화의 능력이 있다. 사랑의 즐거움은 우리로 하여금 하나님의 영원하고 부당하며, 자기를 희생하는 사랑의 영광스러움을 예배하게 하려고 존재한다. 쉼의 즐거움은 내 마음이 그분을 향하게 하려고 존재한다. 그분은 삶과 죽음, 부활을 통해 내게 영원한 안식을 허락하셨다.

쾌락은 이처럼 하나님의 영광을 손상하지 않는다. 쾌락 때문에 마음이 움츠려들 필요도 없다. 오히려 쾌락은 당신에게 그분 안에서만 발견할 수 있는 만족스러운 영광들을 상기시켜 주는 하나님의 방법이라고 할 수 있다. 에덴동산과 현재의 쾌락은 다른 모든 피조물처럼, 당신과 나를 예배로 인도하기 위해 만들어졌다.

3) 쾌락에는 한계가 있어야 한다.

에덴동산의 쾌락이 무한대가 아니었음을 아는 것이 중요하다. 하나님은 아담과 하와에게 한계를 정해 두셨다. 하나님은 두 사람에게 아름다운 즐거움을 선물로 주시고 즐기게 하셨지만, 그 즐거움에는 한계가 있었다. 그들은 쾌락을 즐기기 위해 자기 중심적으로 막무가 내 관계를 맺어서는 안 되었다. 그들은 하나님이 인간을 만드실 때 염두에 둔 그분의 계획 가운데 살도록 부름을 받았다. 두 사람의 삶도, 쾌락도 그들 마음대로 할 수 있는 게 아니었다. 그들은 얼마든지 삶을 즐길 수 있었지만, 순종하고 복종하는 태도로 즐겨야 했다. 한계는 일종의 보호 장치였다. 이 규칙들 덕택에 아담과 하와는 자신이 인생의 주인공이 아니란 걸 알았다. 그 규칙들은 그들이 다른 분의 목적을 위해 창조되었음을 기억하게 해주었다.

이런 규칙들이 즐거움을 망가뜨리거나 반감하지 않았다. 오히려 아담과 하와의 마음을 보호하여, 피조물에 휘둘리거나 중독되지 않고도 그 즐거움을 자유로이 누리도록 돕기 위해 존재했다. 덕분에 그들은 하나님이 허락하신 아름다운 것들을 마음껏 누리면서도, 쾌락이 아닌 하나님께 자신을 드릴 수 있었다. 이것이야말로 우리 문화가 오해하고 있는 가장 중요한 지점이 아닐까? 서양 문화의 지배적인 철학은 권위가 자유를 말살하고, 규칙은 즐거움을 깨뜨린다고 말한다. "규칙이 따르는 쾌락은 전혀 즐겁지 않다"는 이런 세계관은 이 책에서 다루려는 광기의 주요소가 되어 왔다. 이런 관점에서 보면, 무엇을 먹어야 한다는 소리를 듣는 한, 먹는 것은 전혀 즐겁지 않다. 언제, 어디서, 누구와 섹스를 할 수 있다는 소리를 듣는 한, 섹스는 즐겁지 않다. 어떻게 사용해야 한다는 명령을 듣는 한, 돈은 즐겁지 않다. 당신이 만든 것을 통해 전달되는 메시지를 생각해야 한다면, 아름다움을 창조하는 일은 만족스럽지도 즐겁지도 않다. 에덴은 온갖 완벽한 즐거움이 가득한 역사상 가장 아름다운 장소였지만, 그곳의 지속 여부는 아담과 하와가 하나님이 보호하시는 경계 안에 머무느

나에 달려 있었다. 그렇게 하지 않기로 한 것은 인간 존재에 가장 치명적인 결정이었다. 무한대의 쾌락은 속임수다. 하나님의 계획에는 그런 쾌락이 없고, 설령 있다 하더라도 절대 성공하지 못할 것이다.

4) 쾌락의 삶은 쾌락으로만 보호할 수 있다.

우리 마음은 어떤 쾌락의 통제를 받을 것이다. 특정한 쾌락에 대한 욕구가 마음을 지배할 때 당신은 끊임없이 그것을 생각하고, 그 욕구를 끊어 낼 수 없기에 그것을 손에 넣을 수만 있다면 물불을 가리지 않을 것이다. 그런 상태는 위험하고, 파괴적인 삶의 방식이 된다. 그래서 성적 쾌락이 사람의 마음을 지배하면, 그는 그것 없이는 살 수 없다고 확신하고 그것을 얻기 위해 인생에서 중요한 것들을 위험에 빠뜨리게 된다. 혹은 음식이 주는 기쁨이 그 사람의 마음을 지배하면, 그는 몸에 좋지 않은 음식을 지나치게 많이 먹을 것이다. 그러면서 체중 증가, 고혈압, 당뇨 같은 눈에 띄는 증거들을 무시할 것이다. 그 증거들이 그가 엉뚱한 주인을 모시고 있음을 알려 주는, 하나님이 주신 경고인데 말이다.

이 모든 쾌락을 창조하신 하나님이 마음을 다스릴 때만이, 당신은 보호 속에서 쾌락을 누리며 균형 잡힌 삶을 살 수 있다. 더 고차원의 쾌락, 즉 하나님의 쾌락이 당신의 마음을 통제할 때만이, 쾌락에 중독되지 않으면서도 그것을 다룰 수 있다. 하나님이 당신의 생활방식에 기뻐하신다는 앎이 인생에서 가장 큰 쾌락을 줄 때만이, 당신은 적절하게 쾌락을 다룰 수 있을 것이다. "이렇게 하면 즐겁겠구나!"가 인생의 유일한 동기라면, 아직 눈에 보이는 증거가 없더라도 당신은 쾌락 문제에 빠진 것이다. "이렇게 하면 하나님이 기뻐하시겠구나!"가 주요 동기라면, 살찌거나 중독되거나 빚에 허덕이지 않으면서도 피조세계의 알록달록한 즐거움을 만끽할 수 있다. 피조물을 지으신 분이 아니라 탐스러운 피조물이 아담과 하와의 마음을 다스리기 시작하자 그들은 하나님을 기쁘시게 하는 일 따위는 아랑곳하지 않고, 자신을 세상의 중심에 놓아 자기들만의 규칙을 세워 인류의 끔찍한 재앙을 만들어 냈다. 그것이 바로 타락이다. 우리는 그 끔찍한 선택의 왜곡된 산물이다.

5) 쾌락은 겉으로는 좋아 보이지만 실상은 좋지 않을 때가 많다.

뱀과 대화하던 하와는 어느 시점에서부턴가 매우 나쁜 것은 유심히 들여다보고, 매우 좋은 것은 대충 보기 시작했다. 하지만 금지된 열매가 주는 일시적 쾌락은 하와에게 좋지 않았다. 선악과는 파멸과 심판, 죽음의 수문을 열어젖혔다. 이처럼 쾌락의 유혹은 엄청나다. 쾌락은 사람들을 잘 속이기도 한다. 주의하라. 쾌락은 거짓말을 할 것이다. 지키지도 못할 약속을 남발할 것이다. 당신에게 생명을 주겠다고 제안할 것이다. 실상은 정반대의 것을 줄 테면서 말이다.

폭식하는 순간에는 폭식의 맹목적인 파괴성을 보지 못한다. 오히려 좋은 것만 눈에 띈다. 먹고 있는 음식의 향과 모양새, 질감과 맛이 다 좋게 보인다. 그러나 겉으로 그럴듯하게 보이는 것이 실상은 그렇지 않다는 것이 문제다. 수중에 돈이 있지도 않으면서 어떤 방법으로든 물건을 살 때는, 지키지도 못할 약속이 얼마나 위험한지 보지 못한다. 소유의 즐거움에 눈이 멀어 이 물건이 사실은 필요하지 않다는 것을 보지 못한다. 또한 봐서는 안 될 웹사이트를 보고 있을 때, 이 이기적인 행동이 얼마나 파괴적인지는 미처 보지 못한다. 인체의 아름다움에 푹 빠진 나머지, 이 유혹이 실상은 매우 위험하고 파괴적이라는 사실을 깨닫지 못하는 것이다. 이렇듯 좋게 보이는 것이 사실은 그리 좋지 않을 수도 있다.

그러므로 매일 일상에서 마주치는 소소한 쾌락들은 '에덴의 해석학'을 통해 그 의미를 짚어 보라. 당신을 보호해 줄 에덴동산의 해석학적 관점으로 쾌락을 바라보라. 쾌락의 본질을 이해하고, 쾌락의 목적을 기억하며, 쾌락의 기쁨도 누려라. 반면 쾌락의 위험은 단호히 경계하라. 무엇보다도 마음을 잘 지키라.

그러면 어떻게 할 것인가?

자, 이제 마지막으로 우리에게 꼭 필요한 가장 실제적인 질문이 한 가지 남았다. 이 질문은 이렇게 좋은 쾌락이 어떻게 위험해질 수 있는지를 알려 준다. 또 당신은 누구이며, 하나님은 당신이 어떻게 행동하도록 계획하셨는지를 말해 준다. 그 질문은 바로 "당신이 쾌락을 즐기며 얻고자 하는 것이 무엇이냐?"는 것이다. 하나님은 당신을 쾌락을 누릴 수 있는 존재로 지으셨다. 하나님은 당신을 쾌락에 물든 세상에 두셨다. 당신은 날 때부터 주변 세상의 쾌락을 받아들이고 즐길 수 있는 감각을 지녔다. 그렇다면 당신은 어떤 쾌락에 마음이 가는가? 당신은 그런 쾌락에서 무엇을 얻고 싶은가?

우리가 하나님의 원래 의도와는 다른 목적으로 쾌락을 찾을 때, 하나님이 그분의 영광과 우리의 기쁨을 위해 창조하신 좋은 쾌락들이 나쁘고 위험한 쾌락으로 변질된다. 예를 들어, 권력을 손에 넣기 위해 섹스를 이용하면, 성으로 해서는 안 될 일을 하고, 타인을 권력의 대상으로 삼으며, 당신의 마음에도 상처를 입힌 채 파멸의 자취를 남기게 된다. 하나님이 성의 즐거움을 선물로 주신 것은, 그것을 이용해 개인의 권력과 통제력을 쌓으라는 것이 아니다. 나는 말썽 많은 남자아이들을 수용하는 기관에서 일한 적이 있는데, 거기서는 성이 바로 그런 용도로 쓰였다. 큰 아이들이 약하고 어린 아이들을 휘어잡기 위해 동성 강간을 저질렀다. '성'이라는 즐거운 선물이 어두운 폭력으로 왜곡되어 버린 현실이다.

또한 돈과 돈으로 살 수 있는 것들이 주는 즐거움을 자기 정체성을 획득하는 수단으로 사용한다면, 진짜 당신의 모습은 부인하고 소유물이 곧 당신이라는 착각에 빠져 필요하지도 않은 물건을 사고 결국엔 수입은 생각지도 않고 흥청망청 돈을 쓰게 될 것이다.

한편 스트레스가 많은 일상의 탈출구로 포도주(포도주 자체는 악하지 않다)를 마신다면, 당신은 포도주의 본래 목적에 어긋나는 것을 요구하고 있는 셈이다. 포도주가 당신의 영적 피난처라면, 적정량보다 많이 마시게 되고 그 때문에 문제가 더 복잡해져 결국엔 해결책도, 안식도 가져다주지 못할 것이다.

우리가 살펴보고 있는 이런 질문들로부터 두 가지 사실을 관찰할 수 있다. 첫째는, 각각의 경우 사람들은 쾌락에서 엉뚱한 것을 기대하고 있다는 것이다. 사람들은 쾌락이 절대 할 수 없는 것, 즉 마음의 만족을 가져다주기를 원하고 있다. 하나님이 세상을 창조하시고, 우리로 하여금 이 세상에서 쾌락을 누리라 하셨지만 그것이 우리 정체성이나 내면의 평안, 만족, 모든 사람이 찾는 안정의 근거가 될 수 없다. 쾌락은 절대로 당신의 구세주가 될 수 없다. 사랑과 능력, 의지가 충만한 은혜로우신 구세주만이 당신의 모든 필요를 채워 주신다. 쾌락이 주는 기쁨은 찰나에 불과하다. 쾌락은 당신에게 하나님의 더 크신 영광을 생각나게 해줄 뿐, 결코 하나님의 대체물이 되어서는 안 된다.

두 번째 사실은, 각각의 경우에 사람들이 요구하는 **방법**이 잘못되었다는 것이다. 사람들은 성이나 돈, 술에 대해 자기 중심적으로 접근한다. "내가 원하며 필요하다고 생각하는 것"을 늘 염두에 둔다. 모든 쾌락은 하나님께 속했다는 현실을 수긍하지 않는다. 쾌락은 본래 하나님의 창조물임을 기억하지 못한다. 그분이 지으신 다른 모든 창조물이 그렇듯, 쾌락에도 그분이 의도하신 특별한 목적이 있다는 사실을 무시해 버린다. 따라서 이런 접근법을 취하는 사람들은 하나님이 정하신 경계선 안에서 즐겁게 살아가지 못한다.

이런 삶의 방식이 지나치면 "내게는 행복할 권리가 있고, 그 어떤 쾌락도 추구할 권리가 있다"는 데까지 나아간다. 입술로는 무슨 중요한 신학을 고백하든 간에, 세상의 중심에 나를 두고는 하나님을 무시하게 된다. 이런 삶의 방식은 내가 내린 행복의 정의가 가장 중요하고, 내 규칙은 내가 정할 권리가 있다고 말한다. 그러고는 은혜로만 받을 수 있는 하나님의 사랑, 영원한 만족을 주는 즐거움은 까맣게 잊어버린다. 또 쾌락의 본래 목적이 아닌 것을 쾌락에 기대하면 아무 유익이 없다는 현실을 부인한다. 어떤 쾌락이 주는 잠깐의 들 뜬 기분을 위해 살아간다면, 그 쾌락은 지속적인 만족을 줄 수 없으 므로 나는 매번 더 많이, 더 좋은 것을 바라게 되고, 예전에는 내가 통제할 수 있었던 것에 오히려 꼼짝없이 잡혀 살게 된다. 어느 날 문 득 주변을 돌아보니 나는 중독자와 노예가 되어 있었고, 그 속박은 쾌락의 결과가 아니었다. 안타깝게도, 내가 자신을 그렇게 만든 것이 다. 나의 참된 구세주를 기억할 수 있도록 돕기 위해 허락된 대상에 게 구세주가 되어 달라고 요구하고 있었으니 말이다.

쾌락을 즐기면서 십자가도 기억하라

당신이 누릴 수 있는 즐거움들을 허락하신 하나님의 선하심을 찬 양하는 것은 옳은 일이다. 그분이 정하신 한계 안에서 그분의 영광 을 위해 그것들을 누리는 한, 죄책감을 느낄 필요도 없다. 맛있는 음 식, 눈부시게 아름다운 예술 작품, 친밀한 성관계, 주옥 같은 음악의 기승전결을 칭찬하는 것은 당연하다. 하지만 그런 즐거움들을 즐길 때 은혜를 찬양하는 일도 잊지 말라.

하나님의 은혜는 당신이 쾌락에게 요구해서는 안 될 것을 요구하 지 않도록 보호해 준다. 즉 하나님의 은혜는 반드시 '아니요'라고 말 해야 할 때 쾌락의 유혹을 거절할 힘을 준다. 그러나 하나님의 은혜 는 그렇게 하지 못했을 때도 당신을 용서해 준다. 당신의 마음이 간 절히 찾는 영원한 만족과 기쁨을 주실 수 있는 유일한 분, 그분의 임재로 당신을 인도하는 것도 그분의 은혜. 그러므로 하나님이 허락하신 피조세계의 쾌락을 즐길 때는 구속의 영원한 즐거움도 찬양하는 시간을 빠뜨리지 말라. 하나님의 자녀들은 쾌락이 더 이상 위험하지 않은 곳을 향해 가고 있다는 사실도 기억해야 한다. 균형을 잡고 편안한 마음에 이른 당신은 더 이상 찾지 말아야 할 것을 찾아 헤매지 않을 것이다.

그러므로 맛있는 음식을 먹을 때, 통장에 잔고가 쌓일 때, 배우자와 성관계를 즐길 때, 죄책감을 갖지 말라. 하나님은 그분의 영광과 당신의 즐거움을 위해 쾌락을 만드셨다. 당신 주변에 온갖 즐길 거리를 허락하셨고, 그것들을 즐길 수 있는 능력도 주셨다. 죄책감을 느낄 필요는 없지만, 인간의 마음이 허탄한 데 빠져 창조주를 피조물로 대체하기 쉽다는 사실은 잊지 말아야 한다. 또 좋은 것을 바라는 마음조차 그것이 우리 마음을 지배하면 나쁘게 변질될 수 있음을 기억하라. 당신이 즐기던 것들에 지배당하지 않으려면, 그 싸움을 싸우는 데 필요한 용서와 능력, 변화와 구원의 은혜를 이미 받았음을 끊임없이 기억하라. 하나님이 주신 쾌락이 본래 목적을 벗어나지 않게 하려면, 당신에게 그 은혜보다 더 간절히 필요한 것은 없다.

섹스의
큰 그림과
작은 그림

열세 살 짐은 뭔가가 속에서 깨어나는 것을 느꼈다. 그게 뭔지는 잘 몰랐지만, 기분이 좋았다. 그게 무척 맘에 들었다. 잡지에서 여자 사진을 볼 때나 속옷 가게 앞을 지나갈 때, 남몰래 특정 웹사이트를 드나들 때 그런 느낌을 경험했다. 하늘로 붕 떠오르는 듯한 느낌이 싫지 않았다. 기분이 좋으니까 자꾸 더 원하게 됐다.

❖

애런은 아내가 느끼는 불편함에는 눈곱만큼도 관심이 없었다. 아내가 무엇을 좋아하는지는 안중에도 없었다. 부드럽고 다정하게 관계를 맺는 친밀함 같은 건 생각지도 못했다. 애런의 생각은 이런 식이었다. "결혼했으니 내게는 섹스할 권리가 있어. 내가 못 할 이유가 뭐 있어." 그는 자신이 원할 때는 언제라도 준비가 되어 있어야 하고,

자신이 좋아하는 건 뭐든지 아내가 해줘야 한다고 믿었다. 대낮에 불쑥 집에 돌아왔어도 자기가 원한다면, 아내는 이 요청을 받아 줄 의무가 있다는 것이다.

하지만 아내 진저는 남편의 쾌락을 채워 주는 노리개가 된 느낌이 들었다. 학대받고 강요당하는 느낌이었다. 그녀에게 섹스는 더 이상 사랑을 주고받는 행위가 아니었다. 섹스가 점점 더 끔찍해졌고, 의무처럼 느껴졌다. 남편이 섹스에 집착하는 것 같아 두려웠고, 설상가상으로 그녀가 견디기 힘든 것들을 요구하기 시작했다. 진저는 남편과 성생활에 대해 이야기하려고 대화를 시도해 봤지만, 남편은 아무 문제가 없다는 식이었다. 자신의 감정을 남편에게 털어놓기도 했지만, 그는 듣는 둥 마는 둥 했다. 어쩌다 그의 접근을 거절하기라도 하면, 남편은 불같이 화를 내면서 이기적이라고 비난했다. 남편 애런은 아내에게 몸서리나는 행동을 계속해서 요구했고, 그녀는 어찌할 바를 몰랐다.

맨디는 캠퍼스 생활을 만끽하고 있는 대학생이다. 난생처음 자신이 독립적이고 매력 있다는 생각이 들었다. 기숙사와 같은 과 남학생들이 자신에게 보이는 관심이 싫지 않았다. 2학년까지는 수업과 데이트, 계속되는 짧은 연애로 눈코 뜰 새 없이 바쁜 날을 보냈다. 성적도 그럭저럭 봐줄 만했고 가끔은 미래를 생각하기도 했다. 하지만 그녀의 삶의 원동력은 사교 모임이었다. 맨디의 주말은 목요일 저녁에 시작해서 일요일 밤늦게까지 계속되었고, 월요일이면 벌써 그다음 주말 계획이 잡혀 있었다.

맨디는 더 이상 어색함을 느끼지 않아 좋았다. 몸에 굴곡이 생기는 게 좋았고, 남자들의 시선을 끄는 게 좋았다. 살아 있고 인정받는다는 느낌이 들었다. 남자 친구들의 요구 사항이 가끔은 불편할 때도 있었지만, 자기 외모에 반해 남자들이 늘 쫓아다닌다는 사실이 기뻤다.

맨디는 자신도 모르는 사이에, 몸을 가리거나 꾸미기 위해서가 아니라 노출로 사람들의 시선을 끌기 위해 옷차림을 하기 시작했다. 맨디는 사람들이 자기를 난잡한 여자로 볼까 봐 두려운 게 아니었다. 오히려 주변 남자들이 자기를 얌전한 여자로 볼까 봐 두려웠다. 맨디는 날마다 두꺼운 화장과 몸에 딱 붙는 옷을 입고 캠퍼스를 활보하면서 자신에게 쏟아지는 관심을 기대하고 즐겼다. 그녀는 추파를 던지며 남자들을 유혹했지만, 사람들이 그 사실을 말해 주면 완강히 부인할 것이다. 맨디는 스스로를 자신의 감정, 신체와 건전한 관계를 맺고 있는 지극히 정상적인 스무 살 여대생으로 생각했다. 대학생활이 어떠냐는 질문을 받으면 이렇게 답하지 않을까? "해로운 건 없고, 너무너무 재밌어요!"

제라드는 결심했다. 이제 다시는 되돌릴 수 없다. 그는 자기감정에 충실했을 뿐이라고, 자신이 창조된 방식에 충실했을 뿐이라고 되뇌었

5장_ 섹스의 큰 그림과 작은 그림

다. 부모님이 노하실 것을 알았지만, 그림자 속에 숨어 사는 데도 이 젠 신물이 났다. 더 이상 그렇게 살지는 않을 것이다. 무엇이 그를 흥분시키는지, 그렇지 않은지 알았다. 어떤 사람에게 끌리고, 어떤 사람에게 끌리지 않는지 말이다. 자신이 바라는 삶과 피하고 싶은 삶이 뭔지도 알았다. 일단 이렇게 결심하고 나자 무한한 해방감을 느꼈다.

제라드는 남자들에게 끌렸다. 늘 그랬다. 그것을 부인하는 것은 멍청하고 미성숙한 행동이라고 믿게 되었다. 주변 사람들이 그의 이런 성향에 왈가왈부할 권리는 없다고 생각했다. 그런 성향에 굳이 맞서는 것은 엄청난 시간 낭비라는 확신도 있었다. 이번 주에 부모님 댁에 가서 자신의 성 정체성을 밝히고 데이비드를 사랑한다고 말씀드릴 예정이다. 부모님의 마음을 상하게 하고 싶은 생각은 없다. 하지만 자기 자식이 어떤 사람인지, 아들이 어떻게 살기로 작정했는지 받아들이셔야 할 것이다. 제라드는 자신을 그리스도인이라고 생각했지만, 성경에서 이런 삶의 방식을 뭐라고 하는지 살펴볼 기회는 없었다. "성경 시대의 고루한 국수주의"에 굴복할 생각은 없었다. 그는 하나님을 사랑한다고 고백했고, 하나님이 만드신 자신의 모습에 만족했다. 여기서 뭔가를 바꿔야 한다는 생각은 추호도 없었다.

테드는 늙는 것도, 혼자 있는 것도 싫었다. 인생을 함께할 동반자가 없다는 사실이 싫었지만, 솔직히 말하자면 성생활을 못한다는 게 제일 싫었다. 그는 이 생각을 멈출 수가 없었다. 그런 삶은 말이 되

◇

지 않았고, 그를 고통스럽게 했다. 그는 충만하고 왕성한 삶을 살았지만, 그의 미래에는 섹스가 없었다. 하나님이 그를 이렇게 만드시고, 이런 몸과 욕구들을 주시고도 그것을 표현하지 못하게 하셨다는 사실이 앞뒤가 맞지 않았다. 아내가 죽고 그는 이제 혼자이기 때문이었다. 그의 감정과 욕구는 어찌하란 말인가? "그래, 난 늙었어. 하지만 아직 죽진 않았다고." 그는 자조 섞인 혼잣말을 하곤 했다.

그는 같은 교회에 다니는 젊은 부부들을 부러워하면서 그들의 성생활을 상상해 봤다. 젊은 여자들을 보면서 혹시라도 자기에게 관심 있는 여자가 없을지 궁금해했다. 지금의 삶은 블랙 유머가 아니면, 신의 형벌이라고 생각했다. 이런 식으로 계속 산다는 건 상상할 수가 없었다. 차라리 죽는 편이 나았다.

헤더는 남편에게 아무런 성적 매력을 느끼지 못했다. 결혼 이후 남편은 몸무게가 15킬로그램이나 늘었다. 신혼 시절 운동선수 같던 남편은 어디론가 사라지고, 틈만 나면 텔레비전 앞에서 스포츠 중계를 시청하는 뚱뚱보만 남았다. 운동은 이제 더 이상 하는 것이 아니라 보는 것이 되어 버렸다. 헤더는 남편의 몸을 보는 순간, 의욕이 싹 사라졌다. 어쩌다 한 번 섹스라도 할라치면 남편의 똥배만 생각났다. 가끔은 마지못해 남편의 청에 응해 줘도 내내 시늉만 할 뿐이었다. 그러면 남편이 만족해서 며칠은 건들지 않을 테니 말이다.

헤더는 잘생긴 근육질 남자와 결혼하는 상상을 했다. 섹스를 하며 상대의 군살이 아니라 근육을 느끼고 싶었다. 그녀는 불행했고 진퇴양난에 빠진 기분이었다. 이런 상황에 화가 났다. 평생 이렇게 살 수는 없을 것 같았다. 그녀에게도 엄연히 성적 욕구가 있지만, 그래도 '덩어리'(헤더가 남편에게 붙여 준 가혹한 별명)는 아니었다. 실제로 헤더는 남편과 성관계를 할 때 다른 사람과 하는 상상을 자주 했다. 로맨스 소설에 탐닉하기 시작했다. 이런 대리 성생활에 만족하며 현실에 존재하지 않는 매력과 유혹의 세계에 빠져들었다. 그 세계는 그녀 스스로 가둬 둔 감옥에서 그녀를 해방시켜 주었다.

확실한 때를 정하지는 않았지만, 헤더는 탈출 계획을 세우기 시작했다. 남편에게 할 말을 생각해 두고, 가족에게 어떻게 알릴지도 생각했다. 어떻게 벌어서 먹고살지, 어디서 살지도 궁리했다. 아이들과 큰 다툼이 벌어지지는 않을지 걱정스러웠다. 그녀는 매력을 되찾고 싶었고, 남들이 자신을 매력 있는 여성으로 봐주기를 바랐다. 시늉만 내는 섹스가 아니라, 자신을 온전히 바칠 수 있는 대상과 섹스하고 싶었다. 더 이상 구역질 나는 사람과 구역질 나는 행동을 하고 싶지 않았다. 무엇보다도, 헤더는 이것이 하나님이 원하시는 삶이라고 상상하기가 힘들었다. 어떻게 해야 할지, 언제가 될지도 모르지만, 어떻게든 여기를 떠나고 싶었다.

섹스의 작은 그림

앞에서 언급한 사람들은 모두 똑같은 문제로 괴로워하고 있다. 그것은 그들이 아는 것보다 훨씬 강력한데, 그들은 섹스가 아닌 것으로 섹스를 착각해 깊은 실망감에 빠졌다. 그들의 성생활을 형성하고 조종하며 결국엔 왜곡에 빠뜨린 그것은 바로 섹스의 작은 그림이다. 이것이 아름다운 성을 음산하고 고통스러운 것으로 바꿔 버렸다.

성은 그 자체로는 존재할 수 없다. 하나님이 설계하신 성은 무언가와 연결되어야 한다. 거대하고 중대한 것들과 묶여 그것들과의 관계에서 이해해야만 한다. 섹스의 큰 그림은 하나님이 의도하신 삶의 일부로 성을 이해하는 것이다. 섹스의 작은 그림은 고립되어 있기 때문에 그 본연의 목적이 손실된 욕구와 주장의 지배를 받는다. 섹스의 큰 그림은 개인의 육체적 쾌락보다 더 큰 존재를 인정한다. 섹스의 작은 그림은 지금 당장 내게 쾌락을 주는 것들의 한계에 갇혀 있다. 섹스의 큰 그림은 좀 더 큰 뭔가를 위해 존재한다. 섹스의 작은 그림은 한 개인이 점유하여 소유권을 주장하며 강요한다. 섹스의 큰 그림은 순순히 규칙에 순응한다. 섹스의 작은 그림은 자기가 만든 규칙을 고집한다. 섹스의 큰 그림은 상대방에 대한 헌신이 동기가 된다. 섹스의 작은 그림은 자신의 쾌락이 전부다. 섹스의 큰 그림은 인내하고 온유하다. 섹스의 작은 그림은 급하게 요구하고, 요구 사항을 들어주지 않으면 벌을 준다. 섹스의 큰 그림은 삶에 자연스럽게 녹아 들어간다. 섹스의 작은 그림은 당신의 삶을 장악하려 한다. 섹스의 큰 그림은 깊은 사랑과 예배를 이끌어 낸다. 섹스의 작은 그림은 관계에 상처를 주고 반항한다. 하나님은 성이 중요한 것들과 이어질 수밖에 없도록 창조하셨다. 섹스만으로는 아무것도 되지 않는다.

성 문제는 우선 몸의 문제가 아니다

우리 부부는 미술관을 즐겨 찾는데, 특히 전후의 추상화를 좋아한다. 특정한 형태와 색채, 질감과 빛이 전달하는 아름답고 자극적이며 흥미로운 느낌이 좋다. 언젠가 우리가 보러 갈 작품의 일부(홍보나 광고 목적으로 사용하는 그림의 일부분)를 미리 본 적이 있는데, 그 부분만 봐서는 별 감흥이 없었다. 어쨌든 작가가 유명하니 속는 셈 치고 전시회에 갔다. 그런데 전시회장에서 전체 그림을 본 순간, 숨이 멎는 것 같았다. 그림에서 눈을 뗄 수 없었다. 미리 본 일부분이 그림에 자연스럽게 녹아 들어가 있었지만(그 부분이 도드라지지는 않았다), 그 부분이 없었다면 전혀 다른 그림이 되었을 것이다.

성도 마찬가지다. 섹스가 우리 삶과 동떨어져 존재할 때 그 아름다움은 물론 성 본연의 의미와 가치를 잃어버리게 된다. 인간의 성을 큰 그림의 관점에서 이해하고 체험해야 하는 이유가 바로 여기 있다. 하나님의 계획에 따라 성을 아름답고 흥미롭게 바라보며, 그것으로 만족하는 것이 우리에게는 전혀 자연스럽고 직관적이지 않다. 우리는 이 사실을 겸허히 인정해야 한다. 그보다는 자기 중심적으로 권리를 주장하고 강요하는 게 직관적이다. 우리가 규칙을 정하고 싶어하는 건 자연스럽다. 우리 몸이 우리 것인 양 행동하는 게 정상이다. 우리가 행복과 쾌락이라고 여기는 것들을 체험하는 것이 인생 목표라고 생각하는 게 직관적이다. 타인을 우리 행복의 수단으로 보는 것이 자연스럽다. 인생을 물리적이며 물질적인 관점으로 보는 것이 정상이다. 현재에 충실히 사는 것이 직관적이다. 하나님의 존재는 까맣게 잊고 이 땅의 관심사들에 매여 사는 것이 직관적이다. 주변 사람들을 조종하여 우리를 행복하게 만드는 것, 그런 모습이 자연스럽다. "해야 할 것"보다는 "원하는 것"을 더 많이 생각하는 게 편하다. 우리가 상대방에게 일차적으로 요구하는 신체적 행동이나 상대방을 육체적으로 이용하는 방식 그 자체가 성을 왜곡하거나 아프고 어두운 것으로 만들지는 않는다. 원래 의도와 다른 길로 성을 인도하는 것은 오히려 매우 영적이다. 가장 심각한 성 문제는 우리 내면에 숨어 있다. 그것은 섹스로 미친 사회의 결과물에 있지 않다. 오히려 우리 내면에 숨어 있는 문제들의 결과물이 섹스로 미친 이 사회라 할 수 있다.

어떤 사람들에게는 이 문제가 평생 따라다닐 것이다. 지금부터 내가 하려는 말에 화를 내거나 마음이 불편한 독자들이 있을 수도 있지만, 할 말은 해야 할 것 같다. 앞서 이야기한 내용이 바로 섹스의 작은 그림의 일반적 특징들이다. 바로 이것들이 하나님의 아름다운 창조물을 왜곡하고, 원래 의도와는 전혀 다른 길로 압박한다. 섹스의 작은 그림도 엄연한 섹스이지만, 마치 일그러진 형상을 비춰 주는 거울처럼 왜곡된 섹스다. 그러니 겸허히 인정하자. 우리를 구원하시는 하나님의 은혜가 없다면, 우리에게 더 자연스럽고 직관적인 것들로 성을 부식시키고 망가뜨릴 것이다. 성을 중립적으로 대하는 사람은 아무도 없다. '자기 중심주의'라는 죄의 본성을 탈피하여 성에 접근하는 사람은 아무도 없다. 윤리적으로 순결하게 성을 대하는 사람 역시 없다. 우리를 세계의 중심에 놓으려는 유혹에서 자유로운 사람은 아무도 없다. 단 한 사람도 없다. 단순히 자연스러운 것을 받아들여서는 안 된다. 죄인인 당신에게 자연스러운 것은 필시 창조주가 선하게 의도하신 것과는 정반대 방향으로 당신을 인도할 것이기 때문이다.

성은 우리 마음을 드러내고, 그 과정에서 우리를 용서하고 변화시키시며 구원하시는 하나님의 은혜가 우리에게 얼마나 절실한지를 기억하게 해준다. 은혜로우신 하나님은 우리의 성 문제에 개입하셔서 두 가지 일을 하셨다. 우선, 큰 그림을 우리에게 주셨다. 10킬로미터 상공에서 바라본 그 큰 그림은 바로 광범위한 성경이다. 이렇게 성경은 우리 삶의 종교 영역을 단순히 정의하는 것이 아니라, 성을 포함한 삶의 모든 영역을 재정의하고 재정립한다. 하지만 그분의 말씀이 중요한 만큼이나 하나님은 이보다 더 큰 일을 하셨다. 예수 그리스도를 우리에게 허락하셔서 우리 문제에 개입하게 하신 것이다. 예수님은 우리가 살 수 없었던 삶을 사셨고, 우리가 죽어 마땅한 죽음을 대신 죽으셨으며, 죽음을 이기고 부활하셔서 우리가 그분의 계획대로 살 수 있게 하셨다. 맞다. 하나님이 의도하신 삶, 거기에는 성생활도 빠지지 않는다.

그렇다면 섹스의 큰 그림은 도대체 무엇인가?

앞서 말했듯이, 섹스의 큰 그림은 무언가와 연결된 섹스다. 무엇에 연결되었는가? 바로 사랑의 하나님이 그분의 말씀 속에서 중요하게 계시하신 것들과 연결된다. 이 중요한 렌즈로 성(또는 당신 삶의 다른 모든 것)을 보지 않는다면, 당신이 뭘 보든 제대로 보는 것이 아니다. 즉 당신이 성에 대해 생각하는 방식과 성적 욕구, 올바른 섹스에 대해 이와 같은 눈으로 정의하지 않는다면, 당신의 생각은 어느 지점에 이르러 본질적으로 잘못될 수밖에 없다. 그 중요한 것들이 무엇인지 살펴보자.

1) 성은 하나님의 존재와 연결된다.

하나님이 당신과 성을 창조하셨기에, 하나님과 그분의 존재를 무시한다면 성을 바르게 이해하고 실천하는 것은 불가능하다. 그분이 창조하셨기에 당신도, 당신의 성생활도 그분 소유다. 이것은 당신 인생과 몸을 당신 마음대로 할 수 있는 자연권이 없다는 뜻이다. 당신은 자율적으로 행복을 추구할 수 있는 권리가 없다. 사실 당신에게는 자율성이 없다. 당신의 삶은 그분에게서 왔고, 그분께 속해 있다. 알든 모르든, 성은 당신과 하나님을 연결한다. 당신이 성을 표현할 때, 하나님의 존재를 인식하여 그분을 존중하거나, 그분의 존재를 부정하고 그분의 권위에 반발하거나 둘 중 하나를 드러내기 마련이다. 후자라면, 당신의 성은 다음과 같은 사실을 드러낼 것이다. 당신은 당신에게 있지도 않은 자유가 있다고, 받은 적도 없는 권리가 있다고, 창조주만 가질 수 있는 권위를 가지고 있다고 생각한다는 것이다.

하나님의 존재를 인정하는 성은 원래 그 의도처럼 아름답고 친밀하며 관계적인 예배 행위가 된다. 그 모든 신체의 즐거움 가운데서도 하나님을 잊지 않는다. 섹스를 통해 즐기고 누리는 모든 것이 그분께 속해 있음을 잊지 않는다. 가장 친밀한 인간의 연합 가운데서 하나님의 다스림을 받으며, 그분의 돌보심을 기린다. 이에 대해서는 나중에 더 자세히 이야기할 것이다.

2) 성은 하나님의 영광과 연결된다.

피조물은 최고가 아니다. 하나님은 우리로 하여금 피조물의 기쁨을 누릴 수 있게 창조하셨지만, 그것이 최고의 기쁨은 아니다. 피조물이 주는 모든 기쁨은 당신을 더 큰 기쁨으로 향하게 하기 위한 것이다. 피조세계에 드리운 모든 영광은 당신 내면에 더 큰 영광을 갈망하는 마음을 주고, 그 영광을 발견할 수 있는 곳을 보게 한다. 섹스가 가져다주는 모든 신체적·영적 친밀함은 당신 삶의 목적이요, 당신 마음을 만족게 해줄 그 유일한 영광을 보여주기 위한 것이다.

이런 사실은 매우 실제적인 내용을 두 가지 말해 준다. 첫째, 성은 당신의 마음을 만족하게 해줄 수 없다. 섹스의 목적은 영적 만족을 주는 것이 아니다. 당신은 이렇게 생각할지도 모른다. "이봐요, 저자 선생. 도대체 무슨 소리를 하는 거요? 누가 섹스에서 그런 걸 기대한단 말이오?" 하지만 나는 정말 많은 사람들이 그렇다고 확신한다. 사람들은 성이 전혀 해줄 수 없는 일을 해주기를 기대한다. 언젠가 한 여성을 상담한 적이 있다. 100명이 넘는 남자와 잠자리를 같이 한 그녀는 자기 귀에 "사랑해"라고 속삭여 주는 남자를 위해서라면 무슨 (성)행위든 할 수 있다고 말했다. 이 여자가 무엇을 하고 있는지 알겠는가? 그녀는 섹스를 통해 자기 정체성과 가치, 내면의 평화를 얻을 수 있으리라 기대하고 있었다. 하지만 섹스는 그 기대를 충족해 주지 못했고, 섹스에 탐닉할수록 그녀의 목표에서 멀어져만 갔다. 섹스는 그녀가 찾는 것을 결코 안겨 주지 못할 것이다. 성을 창조하신 하나님만이 하실 수 있다. 성은 그분을 우리에게 보여주기 위해 만들어졌다.

하지만 여기서 꼭 이해해야 할 근본적인 사실이 있다. 우리는 성 생활에서 우리보다 더 큰 영광을 보아야 한다. 섹스는 아름다운 행위이며, 긴밀한 연합 속에서 우리에게 활기와 살아 있다는 느낌을 준다. 하지만 이런 것들을 우리 자신만을 위해 소유해서는 안 된다. 우리는 가장 친밀하고 개인적인 삶의 장소에서 우리보다 더 큰 영광, 곧 하나님의 영광을 위해 살아가도록 창조되었다. 당신은 이렇게 생각할지도 모른다. "도대체 전희나 섹스 중에 어떻게 그렇게 할 수 있단 말인가요?" 계속 읽어 보라. 이후의 내용에서 그 부분을 더 실제적으로 다룰 것이다.

3) 성은 하나님의 목적과 연결된다.

우리는 본능에 따라 살지 않는다. 하나님의 계획에 따라 사는 목적 지향적 존재다. 알든 모르든, 당신이 하는 모든 일에는 이유가 있다. 섹스를 할 때도 늘 목적이 있기 마련이다. 어쩌면 당신의 유일한 목적은 자신의 성적 쾌락일지도 모른다. 상호간에 느끼는 성적 만족을 목적으로 하는 사람도 있다. 성교 빈도수를 높이는 것이 목적일 수도 있다. 하나님의 크신 목적 안에서 보호를 받는다면, 이 모두는 그 자체로는 악하지 않다. 앞에서 보았듯, 하나님이 손으로 만드신 모든 것에는 목적이 있다. 다른 것과 마찬가지로 성 문제에서도 당신은 이렇게 물어야 한다. "이 강력하고 친밀한 인간관계를 향한 하나님의 목적은 무엇일까?"

섹스가 왜곡되어 하나님의 의도와 어긋나, 아프고 어두우며 위험하게 변질된 한 가지 이유는 이 타락한 세상에서 성의 동기가 오로지 개인의 쾌락에만 있기 때문이다. 그래서 이기적인 십 대 소년들이 여자 친구에게 구강성교를 강요한다. 돈에 눈먼 여자들은 포르노그래피를 손쉽게 돈을 벌 수 있는 수단으로 여긴다. 결혼한 남자들은 사랑과 보살핌을 바라는 아내의 감정은 아랑곳하지 않고 자신의 쾌락을 위해 아내를 이용한다. 혼자인 여자들은 자신의 성을 무기로 관심과 인정을 얻으려 한다. 미혼들은 성적 쾌락을 찾아 인터넷 세상을 헤맨다. 남자 중학생들은 남들 몰래 라커룸에서 저속하고 철없는 음담패설을 즐기며 시간을 보낸다. 광고업자들은 성을 이용해 뭐든 팔아 보려 한다. 힘 있는 남자들은 그 힘으로 남의 것을 뺏으려 한다.

우리가 성생활에서 생각하고 갈망하고 말하고 행하는 모든 것이 말씀에 드러난 그분의 분명하신 목적에 따라 인도와 보호를 받을 때만이 성은 안전하다. 이 사실은 우리를 다음 단락으로 인도한다.

4) 성은 하나님의 계시와 연결된다.

이 세상을 창조하신 하나님은 섭리 가운데 행동하실 뿐 아니라 말씀하신다. 성경에 그 말씀이 나타나 있다. 하나님과 그분이 창조한 온 세상을 위한 계획과 목적을 계시하신 이 성경은 우리 삶을 해석하는 가장 중요한 도구다. 하나님의 말씀을 통해 하나님이 어떤 분이고 내가 누구인지, 인생이 무엇인지를 알 수 있다. 하나님의 말씀

안에서, 성이 무엇이고 누구를 위한 것인지 배운다. 또한 하나님이 창조하신 의도대로 성을 거룩하게 바라보고 그에 걸맞은 선택과 행동을 배운다. 그리고 죄가 어떻게 성을 왜곡하는지와 하나님이 무엇을 금하시는지, 나를 보호하기 위해 하나님께 순종함으로 피해야 할 유혹들이 무엇인지도 배운다.

한편 성경이 섹스 설명서냐고 반발하는 사람들이 있을 수도 있다. 그러나 성경이 하나님이 성을 주신 본래 목적을 제시하는 만큼, 죄가 내 마음의 생각과 동기를 어떻게 뒤바꾸는지 면밀히 보여주는 만큼, 사례 연구와 함께 하나님이 무엇을 명하고 금하시는지를 상세히 알려 주는 만큼, 은혜라는 구원의 필요성을 지적해 주는 만큼, 그 정도만큼 성경은 인생에서 중요한 이 영역에서 내 본연의 존재가 되고, 본연의 행동을 하는 데 필요한 마음과 삶의 정보를 준다.

하나님의 계시를 통해 얻을 수 있는 중요한 정보를 무시한 채 성을 추구하면 성은 위험해진다. 개인의 체험이나 공동 연구로는 성을 알 수 없다. 당신을 지으신 하나님은 당신이 성적 존재라는 사실을 당연히 여기신다. 그러니 삶에서 중요한 다른 영역들과 마찬가지로, 그분이 다른 데서는 결코 들을 수 없는 지혜와 은혜의 말씀으로 성에 대해 말씀하시는 것은 당연하다.

5) 성은 하나님의 구속과 연결된다.

우리에게 성은 늘 '이미'와 '아직' 중간의 일이다. 예수님과 성령님은 이미 오셨고 말씀도 이미 주어졌지만, 세상은 아직 회복되지 않은 채 죄가 근절되지 않았다. 당신과 나 역시 죄에서 아직 최종적으로 구원받지 못했다. 그래서 성적 존재인 우리는 심각하게 망가진 세상 가운데 살아가면서 늘 구속을 부르짖는다. 창조주이신 구세주가 이 세상을, 원래 창조되었을 때의 형상으로 온전히 회복하실 때까지 이곳에는 여전히 유혹과 속임, 파멸과 죽음이 살아 있을 것이다. 당신의 성 역시 속이는 목소리로 허황된 약속을 하는 유혹의 세계 안에 있다. 그 거짓된 목소리가 당신을 꼬드겨 지혜로우신 하나님의 목적과 계획 밖으로 유인할 것이다.

이 유혹 많은 세상에서 당신은 시선을 둬서는 안 될 것들에 마음이 뺏길 것이다. 진실이 아닌 이야기들을 들을 것이다. 받아서는 안 될 것들이 주어질 것이다. 성의 원래 의도와는 한참 어긋난 섹스에 노출될 것이다. 위험한 것이 건전하고 바른 것으로 둔갑하며, 하나님 보시기에 잘못된 것이 옳고 좋은 것으로 나타날 것이다. 성에 대해 배우는 것은 부정확하고 왜곡된 것 투성이일 것이다. 어떤 식으로든 윤리적 기준을 따르려는 당신을 향해 세상의 비난과 공격이 끊임없이 펼쳐질 것이다.

하지만 '이미'와 '아직' 사이에는 또 다른 근본적 현실이 더 있는데, 죄가 당신의 내면에서 여전히 힘을 발휘하고 있다는 것이다. 당신의 문제는 비단 당신이 유혹이 만연한 깨어진 세상에 살고 있다는 것뿐이 아니다. 마음속에 있는 도덕적 죄악 때문에 당신은 그 유혹에 약하다는 것이다. 이 내용은 앞에서도 언급했지만, 다시 반복할 필요가 있다. 우리 외면의 악에 우리를 엮는 것은 우리 내면의 악뿐이다. 이것이 "깨끗한 자들에게는 모든 것이 깨끗하나"라는 성경 말씀의 뜻이다.

하지만 나는 깨끗하지 않다. 하나님의 은혜로 조금씩 깨끗해지고는 있지만, 아직 온전히 깨끗하지는 못하다. 그래서 유혹에 약하다. 즉시 거절해야 할 것들을 바랄 수도 있다. 당연히 미워해야 할 것들에 마음을 빼앗기기 쉽다. 눈을 질끈 감아야 할 대상을 의도적으로 쳐다보려는 유혹도 받는다. 그럼에도, 나는 괜찮다고 자신을 속일 수 있다. 나의 바람이나 행동은 건전하다고 속이기 쉽다.

성은 지독하게 이기적이고 죄 많은 우리의 마음을 드러낸다. 갈망과 유혹이 만나면 우리도 얼마든지 불충하고 반항할 수 있다는 약점을 여실히 보여준다. 우리가 때로는 하나님의 목적보다 자신의 쾌락을 더 소중히 여기는데, 여기에서 시작된 섹스는 여전히 우리 내면에 자율성과 독립에 대한 갈망이 있음을 드러낸다. 섹스는 내가 이웃을 내 몸처럼 늘 사랑하지 않고, 오히려 내 목적과 쾌락을 위해 이용하고 있음도 보여준다. 이처럼 섹스는 신학적으로는 그분의 존재를 인정하면서도 하나님을 망각한 기억상실증 환자처럼 살아가기가 얼마나 쉬운지 보여준다.

이 모두는, 나와 세상에 필요한 구원이 성과도 연관되어 있다는 뜻이다. 인간 사회의 성에 대한 희망은 성교육이나 피임 장려에 있지 않다. 이는 어떤 사물이 아니라 인간에게 있는데, 그분의 이름은 바로 예수 그리스도이시다. 성은 구속을 간절히 바라고 신음하며, 그 신음 가운데 구세주에게 손을 내밀고 있다. 인간의 성은 예수 그리스도께서 만물을 새롭게 하실 때에야 비로소 원래의 온전한 모습을 되찾을 것이다.

6) 성은 하나님의 영원과 연결된다.

마지막으로, 성은 다가올 영원한 나라와 연결된다. 성은 하나님의 영원하신 계획과 동떨어져 존재할 수 없다. 당신과 나는 이 세상이 전부인 것처럼 지금 이 순간만을 위해 살아서는 안 된다. 더 나은 세상이 올 것이다. 그렇다면 현재의 성은 무슨 소용인가? 현재의 성은 목적지가 아니라, 최종 목적지에 다다르기 전 당신을 준비시키는 활동의 일환이다. 성과 관련된 모든 어려움은 하나님의 계획을 방해하는 것이 아니라, 그 일부분이다. 하나님은 잠시 이 타락한 세상에 우리를 남겨두고 떠날 것을 아셨다. 우리가 여기서 어떤 문제들에 봉착할지도 잘 아셨다. 하지만 '이미'와 '아직' 사이의 온갖 혼란은 그분 손에서 변화될 것이다. 우리가 겪을 어려움과 시험은 사람들을 영원에 대비시킬 것이다. 그 영원 가운데 구속받은 자녀들은 그분과 함께 살 것이다.

하지만 이게 다가 아니다. 하나님은 모두의 마음에 영원을 심어 두셨다. 이 말은 모든 사람에게는 낙원에 대한 갈망이 있다는 뜻이다. 하지만 지금 여기서는 그 낙원을 경험할 수 없다. 또 이 현재를 당신이 갈망하는 낙원으로 바꾸려 애쓴다면, 불안과 강요, 실망과 좌절 속에서 결국엔 낙담하고 괴로워하게 될 것이다. 당신의 배우자는 결코 완벽한 연인이 되지 못할 것이다. 지금 여기서는 낙원의 섹스를 절대로 경험하지 못할 것이다. 그러므로 하나님이 주신 좋은 것들에 감사하고 만족하면서, 지금을 살아가는 현재가 앞으로 임할 아름다운 영원을 준비하는 과정임을 늘 기억하라.

모두가 행크는 섹스와는 거리가 먼 사람이라고 보는 게 문제다. 어느 날 그는 아버지가 오랫동안 숨겨 둔 70년대 누드 잡지를 발견하고는 성에 눈을 떴다. 그 사진들을 본 순간, 그는 살아 있는 느낌, 뭔가가 자석처럼 자신을 끌어당기는 느낌을 받았다. 그는 자신에게 무슨 일이 벌어지고 있는지 몰랐지만, 더 원하는 마음이 간절했다. 그는 그를 유혹하는 작은 그림 섹스의 세계에 발을 내디뎠다. 섹스의 작은 그림은 사실상 쾌락을 위한 쾌락, 섹스를 위한 섹스가 전부다. 이후로 2년간 그는 거의 하루도 빠뜨리지 않고 그 잡지들을 들춰 봤다. 얼마 안 돼 학교에서 여학생들에게 몰래 입맞춤을 시도하거나 은밀한 곳에서 상대방의 몸을 더듬으려 했다. 동네 가판대에서 포르노 잡지를 훔치고, 나체가 등장하는 예술영화를 찾아다녔다.

대학 생활은 성적 판타지와 모험의 연속이었다. 학업보다 섹스에 빠져 지내는 시간이 훨씬 많았지만, 스스로 아무 문제가 없다고 생각했다. 4학년 때 캠퍼스 선교단체를 통해 신앙을 갖게 되었다. 그동안의 일들에서 손을 떼야 한다는 걸 알았지만, 집착은 쉽게 사라지지 않았고 그는 번번이 실패했다. 할 일과 하지 말아야 할 일을 매번 따지는 성에 대한 그의 관점은 고립된 작은 그림 섹스에 가까웠다. 그런 그가 결혼하고 싶은 마음이 간절해진 것은 어쩌면 당연한 일이었다. 결혼은 섹스가 '합법'인 유일한 장소이기 때문이다. 하지만 그는 그것이 얼마나 동기 부여가 됐는지는 알지 못했다. 그는 결혼하면 주기적으로 만족을 얻을 수 있기에 성 문제가 자연스레 해결되리라 믿었다.

하지만 결혼해도 그의 문제는 해결되지 않았다. 얼마 되지 않아 아내는 자신이 사랑받기보다는 이용당하고 있다는 사실을 눈치챘고,

행크는 또다시 부정한 성생활을 즐기기 시작했다. 아내는 남편이 비밀리에 즐기던 인터넷 사이트를 발견하고 충격을 받았지만, 올 것이 왔다는 반응이었다.

행크는 비로소 자신이 얼마나 도움이 절실한지를 알게 됐다. 성경이 말하는 성에 대한 세계관뿐 아니라, 은혜가 간절했다. 제대로 보기만 한다면, 사람들은 하나님의 존재와 계획 속에서 성을 이해하게 될 것이다. 삶의 모든 것이 그분을 위해 지어졌고, 그분의 은혜가 없다면 당신 본연의 모습이 될 수도 없고, 본연의 행동을 할 수도 없다는 사실을 깨닫게 될 것이다. 어떤 독자들에게는 이상하게 들리고, 어떤 독자들은 자기에겐 해당 사항이 아니라고 생각할 수도 있지만, 반드시 짚고 넘어가야 할 말이 있다. 제대로 보기만 한다면, 성은 예수 그리스도의 복음을 선포한다. 성은 이 세상이 얼마나 깨졌는지, 당신이 얼마나 유약하고 반항하는 존재인지 말해 준다. 그러면서 성은 구세주가 필요하다는 사실과 함께 바람직한 성교육이나 확고한 결심이 아니라 그분의 용서와 변화, 능력과 구원의 은혜만이 우리에게 소망이 됨을 알려 준다.

큰 그림 섹스는 하나님과 죄를 인정하고, 은혜를 찬양하는 가운데 순결함과 만족을 준다. 작은 그림 섹스는 홀로 부인하다가 아무 성과도 얻지 못한다. 당신의 성생활은 어느 쪽인가?

6장

성이
예배의
문제라면

▷◁

자, 그러면 성에 미친 이 사회의 원인은 무엇인가? 그 뿌리는 어디에 있는가? 다시 한 번 말하지만, 이 광기는 연예계나 광고, 패션, 인터넷 업계의 잘못만이 아니다. 그 원인은 좀 더 근본적이다. 성을 이용해 상품을 팔아 매출을 올려 성공하고 싶어하는 경영진이든, 섹스를 통해 쾌감을 느껴 보려는 십 대든, 간호사를 더듬는 노인이든, 자신의 성을 무기로 노인의 재산을 노리는 젊은 여자든, 바람을 피우는 남편이든, 시트콤에 불필요한 장면을 집어넣으면서까지 시청률에 연연하는 제작진이든, 이들이 하는 행동은 다 똑같다. 그들은 자신들이 그 광기의 일부라는 사실을 알아차리지 못하고 있다. 하지만 이들이 하는 행동에는 우리 주변 어디서나 볼 수 있는 성적 광기를 자극하는 뭔가가 있다.

앞에 열거한 사람들은 마치 성이 자기 것인 양 자신이 선택한 목적을 위해 사용하고 있다. 성은 그들의 재산이요, 상품이자 도구로 전락한다. 이것이 바로 "섹스는 다 나를 위한 거야"라는 시선으로 인간의 성을 보는 관점이다. 나는 인간 사회의 특징인 성에 대한 광기가 성의 개인주의화의 직접적 결과라고 확신한다. 내 목적과 쾌락을 위해, 내 계획에 따른 성이 바로 그것이다. 다음 세 장에 걸쳐 이 내용을 다루려고 한다. 하나님의 지혜롭고 은혜로우신 계획에 따른 성은 단순히 나를 위해서만 존재할 수 없다. 이런 성의 개인주의화는 통하지 않는다. 개인주의화 된 성은 결코 하나님이 의도하신 성이 될 수 없고, 왜곡되고 어두운 성으로 전락할 수밖에 없다. 이런 성은 성의 오용과 남용을 막을 수 없다. 개인주의화 된 성은 아무런 선한 결과를 얻을 수 없고, 얻지도 못할 것이다.

개인주의화 된 성은 세 가지 기본적인 성경 원칙을 침해하는데, 예배와 관계, 순종이 그것이다. 다음 세 장에서는 이 세 원칙의 관점에서 성을 살펴보려고 한다.

성은 예배 행위다

나란히 놓으면 상당히 어색한 단어들이다. '성'과 '예배'라는 이 두 단어는 전혀 다른 두 세계를 뜻한다고 이해하는 게 보통이다. 하지만 제대로 이해하면 예배와 성은 오히려 불가분의 관계다. 성은 예배 행위이고, 하나님에 대한 진정한 예배가 당신의 성생활을 결정할 것이다. 종교와 상관없이 살아가는 사람이라도 생각으로든 몸으로든 성행위를 할 때마다 실제로는 예배를 표현한다. 이렇게 한번 이야기해 보겠다. 성행위를 하면서 당신은 늘 무언가를 예배하고 있다. 다시 말해 하나님에 대한 예배, 자신에 대한 예배, 상대방에 대한 예배, 섹스에서 얻는 것에 대한 예배가 당신의 성생활을 형성하게 되어 있다. 이 말은 곧 당신과 내가 섹스를 하면서 늘 무언가에 우리 마음을 복종하고 있다는 뜻이다. 성생활에서 우리가 말하고, 행동하며, 추구하는 모든 것은 무언가에 대한 갈망을 반영한다. 인간의 가장 친밀한 이 행동을 통해 당신은 하나님이 의도하신 당신의 모습, 즉 예배자의 모습을 늘 드러내기 마련이다. 성생활 중에 예배 본능이 사라지지 않는다. 어떤 성행위가 됐든 우리는 자신을 매 순간 드리는 성행위를 통해 예배한다.

인간의 예배 본능을 진지하게 받아들였다면 당신의 성생활이 어떻게 달라질지 잠시 생각해 보라. 성과 예배를 긴밀히 바라볼 때, 무엇이 달라질지도 생각해 보라. 성에 대한 생각과 갈망, 선택과 행동이 어떻게 달라질 것 같은가? 성을 통해 당신만을 예배한다면("내가 내 삶을 다스리고 내가 원하는 걸 할 거야"), 하나님의 의도는 절대로 드러날 수 없다. 성을 통해 상대방만을 예배한다면("이 사람 없으면 난 못 살아"), 하나님의 의도를 드러내기 힘들기는 마찬가지다. 성을 통해 얻을 수 있는 것만을 예배한다면("난 섹스 없이는 못 살아"), 이 역시 하나님의 의도를 드러내기 힘들 것이다. 하나님이 아닌 다른 것을 예배하는 것은 늘 자기 숭배로 이어지고, 우리의 바람과 필요, 쾌락보다 더 큰 것에 우리의 관심을 두길 원하시는 하나님의 의도는 망각한 채 그분이 만드신 것을 개인주의화하게 된다.

성을 예배로 보는 관점의 핵심 의미를 알려 주는 본문이 신약 성

119

경에 나온다. 이 본문은 하나님을 예배하는 자로 성에 접근하는 것이 어떤 의미인지, 또한 성이 예배라면 그것은 당신과만 관련된 일이 아님을 인정하는 것이 실제로 어떤 의미인지를 설명해 준다.

"모든 것이 내게 가하나 다 유익한 것이 아니요 모든 것이 내게 가하나 내가 무엇에든지 얽매이지 아니하리라 음식은 배를 위하여 있고 배는 음식을 위하여 있으나 하나님은 이것저것을 다 폐하시리라 몸은 음란을 위하여 있지 않고 오직 주를 위하여 있으며 주는 몸을 위하여 계시느니라 하나님이 주를 다시 살리셨고 또한 그의 권능으로 우리를 다시 살리시리라 너희 몸이 그리스도의 지체인 줄을 알지 못하느냐 내가 그리스도의 지체를 가지고 창녀의 지체를 만들겠느냐 결코 그럴 수 없느니라 창녀와 합하는 자는 그와 한 몸인 줄을 알지 못하느냐 일렀으되 둘이 한 육체가 된다 하셨나니 주와 합하는 자는 한 영이니라 음행을 피하라 사람이 범하는 죄마다 몸 밖에 있거니와 음행하는 자는 자기 몸에 죄를 범하느니라 너희 몸은 너희가 하나님께로부터 받은 바 너희 가운데 계신 성령의 전인 줄을 알지 못하느냐 너희는 너희 자신의 것이 아니라 값으로 산 것이 되었으니 그런즉 너희 몸으로 하나님께 영광을 돌리라"(고전 6:12-20).

바울은 네 가지 예배 원칙과 두 가지 예배 명령이라는 렌즈로 '성'이라는 주제를 살핀다. 각각의 예배 원칙은 '하나님의 자녀'라는 정체성을 제시한다. (지배—나는 예배를 위해 지음 받았다. 영원—나는 날 때부터 영원을 염두에 두고 태어났다. 연합—나는 은혜로 예수 그리스도와 하나가 된다. 소유—나는 이제 그리스도의 소유다.) 이것은 가장 친밀하고 개인적인 삶의 영역에서 예배가 가진 뜻이 무엇인지에 대해 성경 전체에서 찾을 수 있는 가장 도움이 되고 실제적인 내용이다.

나는 내 자신의 성에 대해 오랫동안 비성경적인 관점을 갖고 있었다. 성범죄를 저질렀다는 말이 아니다. '인간 존재'라는 이 중요한 부분에 대해 건전한 성경적 관점을 갖지 못했다는 뜻이다. 성에 대한 내 관점은 하나님이 해서는 안 된다고 말씀하신 목록에 한정되었다. 성경과 성에 선을 긋는 관점이었다. 성경이 하는 일이라고는 성생활에서 지켜야 할 한계를 정해 주는 게 전부라고 생각했다. 그래서 하나님이 정하신 한계를 벗어나지 않는 한, 얼마든지 내 쾌락을 위해 성을 사용할 수 있다고 생각했다. 많은 그리스도인들이 이런 관점을 견지하고 있다고 믿는다. 그들은 성경과 성의 관계란 규제가 전부라고 잘못 생각하고 있다. 하지만 성경과 성에 대한 이런 율법적인 이해는 내 기대만큼 나를 도와주거나 보호해 주지 못했다.

하나님의 율법은 죄를 드러내는 데 탁월하다. 율법은 어떻게 살아야 할지를 보여주는 훌륭한 안내자다. 하지만 율법에는 죄를 물리치거나 거기서 구해 내 줄 힘이 없다. 성경을 성에 대한 한계를 정해 주는 책으로만 보면, 실제로 성과 관련된 어려움이 발생했을 때 성경에서 도움을 찾으려 하지 않는다는 게 문제다. 내 문제는 하나님이 성과 관련해서 옳거나 그르다고 말씀하신 내용을 모르는 게 아니라, 무엇이 옳은지 그른지를 알면서도 해서는 안 될 것을 바라고 한다는 것이다. 하나님이 옳거나 그르다고 말씀하시는 것들을 신경 쓰고 싶지 않은 때가 있다는 것이 문제다. 나는 내가 원하는 것을 원한다. 내가 갖고 싶은 것을 가질 것이다. 내가 선택한 목적을 위해 물불을 가리지 않을 것이다. 이것이 바로 나에게 도움이 필요한 더 큰 싸움이다. 이 큰 싸움 때문에 예수님이 오셨다. 예수님이 성을 구하기 위해 오셨다는 말, 더 정확하게 말해서 당신으로부터 당신을 구하기 위해 오셨다는 말에 이의를 제기할지도 모르겠다. 바울의 논지는 이렇게 깊은 차원을 파헤친다.

성과 피할 수 없는 예배 원칙 네 가지

1) 지배의 원칙

지배의 원칙은 대원칙이라고 할 수 있다. 이 원칙은 계획과 문제, 나아가서는 해결책을 다룬다. 이 원칙을 이해하지 못하면 성적인 문제와 해결책을 도무지 이해할 수 없다. 바울의 말을 다시 한 번 들어보자. "모든 것이 내게 가하나 다 유익한 것이 아니요 모든 것이 내게 가하나 내가 무엇에든지 얽매이지 아니하리라 음식은 배를 위하여 있고 배는 음식을 위하여 있으나 하나님은 이것저것을 다 폐하시리라 몸은 음란을 위하여 있지 않고 오직 주를 위하여 있으며 주는 몸을 위하여 계시느니라"(12-13절). 이 짧은 문장에 담긴 어마어마한 중요성을 자세히 살펴보자.

바울이 "모든 것이 내게 가하다"고 말한 것은 그의 세계관을 제시한 것이 아니다. 주변 사람들의 오해를 흉내 내고 있는 것이다. 전통적인 반율법주의자들은 그리스도가 율법을 완성하셨기 때문에 우리는 더 이상 율법의 요구 사항을 지킬 필요가 없다고 말했다. "나는 율법에서 해방되었다. 이젠 끝이다!" 물론 하나님의 용납을 받기 위해 뭔가를 하지 않아도 된다는 점에서 나는 율법에서 자유롭지만, 하나님이 그분의 피조물인 내 삶에 정하신 윤리적 요구 사항이 있다는 점에서 본다면 나는 율법에서 벗어날 수 없다. 그러나 이 거짓 복음관에 대한 바울의 대답은 그리스도의 사역과 하나님의 율법에 대한 오해를 비판하는 수준을 넘어서서 훨씬 더 강력하고 유창하다. 그는 사실상 이렇게 반응하고 있다. "모든 게 합법적이라 할지라도, 내게는 여전히 큰 문제가 있는데, 성에 관한 한 나는 그저 율법적 문제만이 아니라 지배라는 문제가 있다. 이 지배의 문제 때문에, 하나님의 선하신 것들조차 나쁘게 변질되고 마는데, 그것들이 지배적으로 변하기 때문이다. 내가 겪는 어려움은 하나님의 율법을 모르거나 오해하는 차원보다 훨씬 더 심각하다. 진정한 내 문제는, 다른 주인에게 내 마음을 빼앗긴 나머지 하나님의 율법에 반항할 때가 있다는 것이다."

바울의 말은 계속된다. "성의 경우, 변덕스럽고 방황하며 쉽게 배신하는 마음이 문제다. 예수님이 내 주님이라고 하면서도, 내 마음을 다른 주인들에게 넘겨 주고 싶은 유혹에 매일 시달린다." '이미'와 '아직'의 중간을 사는 우리는 날마다 어느 주인을 섬길지 고심한다. 날마다 삶의 모든 영역을 놓고, 내 마음속에서는 통치자들끼리 싸움을 벌인다. 날마다 주인을 바꾸고 싶은 유혹을 받는다. 날마다 자신에게 이렇게 말하고 싶은 유혹을 느낀다. "예수님이 아닌 다른 주인에게 아주 잠깐 마음을 줘도 별일 없겠지? 이 거대한 사물의 질서에서 무슨 차이가 있으려고."

지배력을 갖게 된 성은 선하게 만들어졌지만 나쁘게 변질된 여러 피조물 중의 하나다. 성이나 성적 쾌락, 성적 권력을 비롯한 성의 부산물이 마음을 지배하게 내버려두면, 당신은 하나님이 주신 좋은 선물을 오용할 뿐 아니라 결국엔 성의 지배를 받게 될 것이다. 성적 왜곡과 중독은 성 자체가 나쁘기 때문이 아니라, 우리가 하나님의 의도와는 동떨어진 엉뚱한 지위를 그것에 부여했기 때문에 발생한다.

그렇다면 이 지배 싸움에서 우리는 어떻게 해야 하는가? 변덕스럽고 방황하는 마음을 어찌해야 하는가? 진짜 주인이 아닌 다른 것이 마음을 장악하지 않도록 어떻게 우리 자신을 보호해야 하는가? 자, 바울의 이야기로 다시 돌아가 보자.

바울은 왜 이 말을 중간에 끼워 넣었을까? "음식은 배를 위하여 있고 배는 음식을 위하여 있으나 하나님은 이것저것을 다 폐하시리라." 여기서 바울은 두 번째로 널리 알려진 오해를 재인용하고 있다. 그 내용은 사실상 이렇다. "네가 네 몸으로 하는 일은 별 차이를 만들지 못한다. 네 육신과 그 육신이 하는 일은 결국 다 멸망할 것이기 때문이다."

바울은 첫 번째 오해를 다룰 때처럼, 이 거짓 복음관에 맞서 지배원칙으로 답한다. 지금 여기서 네 몸으로 하는 일이 중요한데, 네 몸에는 주인이 있기 때문이다. 예수 그리스도의 복음을 제대로 아는 사람이라면, 내 몸으로 하는 일은 오로지 내 소관이며 별로 중요하지 않다고 판단하지는 못할 것이다. 예수님이 은혜를 주신 것은, 당신에게 자유를 주어 왕처럼 살게 하기 위해서가 아니라 그분을 왕으로 모시고 존중하며 자유로이 살아가도록 하기 위해서다.

도대체 이런 이야기가 섹스와 무슨 상관이란 말인가? 속속들이 연관이 있다. 무엇이 내 마음을 지배하는지를 가장 강력하면서도 실제적으로 드러내는 영역이 바로 성이기 때문이다. 내 실제적인 주인이 나의 성생활을 형성하고 인도하게 되어 있다. 하나님이 내 마음을 정말로 통치하실 때 나는 그분의 현명한 한계를 벗어나지 않을 것이다. 이런 이야기를 들으면 낙담되는가? 나는 그렇다! 하나님을 날마다 내 삶의 중심에 모시는 일에 서툴기 때문이다. 반면 '이 정도는 누릴 만하지!'라거나 '이것 없으면 못 살아!'라고 나 자신을 합리화하는 데는 너무나 능통하다. '이 정도 위반은 사소하니까, 딱 한 번이니까 별거 아니야!' 하고 자신을 합리화하는 데 능통하다. 어떻게 일편단심을 유지할 수 있는지 모르겠다. 나 자신을 안전하게 지킬 힘이 내겐 없는 것 같다.

이 지점에서 이 첫 번째 원칙이 내게 복음을 가르쳐 준다. 성적 순결을 지키거나 다른 죄를 극복하는 문제에서 내게 희망이 있다면, 그것은 내가 그리스도를 주님으로 온전히 순복하는 것이 아니라, 나를 대신하여 그리스도가 아버지의 뜻에 온전히 순복하신 데 있다. 내 모든 죄와 약함, 어려움에도 불구하고, 두려워서 옴짝달싹 못 하거나 수치심에 숨을 필요가 없다. 망가진 모습 그대로 그분 앞에 나아가 용서와 도우심, 보호와 구원을 요청할 수 있다. 내가 그분 앞에 설 수 있는 것은 내 의로움이 아니라 구세주의 의로우심을 힘입은 것이기에 그분의 거절을 두려워할 필요도 없다.

하지만 여기서 한 걸음 더 나아가야 한다. 예수 그리스도의 복음은 이 지배 싸움에서 내게 도움을 보장해 준다. 예수님은 나와 함께, 내 안에, 나를 위해 계신다. 그분은 내가 싸울 힘이나 의향이 없을 때도 내 대신 싸우신다. 그게 내 소망이다!

2) 영원의 원칙

두 번째 예배 원칙인 영원의 원칙도 마찬가지로 중요하다. 바울의 말을 다시 한 번 들어보자. "하나님이 주를 다시 살리셨고 또한 그의 권능으로 우리를 다시 살리시리라"(14절). 왜 바울은 예수님의 부활과 미래의 우리 부활을 언급하는 이 짧은 문장을 중간에 삽입했을까? 그 답은 바울이 자기 자신을 알고, 그의 독자들도 안다는 것이다. 성 문제의 핵심 이슈는 인생의 특정한 순간을 현재의 삶이 전부인 양, 우리가 가진 게 전부인 양 다루는 우리의 성향이다. 좀 더 설명해 보겠다.

하나님의 계획에 따라 우리 안에는 태어날 때부터 '영원'이 심겨 있다. 이 말인즉 모든 인간은 낙원에 대한 갈망을 지니고 있다는 뜻이다. 그렇다면 우리가 인생을 살아갈 방법은 두 가지뿐이다. 지금의 삶이 전부라 믿고 현재를 오지 않을 영원으로 여겨 당신의 삶과 관계를 장악하거나, 현재가 목적지가 아니라 다가올 목적지를 예비하는 과정임을 이해하는 것이다.

이 두 길은 완전히 다르다. 첫 번째 사람은 인생은 한 번뿐이라 생각하고 죽기 전에 가능한 한 많은 쾌락을 누리려 할 것이다. 두 번째 사람은 이 세상이 망가졌고 지금 이곳의 쾌락은 일시적이고 불완전한 것을 알기에 앞으로 맛볼 영원한 기쁨을 더욱 고대한다. 영원을 망각한 기억상실증은 성을 망가뜨린다. 영원한 기쁨보다 눈앞의 쾌락에만 몰입한다. 인내하며 평안을 누리기보다 다급하고 쫓기듯 살아간다. 작은 결정들이 지닌 영원한 의미를 축소해서, 어떻게 인생을 사느냐보다는 말초적인 체험에만 집중한다. 우리를 지으신 하나님의 목적을 외면하고 개인의 쾌락에만 집중하게 한다. 이 세상에서는 절대 찾을 수 없는 만족을 기대하면서 엉뚱한 데서 그런 만족을 찾아 헤맨다.

이 말이 이상하게 들릴 수도 있지만, 우리는 영원의 관점에서 (하나님이 정하신 경계를 벗어나지 않고) 성을 누려야 한다. 성은 우리가 찾는 낙원이 될 수 없음을 알아야 한다. 성은 우리 마음에 만족을 줄 수 없음을 이해해야 한다. 삶의 매 순간은 개인의 쾌락을 좇는 시간이 아니라 고된 준비 과정임을 이해해야 한다. 삶에 대한 장기적 관점으로 우리의 성생활을 보호해야 한다. 영원의 관점에서 살아가는 것은 하나님이 성적 존재인 우리를 인도하고 정결케 하기 위해 사용하시는 방법 중 한 가지다. '이미'와 '아직' 사이에는, 두려운 갈망('이게 우리가 가진 전부야. 가질 수 있는 건 다 손에 넣어야 해')보다는 평안한 소망('최고의 것은 아직 오지 않았어')에 기반을 둔 삶이 우리의 성생활에 훨씬 더 유익하다.

당신이 하나님의 자녀라면, 예수님의 부활은 지금 이곳, 곧 망가진 세상에서 경험할 모든 쾌락을 초월하는 미래의 길을 보장해 준다. 다시 한 번, 예수님은 모든 면에서 영원의 관점에서 사셨는데, 그분은 당신을 대신해, 당신의 유익을 위해 그렇게 사셨다. 그리하여 당신이 성을 포함해 지금 여기서 일시적으로 누리는 쾌락보다 훨씬 더 큰 것을 위해 살아가는 데 필요한 은혜를 허락하셨다.

3) 연합의 원칙

바울은 여기서 연합의 원칙을 통해 복음의 가장 귀한 신비를 상기시킨다. 그의 말을 들어보자. "너희 몸이 그리스도의 지체인 줄을 알지 못하느냐 내가 그리스도의 지체를 가지고 창녀의 지체를 만들겠느냐 결코 그럴 수 없느니라 창녀와 합하는 자는 그와 한 몸인 줄을 알지 못하느냐 일렀으되 둘이 한 육체가 된다 하셨나니 주와 합하는 자는 한 영이니라 음행을 피하라 사람이 범하는 죄마다 몸 밖에 있거니와 음행하는 자는 자기 몸에 죄를 범하느니라"(15-18절). 바울은 충격적이고 진지한 언어로, 우리가 지금 이 타락한 세상에서 겪는 관계와 쾌락, 유혹들을 다룰 때 늘 염두에 두어야 할 것을 일러 준다. 당신이 하나님의 자녀라면, 그리스도와 연합했다는 것이다. 이 것은 눈에 보이지 않는 영적 실재인 동시에 눈에 보이는 실재이기도 하다. 당신의 모든 존재는 그리스도와 연합했다. 감정, 신체, 정신, 인격, 마음, 영성까지 모두 그리스도와 하나가 되었다.

이 말은 당신이 무엇을 하든 어디를 가든 그리스도를 모시고 있다는 뜻이다. 그리스도와의 연합은 삶이 두 갈래로 나뉘지 않는다는 뜻이다. 삶에서 그리스도를 포함한 영적인 부분이 있고, 나머지 부분이 있는 게 아니다. 그분이 곧 당신의 삶이다. 가장 친밀하고 은밀하며 어두운 순간까지도 그리스도가 당신 안에, 당신과 함께 계신다. 당신의 모든 생각과 갈망이 그분과 하나가 되었다. 모든 상상과 선택이 그분과 연결되었다. 당신의 행동 하나하나에 그분이 계신다.

그래서 바울은 여기서 핵심 질문을 던진다. "내가 그리스도의 지체[내 신체의 일부분]를 가지고 창녀의 지체를 만들겠느냐"(15절)? 성적인 죄를 이런 통찰력으로 지적한 말이 또 있을까? 성과 관련된 죄는 단순히 하나님이 부과하신 추상적인 구닥다리 율법을 깨뜨리는 행위가 아니다. 신자들이 저지르는 성적인 죄는 그리스도와의 관계를 심각하게 모독한다. 나의 쾌락을 너무나 사랑한 나머지, 거룩하신 분을 불경한 것으로 더럽히는 것과 같다. 바울은 이기심, 배신, 반항 같은 상상도 할 수 없는 행동을 묘사하고 있다. 나는 그리스도와 하나이고, 성은 창녀와 한 몸을 이루는 것이기에, 결국 나의 이기심이 그리스도를 창녀와 하나 되게 한 것이다. 바울이 "결코 그럴 수 없느니라!"(15절)고 말한 것은 당연하다.

당신과 구세주의 연합이 총체적이고 실제적이라는 사실을 염두에 두는 것, 그것이야말로 성적 갈망과 유혹을 대할 때 당신을 보호하고 정결하게 지켜 줄 가장 확실한 방법이다. 성생활에서 가장 은밀하고 거룩한 순간에조차, 예수 그리스도가 당신 안에 있고 당신은 그분 안에 있다. 물론 비밀스럽고 성스럽지 못한 순간에도 당신과 함께 계신다.

이 사실이 두려운가? 수치스러운가? 죄책감이 드는가? 공포가 엄습하는가? 오로지 은혜로만 가능한 그리스도와의 이 아름다운 연합은 당신이 이 현실 가운데 살아가는 데 필요한 모든 은혜를 보장해 준다. 당신의 욕망과 싸우는 데 필요한 모든 은혜를 보장해 준다. 성스럽지 못한 것을 거부하고 당신과 연합한 그분이 보시기에 흡족할 만한 것은 받아들이는 데 필요한 모든 은혜를 준다. 당신이 또다시 실패할 때 필요할지도 모를 용서를 허락해 준다. 여기에 소망이 있다. 그리스도가 당신과 하나 될 때 입구에 은혜를 두고 오시지 않는다. 우리가 성은 물론 삶의 모든 영역에서 본연의 존재와 행동으로 돌아가기 위해 필요한 모든 은혜의 선물을 이 연합으로 가져오신다. 그리스도와 연합한 당신은 진지한 경배자가 된다. 그리스도와 하나 되는 것이 얼마나 진지한 일인지를 깨달았기에 진지하고, 이 연합이 다른 방법으로는 도저히 불가능한 소망과 도움을 준다는 사실을 깨달았기에 경배한다.

4) 소유의 원칙

소유의 원칙은 바울의 가장 중요한 원칙이라고 할 수 있다. "너희 몸은 너희가 하나님께로부터 받은 바 너희 가운데 계신 성령의 전인 줄을 알지 못하느냐 너희는 너희 자신의 것이 아니라"(20절). 먼저 바울은 은혜가 개인적·육체적 쾌락보다 더 고귀한 목적을 위해 당신의 몸을 요구함을 모든 신자가 알기 원한다. 당신의 몸은 당신이 계획하고 상상하는 것보다 훨씬 더 고귀한 목적을 위해 선택되었다. 전능하신 하나님이 성령의 능력과 영광 가운데 당신의 몸에 임하신다. 바울이 성의 복음   예배적 함의를 논하는 중에 이 이야기가 등장했다는 점을 잊지 말라. 신자의 모든 성생활은 가장 높으신 하나님의 성전으로서 하는 행위다. 신자가 붙잡고 살아내야 할 정체성 중에 이보다 더 엄중한 개념이 또 있을까?

바울이 우리에게 다음으로 고려해 보기 원하는 내용인 이 말씀은 당신의 몸인 성전이 더 이상 당신 것이 아님을 뜻한다. 새 주인이 이사 와서 건물 관리권을 가져갔다. 집주인은 건물을 자기 목적에 맞게 사용하겠다고 요구했다. 당신의 몸인 그 건물은 더 이상 개인의 쾌락을 즐기는 장소가 아니라 하나님만 예배하는 성전이 되었고, 당신은 이제부터 이 새로운 목적을 염두에 두고 행동해야만 한다.

그러기에 날마다 안팎에서 벌어지는 유혹 속에서 당신은 이 모든 내용을 진지하게 받아들여야 한다. 바울은 하나님이 당신을 그분 소유로 주장하시고, 당신이 자신을 위해 택한 것보다 훨씬 더 좋은 은혜를 주시기 위해 어떤 대가를 치르셨는지를 상기시킨다. 그 비싼 대가는 바로 아들의 죽음이었다. 그런 대가를 보고도, 당신이 당신 몸으로 언제든, 누구와 맘대로 할 수 있는 권리가 있는 것처럼 행동한다면 얼마나 큰 모욕인가?

이런 고귀한 소명이 또다시 당신에게 패배감과 실망을 안겨 주는가? 하나님이 당신에게 원하시는 일이 무엇인지 알라. 구세주는 이미 당신을 대신해 죽으셔서 당신이 실패할 때도 하나님에게서 달아나는 게 아니라 그분께 달려갈 수 있게 하셨다. 당신이 하나님 앞에 설 수 있는 것은 당신의 손과 마음이 깨끗해서가 아니라, 그리스도가 대신 사신 완벽한 삶 때문이다. 당신이 당신의 주인인 양 생각하고 행동한 성생활을 고백하고, 구세주가 기꺼이 그 값을 치르셨기에 당신이 주장할 수 있는 용서와 변화의 은혜를 구하라.

이 네 원칙이 세계관의 판도를 뒤흔들어 놓을 중요한 요소다. 지배—누가 또는 무엇이 당신의 마음을 지배하느냐가 당신의 성생활을 형성한다. 영원—지금 여기의 임시 쾌락을 위해 사느냐 아니면 영

◇

원의 관점에서 사느냐가 당신의 성생활을 형성한다. 연합—삶을 성과 속으로 구분하느냐 아니면 당신의 모든 존재가 그리스도와 하나되어 어딜 가든 그리스도를 지니고 사느냐가 당신의 성생활을 형성한다. 소유—당신 몸이 당신 것인 양 행동하느냐 아니면 하나님이 그분의 고귀한 목적을 위해 당신 몸을 사셨음을 깨닫고 행동하느냐가 당신의 성생활을 형성한다. 이 각각의 원칙이 가르치는 예수 그리스도의 복음을 잊어버리고 죄책감과 수치, 두려움 속에 숨어 사느냐, 아니면 예수님이 이 모든 것을 완벽하게 이루셔서 약하고 실패한 당신은 하나님의 임재 가운데 잠겨 용서하시고 바꾸시고 능력 주시는 은혜를 받아들였다는 사실을 기억하느냐가 당신의 성생활을 형성할 것이다. 성적으로 미친 이 세상에서 순결하게 살아가려면 그 은혜가 필요하다.

성과 피할 수 없는 예배 명령 두 가지

지금까지 살펴본 이 네 가지 성/예배 원칙의 기초 위에서, 이제 바울은 두 가지 단순한 명령을 준다. 그중 한 가지는 우리를 보호하는 방어적인 명령이고, 다른 하나는 적극적이고 선교적인 명령이다. 먼저 이 명령은 그 기초를 형성하는 예배 원칙들이 없다면 전혀 의미가 없다는 사실을 염두에 두는 것이 중요하다. 각 명령은 네 가지 예배 원칙이 기술한 정체성과 세계관이 개인에게 내포하는 성적 함의를 어떻게 살아내야 할지를 알려 준다. 이 단락에는 먼저 직설법이 나오고, 그다음에 **명령법**이 등장한다. 바울은 다음과 같이 서두를 연다. "하나님이 이렇게 행동하셨기에(성-예배 원칙 네 가지) 이것이 바로 여러분의 모습이다. 이제는 하나님이 행하신 일의 관점에서 이렇게 살아야 한다(성-예배 명령 두 가지)."

'내가 젊었을 때 이 실제적이고 윤리적인 지혜가 담긴 본문을 만났더라면 얼마나 좋았을까?' 하는 마음이 간절하다. 지금은, 하나님의 말씀을 진지하게 받아들인다는 곳에서조차 이 본문을 정확하고 올바르게 가르치지 못한다는 사실이 얼마나 슬픈지 모르겠다.

1) 성적 문란을 피하라

자신을 보호하는 이 방어적인 명령의 요점은 이것이다. 성적으로 미친 이 세상이지만 성적 영역에서 하나님이 요구하신 대로 살려 한다면, 기꺼이 도망칠 각오가 되어 있어야 한다. 하나님이 금하신 행위를 미화하려는 생각으로부터 기꺼이 달아나야 한다. 때로는 저항하기 벅찬 욕구들에서 달아나야 할 것이다. 거짓으로 현혹하며 유혹하는 적의 속삭임에서 달아나야 할 것이다. 당신의 약점을 공격하는 상황과 장소에서 벗어나야 할 것이다. 당신이 실제보다 더 강하다고 말하는 자존심에서 달아나야 할 것이다. 당신의 쾌락을 위해 다른 사람을 이용하려는 이기심에서 달아나야 할 것이다. 하고 싶은 맘이 굴뚝 같지만 당신을 통제 불능 상태에 빠뜨릴 일로부터 달아나야 할 것이다. 구세주가 보시기에 음란한 모든 물건과 장소, 사람으로부터 달아나야만 한다.

바울은 중세 수도원 생활을 요구하는 것이 아니다. 우리는 우리 각자에게 가장 큰 성적 위험은 외부가 아니라 내면에 자리하고 있음을 잘 안다. 그저 달아난다고 해서 도덕적으로 순결해지지 않는다는 것도 안다. 하지만 도망치는 행동은 여전히 우리 내면에 건재한 죄의 심각성과 힘을 인정하고, 어떻게 죄가 우리를 유혹에 빠뜨려 하나님이 추하고 위험하다고 하신 것을 아름답고 유익한 것으로 보게 하는지를 인정하는 것이다. 하나님이 음란하다고 말씀하신 것에서 자신을 구별하기 위해 애쓴다면, 당신은 할 수 없는 일, 즉 당신을 당신으로부터 구원하는 일을 하나님께 부탁하는 셈이다. 하나님은 당신이 자신을 위해 할 수 없는 일을 해주시고, 그분이 은혜로 능력 주신 일을 하라고 당신에게 요청하신다. 얼마나 놀라운 은혜인가!

당신에게 던지고 싶은 질문은 이것이다. 하나님이 피하라고 하신 성생활의 영역 중에서 당신이 더 잘 달아나야 할 부분은 어디겠는가?

2) 몸으로 하나님께 영광을 돌리라

바울은 당신보다 더 큰 것을 위해 살라는 요청으로 글을 마무리한다. 하나님의 주권적인 은혜로 당신은 그분의 영광을 위해 살도록 선택을 받았다. 당신의 가장 비밀스러운 생각과 욕구까지도 그분의 영광을 위해 살도록 택함을 받았다. 몸으로 하는 가장 은밀하고, 사적이며, 친밀한 행동조차도 그분의 영광을 위해 살도록 택함 받았다. 가장 강력한 신체적·정서적 성취의 순간에도 그분의 영광을 위해 살도록 택함 받았다. 마음과 마음이 이어지는 가장 친밀한 관계에서도 그분의 영광을 위해 살도록 택함 받았다. 은혜는 삶의 모든 영역을, 당신의 전 존재를 거룩하게 만들었다. 은혜는 더 원대하고 소중한 목적을 위해 당신의 삶을 구별했다. 은혜는 당신에게 새로운 정체성과 잠재력, 존엄성을 부여했다. 은혜는 당신을 '나 중심주의'라는 죄(이것이 부여할 수 있는 목적은 기껏해야 순간의 만족에 불과하다)의 수렁에서 건져내어 이전에는 경험해 보지 못한 더 큰 목적과 의미를 품고 살아가게 해준다. 은혜는 온전한 정신과 인간성을 회복시킨다. 은혜는 당신이 태어난 본연의 목적을 다시 한 번 상기시킨다. 은혜는 제자리를 벗어난 열정과 길 잃은 생각의 속박에서 당신을 구해 내 하나님을 의식하며 살게 해준다. 그분을 의식하는 삶은 당신의 모든 생각, 욕구, 선택, 말, 행동에 영향을 미친다. 이를 통해 은혜는 인간이 경험할 수 있는 가장 귀하고 만족스러운 쾌락을 가져다준다. 당신의 가장 큰 기쁨과 즐거움은 하나님이 당신에게 계획하신 삶, 즉 그분을 위한 삶에서만 발견할 수 있다.

성이 예배라면, 그것은 당신과만 관련된 일이 아니다. "나만 상관있는" 성은 이미 잘못된 성이다. 창조주의 영광을 위한 성은 회복된 성이다. 하나님을 예배하는 성은 새롭게 바로잡힌 성이다. 이 영광과 예배의 싸움에서, 하나님은 부드럽고 오래 참으시는 은혜로 우리를 만나 주신다. 그분은 우리에게 고백하고, 믿으며, 따르라고 권유하시며, 그분의 은혜로운 초대 가운데 살아가도록 모든 면에서 힘을 주신다. 자, 그러면 당신의 삶은 어떤가?

7장

성이
관계의
문제라면

　그는 아무 의욕도, 바람도 없었다. 그가 솔직했다면, 여러 가지로 그녀가 불편했다고 말했을 것이다. 그는 결혼은 할 수 있지만 한 지붕 밑에 살더라도 혼자 지내는 일이 많을 것임을 알아 달라는 듯 바쁜 일정과 관계의 규칙만을 간신히 내놓았다. 그는 저녁 식탁에서 예의상 오가는 대화를 견뎌내려고 안간힘을 썼지만, 상대의 입에서 나오는 말들은 하나같이 지루하기 짝이 없었다. 그는 그녀의 친구들이 맘에 들지 않았기에 할 수만 있으면 핑계를 대고 그녀와 함께하는 자리를 피했다. 결혼 후, 그는 두 사람의 재정과 재산을 관리했고, 가족 운영과 관련해서는 자기 주장만 내세웠다. 그는 열심히 일해서 가족을 먹여 살렸지만 딱 거기까지였을 뿐, 아내와의 관계에서 사랑이라곤 눈곱만큼도 찾아볼 수 없었다.

　부부 사이는 이토록 거리가 멀고 소홀했지만, 그가 요구하는 게 딱 한 가지 있었다. 매일 밤 잠자기 전 성관계를 맺는 일이었다. 남편은 섹스가 자신의 권리요, 하나님의 뜻이라고 말했다. 매일 밤 두 사람은 사랑과 관계가 빠진 채 몸을 섞었다. 매일 밤 아내는 불편하고 당황스러워도 남편의 요구사항을 들어줬다. 매일 밤 남편은 성적으로 만족하며 잠자리에 들었고, 아내는 슬픔과 혼란, 무력감을 느끼며 잠자리에 들었다. 매일 밤 아내는 남편이 섹스를 요구하기 전에 잠들거나 하룻밤만 섹스를 쉬었으면 하고 바랐지만, 그런 일은 한 번도 없었다. 남편은 아내에게 세상에서 가장 친밀한 행동을 해놓고, 다음 날 아침이면 그녀의 존재는 안중에도 없이 출근 준비를 했다. 아내는 날마다 남편이 집에 돌아오는 것이 너무 무서웠다. 이 모든 악순환이 또다시 반복되리란 걸 알기 때문이었다.

당신은 이 부부의 성생활을 어떻게 생각하는가? 이 남편에게 무슨 말을 해주겠는가? 아내에게는 또 무슨 말을 해주겠는가? 이 부부의 성생활은 하나님의 의도와 얼마나 가까운가?

성은 관계를 떠나서는 존재할 수 없다

이 부부의 성생활은 굉장히 심란하다. 사실 문제는 부부의 성생활이라기보다는 남편이 아내에게 강요하는 성생활이라고 할 수 있겠다. 둘은 결혼한 사이지만, 진정한 의미에서 이 부부의 성생활은 하나님이 의도하신 성과는 거리가 멀다. 이 부부의 성생활은 개인주의화 된 성의 또 다른 예다. 이 남자에게 섹스는 사랑의 행위가 아니다. 하나님을 예배하는 행위도 아니다. 아내의 봉사와 존엄성을 담보로 개인의 쾌락을 추구하는 생활방식에 불과하다.

하나님이 의도하신 성은, 사랑의 두 공동체에서 일어나야 한다. 하나님에 대한 사랑과 이웃에 대한 사랑은 그분의 계획에 따라 성이 살아 숨 쉴 수 있는 유일한 장소다. 이 장의 요점은 이것이다. 공동체에 대한 살아 있는 헌신은 성을 보호하고, 개인주의화라는 죄로부터 성을 순결하게 지킨다. 다시 말해, 두 가지 큰 계명이라는 토양에서 자라날 때만이 성은 그 아름다움과 건강을 유지할 수 있다. 삼위일체 공동체이신 하나님이 성을 공동체의 행위로 정하셨기에, 그렇지 못할 때 성은 파괴의 위험에서 보호받지 못한다. 공동체를 벗어난 성은 하나님의 의도대로 실현되지 못하고, 이기심의 죄에서 비롯된 광기의 또 다른 예가 되고 만다. 당신은 단순히 성행위에만 헌신할 수 없다. 당신이 원하는 그 성이 제 역할을 하도록 마련된 유일한 배경인 공동체에도 헌신해야 한다. 하나님을 존중하는 성이 꽃필 수 있는 기반인 "공동체에 대한 헌신"을 함께 살펴보자.

성과 하나님 사랑

조금 이상하게 들릴지 모르지만, 이 말은 틀림없는 사실이다. 인간이 하나님을 사랑할 수 있는 주요한 방법 중의 하나가 바로 성생활이다. 인간은 성욕과 성기를 지닌 성적 존재로 창조되었기에, 어떤 식으로든 성을 다룰 수밖에 없다. 또 우리는 하나님이 창조하신 이 세상 그 어떤 존재보다 그분을 사랑하도록 창조되었기에, 어떤 식으로든 하나님을 다룰 수밖에 없다. 따라서 우리 삶에는 이 두 가지가 필연적으로 나타난다. 어떤 식으로든 성을 드러내고, 어떤 식으로든 하나님을 언급하게 되어 있다. 하나님 사랑보다 더 고귀하고 거룩한 부르심은 없다고 생각하는 사람은 모든 성생활이 그 사랑의 표현이 되기를 바랄 것이다.

자기 사랑이 유일한 동기일 때 성은 위험하다. 타인에 대한 사랑이 유일한 동기일 때 성은 위험하다. 쾌락을 위한 사랑이 유일한 동기일 때 성은 위험하다. 편안함을 사랑하는 것이 유일한 동기일 때 성은 위험하다. 지배욕이 유일한 동기일 때 성은 위험하다. 섹스를 위한 사랑이 유일한 동기일 때 성은 위험하다. 하나님에 대한 사랑이 우리 생각과 욕구, 행위의 모든 동기가 될 때만이 성은 순결하고 안전하다. 그 사랑은 살아 있고 복종하며, 기뻐하고 의지적이며 또한 실제적이다. 성적인 죄의 본질은 늘 하나님에 대한 사랑이 부족한 것에 있었다. 즉 우리는 부정한 성행위로 당연히 하나님께 드려야 할 사랑을 다른 대상으로 대체하고 있는 셈이다.

하나님과의 관계가 늘 나와 다른 사람과의 관계를 형성하고 결정 짓는다. 내가 하나님을 제대로 사랑하고 있다면, 그분을 존중하고 기쁘시게 하는 방식으로 다른 사람들과 관계를 맺기 원할 것이다. 내가 그분을 사랑한다는 것은 그분의 기쁨이 내 기쁨을 능가한다는 뜻이기 때문이다. 그것은 내가 내 마음대로 하는 것보다 그분의 뜻을 행할 때 더 크게 기뻐한다는 뜻이기도 하다. 그 모두를 기꺼이, 즐거운 마음으로 할 것이다. 어쩌면 진정한 사랑의 핵심적인 특징은 자발성일지도 모른다. 사랑은 사랑하기 좋아한다. 사랑은 사랑하는 일

◇

을 부담스러워하거나 귀찮아하지 않는다. 사랑은 마지못해 사랑하지 않는다. 사랑은 발길질이나 소리 지르기를 좋아하지 않는다. 사랑은 사랑하라는 부르심을 피할 방법을 찾지 않는다. 사랑은 도망칠 궁리를 하지 않는다. 사랑은 겉과 속이 다르거나 속이지 않는다. 사랑은 언제든 사랑할 준비가 되어 있다.

예수님은 이런 사랑의 속성을 이렇게 말씀하셨다. "너희가 나를 사랑하면 나의 계명을 지키리라"(요 14:15). 사랑에는 자발성이 있다. 예수님의 말씀은 이런 뜻이다. "너희가 나를 사랑한다면 내 명령을 부담으로 여기지 않을 것이다. 즐거운 마음으로 기꺼이 내 명령을 행할 것이다." 이 명령은 대다수 사람들을 겸손하게 하는데, 우리가 정말로 인정하고 싶지 않은 것을 인정해야 하기 때문이다. 우리가 성적인 죄(하나님이 분명히 정하신 한계를 벗어난 성)를 저지를 때는 마땅히 사랑해야 하는 하나님을 사랑하지 않았기 때문에 그런 일이 벌어지는 것이다. 또 우리가 하나님을 제자리에 모시지 않을 때는 예외 없이 우리 자신을 그분의 자리에 두고 나만의 세상을 구축하게 마련이다. 그 정도가 되면, 우리는 자신의 쾌락을 위해 세상을 다스리고 자기 소유가 아닌 것을 자신의 소유물로 취하는 자아 왕국의 군주로 군림하게 된다.

두 가지 예를 들어보겠다. 먼저 이른 아침 침대에 누워 남편이 아닌 다른 남자와의 섹스를 상상하고 있는 여자를 생각해 보라. 그녀의 상상 속에 등장하는 황홀한 자세를 생각해 보라. 그 여자는 현실이 행복하지 않다. 자신이 그 현실을 만들어 내지도 않았고, 통제할 수도 없기 때문이다. 현실 세계는 그녀의 요구를 들어주지도 않고,

그녀가 원하는 것을 주지도 못한다. 그래서 오늘 아침 그녀는 침대에 누운 채 자신을 하나님의 보좌에 앉히고는 마음속으로 자기 뜻대로 되는 세상을 만들고 절대 권력으로 그 나라를 다스리는 꿈을 꿔 본다. 그녀가 창조한 세상의 모든 것은 그녀 소유이고, 그 세상의 모든 것은 그녀의 쾌락에 굴복한다. 그 세상은 그녀에게 너무나 매력적이다. 거기서는 자신이 창조자요, 주인이요, 왕이기 때문이다. 그녀가 규칙을 세운다. 자신이 창조한 것을 자기 마음대로, 자신의 쾌락을 위해 사용한다. 그녀는 이 세계를 또다시 찾을 것이다. 현실보다 훨씬 더 매력적이기 때문이다. 현실은 그녀가 아닌 다른 누군가가 만들고 다스리는 곳이다.

그러나 사실 그 여자가 쾌락을 위해 상상 속에서 만들어 낸 남자는 그녀의 소유가 아니다. 꿈속에서 그 남자와 하는 행동도 그녀의 권한으로 할 수 있는 일이 아니다. 그녀는 자신의 우주에서 하나님을 없애 버렸다. 그분을 왕좌에서 끌어내리고 그분께 속한 것을 갈취했다. 그분의 법칙을 내던지고 새로운 법칙을 세웠다. 이 모두는 그녀가 하나님과 함께하도록 창조된 사랑의 공동체를 터무니없이 침해하는 행위다. 이 공동체가 그녀의 모든 생각과 욕구, 선택과 행위를 형성하게 되어 있다. 일차적으로 그녀의 문제는 자신을 너무 사랑한다거나 상상 속의 남자를 사랑하지 못한 것이 아니다. 그녀의 문제는 하나님을 사랑하지 못한 것보다 더 큰 문제다. 정말로 그보다 훨씬 더 심각하다. 그녀는 상상 속에서 비록 잠깐이더라도 하나님을 죽이고 그분의 자리를 빼앗은 뒤 이 세상을 자신의 쾌락을 위한 동산으로 재창조했다. 그리고 자기 뜻대로 그 세상을 이용했다. 그녀

◇
돈과 섹스의 영성

가 침대에서 한 행동은 사소한 일이 아니다. 끔찍한 일이다. 그런 일이 반복될수록 그녀는 자신이 하나님으로 군림할 수 없는 현실 세계를 받아들이기가 점점 더 힘들어질 것이다. 그녀는 현실 세계에서 점점 더 왕으로 행동하고 싶은 유혹을 받을 것이다. 자기 것이 아닌 것을 소유하고 또 체험하려고 시도할 것이다. 그녀의 상상은 그녀를 점점 더 큰 광기로 몰아가지만, 그녀는 그 사실을 알지 못한다. 오히려 자신의 꿈을 행동으로 옮기지 않는다는 데 자부심을 느끼고 있다.

그녀는 아름답고 순결하며 그녀를 보호해 줄 수 있는 것을 놓치고 있다. 그것은 하나님이 창조하신 모든 사람에게 핵심 동기를 부여하는 것이다. 그것이 무엇인가? 순종하는 마음으로 기꺼이 즐겁게 하나님을 사랑하는 것이다. 그 사랑 안에서만 성적 순결을 찾을 수 있다. 성적 순결은 하나님을 사랑하는 마음에서 시작한다. 그 사랑은 한 사람의 마음을 얻기 위해 경쟁하는 다른 모든 사랑을 압도한다.

다음으로 두 번째 예를 살펴보자. 한 남자가 퇴근길 보도에서 마주 오는 어느 여자에게 욕망을 느낀다. 그 남자는 걷는 속도를 늦춰 그 여자를 자세히 살피고는 뒤돌아서서 그녀가 자신을 스쳐 가는 모습을 지켜본다. 이 만남에서 이 남자의 태도를 한번 생각해 보자. 첫째, 그는 이 순간이 자기 것인 양 행동하고 있다. 자신에게 모든 권한이 있고, 그 여자는 그의 의지에 따라 그의 쾌락을 위해 이 인도에 서 있다. 그는 이 순간을 자기 소유로 여기고 있다. 이 장소도 그의 권리인 쾌락을 그에게 가져다주기 위한 그의 장소다. 그 순간 그는 자기 스스로 임명한 신이 되는 것이다. 다른 신은 아무도 없다고 생각하고, 자기 이외에는 아무도 숭배하지 않는다. 온 세상이 그의 욕망으로 축소되고, 그는 자기 쾌락을 위해 그 세상을 다스린다. 그 순간, 자신보다 더 높은 권력은 없으므로 그는 옳고 그름을 괘념치 않는다. 그것이 고작 남의 몸을 훔쳐보며 상상으로 자신의 쾌락을 채울 수 있는 권리에 불과하다 해도, 그는 갖고 싶은 것을 손에 넣을 것이다.

하지만 단순히 거기에서 그치지 않는다. 그 순간, 그는 하나님의 창조물을 그분에게서 빼앗아 자기 것으로 삼은 것이다. 그는 이 여성에 대해 아무 권리를 주장할 수 없다. 사실 그 여자는 그 남자와 전혀 상관이 없는데도, 그는 눈과 마음으로 그녀를 취했다. 그는 가능한 오랫동안 자신의 성적 도둑질을 즐기기 위해 순간의 속도를 늦추려 애썼다. 그는 이 여자를 하나님의 손에서 빼앗아 순간의 쾌락을 위해 자신의 소유로 주장했다. 그 남자의 시선을 느낀 여자는 불편해한다. 거기서 벗어나려면 어쩔 수 없이 그를 지나쳐야 한다. 그녀는 약간 화가 나지만 이런 일이 처음은 아니다. 이전에도 비슷한 남자들을 여럿 경험했다.

그 순간, 이 남자는 어리석은 사람이다. 그는 하나님의 존재를 부인하고 자신을 하나님 삼았다. 하나님에게서 그분의 피조물을 빼앗았다. 하나님을 보좌에서 끌어내렸다. 그에게는 한눈팔기나 변덕스러운 애정보다 더 근본적인 문제가 있다. 그는 하나님을 왕좌에서 끌어내리고 남의 것을 소유하는 데 익숙해졌다. 마음속으로 계속 이런 일을 한다면 직접 행동에 옮기는 것은 시간문제다. 잊지 말라. 정욕은 더 큰 정욕을 바라지 않는다. 진짜 경험을 바랄 뿐이다. 그의 마음이 이미 하나님의 계획으로는 끔찍하고 부자연스런 것, 즉 그분에 대한 사랑이 없는 삶에 익숙해졌기에 그는 위험에 빠진 셈이다.

내 성생활을 순결하게 유지해 주는 것은 하나님이 허락하신 그분과의 공동체를 인식하고 그 공동체를 위해 사는 것이다. 다른 방법은 없다. 하나님에 대한 사랑이 내 마음을 지배할 때만이 성적으로 미친 이 세상에서 내 마음이 방황하지 않도록 보호할 수 있다.

이 내용을 읽으면서 무슨 생각이 드는가? 내 생각을 말하자면, 나는 내가 항상 하나님을 왕좌에서 끌어내리고 있다는 슬픈 진실과 맞닥뜨려야 했다. 나는 번번이 이 세상을 내 것으로 여긴다. 여전히 내 안에 남아 있는 죄의 비극이다. 여전히 하나님의 보좌를 원하고, 그분의 것을 내 것으로 갖고 싶은 욕망이 내 안에 있다. 길거리에서 잠시 정욕을 품거나, 나를 기다리게 한 사람에게 참지 못하고 한마디 던지거나, 남이 가진 것을 시기할 때 그런 욕망이 드러나지 않았을까? 책을 쓰면서, 내가 다루는 어려움에서 나 또한 자유롭지 못하다는 사실을 인정할 수밖에 없었다. 나 역시 하나님을 부인하는 어리석은 사람일 수 있다. 내가 하나님보다 똑똑하다고, 내 법칙이 그분의 법칙보다 낫다고 생각할 때가 있다고 고백해야만 하는 현실이 슬프다. 이런 모습은 좋은 결과를 가져올 수 없다는 사실에 맞닥뜨려야 하는 것이 슬프다.

그렇다면 내게는 희망이 없는가? 하나님의 자녀로 이 모든 사실을 알고 경험했음에도, 왜 아직도 이런 문제로 힘들어 할 수밖에 없는가? 물론 생각이 제대로 박혀서 하나님에 대한 사랑과 감사가 마음에 넘쳐날 때도 있지만, 늘 그렇지는 않다. 내 마음이 변덕스럽다고 인정하면서도, 여전히 내 소망은 확고하고 분명하다. 왜 그런가?

내가 하나님을 얼마나 사랑하느냐가 아니라, 나를 향한 변함없고 영원하신 그분의 사랑이 내 소망의 근거이기 때문이다. 내가 가난한 영혼으로 나아올 때 그분은 나를 외면하시지 않고, 바로 지금 바로 이곳에 넘치게 임하시는 은혜로 두 팔 벌려 맞아주실 것이다. 내 사랑은 희미해질지라도 그분의 사랑은 변함없다. 내가 그분의 약속을 소중히 여기지 않을 때에도 그분은 그 은혜의 약속을 내던지지 않으실 것이다. 내가 나의 주인이 되려고 하는 순간에도 그분은 변함없이 내 주님이실 것이다. 내가 나만의 왕국을 건설하려 할 때에도 그분은 그 나라를 접고 집으로 돌아가시지 않을 것이다. 그분은 은혜가 넘치는 아버지의 손으로 훈계하시며 나를 그 집안에서 내모시겠지만, 그분이 내 안에서, 나를 위해 시작하신 그 일을 포기하시지 않을 것이다.

그래서 나는 그분께 달려가 성이 아니라 당신을 향한 사랑이 내 문제라고 고백한다. 성은 하나님을 보좌에서 끌어내고, 내 세상을 장악하며, 내 이기적인 목적과 쾌락을 위해 나만의 법칙을 쓰려는 끊임없는 유혹이 드러나는 장이라고 고백한다. 다시 한 번, 나는 그분 앞에 무릎 꿇고 불충한 마음을 고백하고, 내 손과 마음을 깨끗하게 할 수 있는 유일한 희망인 그분의 은혜를 구한다. 이 사랑의 몸부림이 끝날 때까지 그분이 내게 기꺼이 지속적으로 사랑하는 마음을 주시기를 또다시 기도한다. 그분을 향한 살아 있고 적극적인 사랑이 내 마음을 얻으려고 다투는 다른 그 어떤 대상에 대한 사랑을 압도할 수 있기를 기도한다.

이 기도는 매우 중요한데, 성적 순결을 지키기 위한 싸움이 사실은 하나님을 마음의 올바른 자리, 즉 당신의 애정과 동기의 중심에 두기 위한 싸움이기 때문이다.

성과 이웃 사랑

두 번째 사랑 공동체인 이웃 사랑 또한 성을 순결하게 유지하고 지켜 준다. 부정한 성은 절대로 다른 사람을 위해 자신을 희생하는 사랑이 동기가 될 수 없다. 부정한 성은 다른 사람의 유익을 원치 않는다. 부정한 성은 다른 사람의 필요를 기꺼이 따르지 않는다. 부정한 성은 하나님이 다른 사람의 삶 속에서 이루고 계신 일에 동참하라는 고귀한 부르심에 응하지 않는다. 부정한 성은 상호 관계를 맺는 사랑을 자기 권리만 내세우고, 강요하며, 이기적이고 개인적인 쾌락으로 대체해 버린다. 부정한 성은 상대방을 해치면서까지 나만 위한다. 부정한 성은 타인을 물건 취급하고 인간성을 말살해 버린다. 상대방은 하나님의 형상을 지닌 자보다 못한 존재로 전락하고, 내게 잠시의 성적 쾌락을 가져다주는 물건 정도로 축소되어 버린다. 부정한 성은 두 번째로 큰 계명을 부인하고, 하나님이 의도하신 공동체에서 성을 뿌리째 뽑아내 개인의 쾌락이라는 세상에 심는다. 거기서는 성이 더 이상 싹 트지도 자라지도 못한다.

포르노그래피가 끔찍한 이유는 그것이 근본적으로 반관계적이기 때문이다. 포르노그래피는 성을 생생한 환상, 성행위, 오르가슴으로 축소시킨다. 부부간의 헌신된 사랑은 고사하고 관계 자체가 고려 대상이 되지 못한다. 남녀는 두 사람의 관계를 표현하기 위해서가 아니라 성적 쾌락을 원하기 때문에 함께한다. 따라서 둘의 섹스는 어떤 애정 표현이라기보다는 그저 각자 성을 추구하는 것에 불과하다. 남자는 여자의 몸을 성관계에 이용하고, 여자도 남자의 몸을 성관계에 이용한다. 이것은 섹스를 위한 섹스나 돈을 위한 섹스일지는 몰라도, 사랑을 위한 섹스는 아니다. 오르가슴에 도달하기 위해 남의 몸을 이용하는 행위에는 사랑이 필요 없기 때문이다. 그래서 포르노그래피 비디오는 대체로 사랑 이야기와는 거리가 멀다.

광고에 등장하는 성 역시 근본적으로 반관계적이기 때문에 문제다. 예를 들면, 여성의 몸을 이용해 자동차를 판다. 이렇게 생각해 보자. 광고주는 남성 소비자들의 성욕을 의도적으로 노리고 있다. 여성의 성을 이용하여 잠재적 소비자들의 관심을 끈다. 광고 모델의 섹시함과 자동차의 '섹시함'을 연관시키려고 애쓴다. 소비자가 차를 사기만 한다면, 그가 건전한 재정 판단보다 '성'에 끌려 차를 산다 해도 광고주는 전혀 개의치 않는다. 광고 속 여성은 인간 이하의 존재로 축소된다. 그녀의 지성과 성격, 재능은 존중받지 못한다. 존경받지도, 사랑받지도 못한다. 사람들은 그녀의 성에만 주목하고, 그녀의 몸만 갖고 싶어한다. 안타깝지만, 하나님의 형상으로 지음 받은 이 광고 모델은 자동차, 즉 사람들에게 쾌락을 가져다주는 섹시한 물건 수준으로 전락하고 만다. 이 광고의 의도와 기법은 두 번째 큰 계명을 부인한다. 부정한 성은 관계에는 전혀 관심이 없기에 늘 이 계명을 부인하기 마련이다. 부정한 성은 개인의 성적 쾌락에만 정신이 팔려 있다.

하나님은 결혼한 남녀가 평생 서로 헌신한 관계에서 성을 즐기도록 의도하셨다. 이처럼 온유하고 신실하며, 자신을 희생하면서까지 남을 섬기며 사랑할 때 성을 보호하고 그 순수함을 지킬 수 있다. 이런 상황에서 나는 자신의 쾌락을 좇지 않고, 쾌락을 위해 상대를 이용하지 않을 수 있다. 이런 상황에서는 나의 가장 내밀하고 육체적인 관계에서조차 상대를 사랑하고 상대의 유익을 추구할 수 있다. 그렇게 되면 성적 흥분이 아닌 사랑의 관계가 내가 상대방과 관계를 맺으며 하는 모든 행동을 관장하게 된다.

이 점은 결혼한 부부관계에서조차 이렇게 많은 성적 역기능이 발생하는 이유를 이해하는 데 도움이 된다. 나는 대부분이 신체 구조나 기능에 무지해서 문제가 발생하는 것은 아니라고 확신한다. 앞에서도 말했듯이, 기독교 '인체 탐구' 같은 책이 필요한 것이 아니다. 인체 구조나 기능을 모르는 사람은 드물다. 이런 무지에서 비롯된 역기능은 거의 없다고 보아도 무방하다.

성은 근본적으로 관계적이기 때문에 사람들이 부부간의 성격 문제나 관계 문제를 늘 침대로 끌고 오는 것이 문제다. 성은 관계라는 사실을 부인하는 것이 미친 짓이다. 내가 상대방을 소중히 여긴다면, 기꺼이 상대를 섬기려 한다면, 날마다 맺는 관계에서 베풂과 용서, 인내와 온유, 오래 참음과 존경을 실천한다면, 아무런 보호막이 없는 이 순간, 인간의 가장 취약한 순간에 말 그대로 벌거벗은 채로 상대가 내 옆에 누워 있을 때, 상대는 내가 그를 사랑하고 벌거벗은 채로 내 품에 안겨 쉴 수 있음을 알 것이다. 반대로 내가 비판적이고 내 권리를 주장하고 강요한다면, 상대를 용서하지 않고 가혹하게 대한다면, 화를 잘 내고 무례하고 이기적이고 잔인하다면, 내 옆에 벌거벗고 있는 상대는 불안해할 것이다. 섹스와 상관없는 영역에서 경험한 것들을 이제는 섹스에서 경험하게 될 것이기에 두려울 것이다. 사랑과 지지를 받기보다는 이용당하고 비판받으리라는 사실에 두려움을 느낄 것이다. 이런 두려움 때문에 하나님이 의도하신 대로 성관계에 온전히 자신을 던지기가 어렵다.

성적 역기능을 겪는 대다수 부부들에게는 성교육보다는 관계에 대한 고백과 화해가 더 절실하다. 하나님은 관계라는 환경에서 그 관계의 표현으로 성을 경험하도록 계획하셨기에, 성관계를 맺을 때는 배우자와의 관계라는 본질을 벗어날 수 없다. 그건 말 그대로 불가능하다. 이 역기능 부부들은 하나님이 요구하시는 관계에 대한 헌신 밖에서 성적 쾌락을 찾으려 애쓰고 있다. 이들은 결혼관계 안에서 성관계를 맺고 있다 하더라도, 사랑의 관계에 헌신하지 않는다. 이 친밀한 행위의 배경이 되어야 할 관계가 빠져 버렸기에, 이들은 마음속으로 하나님의 계획을 어기고 있다. 살아 있는 적극적인 사랑의 관계를 배제한 채 강요만 하는 섹스는 그분을 존중하는 섹스가 아니다.

이 논의를 조금 더 깊이 파고 들어가 보자. 나는 많은 남성들이 인터넷 포르노그래피 때문에 힘들어 하는 이유를 잘 안다. 섹스가 관계적 사랑의 행위가 아니라면, 이기적인 성적 쾌락을 만족하게 하기 위해 아내의 몸을 이용하는 행위에 불과하다면, 아내를 오르가슴을 얻는 수단으로 전락시킨다면, 당신은 아내를 그와 똑같은 효과를 가져다주는 디지털 이미지와 이기적 환상으로 대체하고 싶은 유혹에 시달릴 것이다. 남편이 아내를 성적으로 학대하고 강요하며, 이기적으로 이용하고 비판하는 부부관계가 있다. 이런 남편들은 성행위를 하면서 아내를 기쁘게 하는 데 헌신하기보다는, 아내가 자신을 위해 어떤 행동을 해주는지에 훨씬 더 관심이 많다. 아내의 즐거움이나 편안함에는 별 관심이 없다. 아내가 불편하게 생각하는 행동을 요구하고, 아내가 반발하면 죄책감을 심어 준다. 결혼생활에서 두 사람이 나누는 성생활은 사랑이라고 보기 힘들다. 자기가 왕이 되어 내 즐거움이 우선이라고 주장하는 개인주의화 된 섹스에 가깝다. 이런 모습은 주변 세상과 하등 다를 바가 없다. 더욱 충격적인 것은, 이들이 아내의 결혼 서약을 본인의 이기적인 성적 요구에 굴복시키는 도구로 사용하면서 그것을 자신의 권리라고 주장한다는 점이다. 그들은 자기가 무슨 행동을 하는지도 모른 채, 결혼관계의 성을 깎아내려 자위 수준으로 끌어내렸다. 아내를 자신의 쾌락을 만족하게 하는 기계로 전락시켰다. 이런 섹스는 하나님 사랑이나 이웃 사랑 같은 요구 사항을 만족시키지 못하기에 그분 보시기에 역겹다.

이런 남편들의 성생활은 관계적이기보다는 자위에 가깝기에, 성행위 과정에서 타인과 번거롭게 관계를 맺을 필요 없이 자신의 이기적 쾌락을 만족하게 할 수 있는 손쉬운 포르노그래피를 굳이 마다할 이유가 없게 된다. 그들은 자신을 보호해 주고, 포르노그래피가 얼마나 역겨운지 드러내 줄 사랑의 헌신 없이, 관계가 빠져 버린 섹스를 전전한다. 교회 안에서 이런 일이 수없이 벌어지고 있는 현실이 슬프고, 아무도 그런 사실을 이야기하지 않는 현실은 더더욱 슬프다.

부부간의 대화라고 해서 그것이 저절로 거룩해지지 않듯이, 부부간의 성이라고 해서 저절로 거룩해지지는 않는다. 성과 대화 모두 마음의 의도가 있어야 거룩해지고, 그 마음의 의도는 강력한 변화의 은혜로 하나님을 그 무엇보다 사랑하고 이웃을 자기 몸처럼 사랑하게 될 때 거룩해진다.

오늘날 인간 문화가 성에 미친 사회가 된 원인의 일부는, 우리가 철학적으로든 실제로든 하나님이 정하신 관계의 배경을 거부할 수 있게 되었기 때문이다. 이런 일은 결혼생활 안팎에서 벌어질 수 있다. 하나님의 계획에 따르면 결혼한 부부만 자유로이 성관계를 맺을 수 있지만, 그저 결혼했다는 이유만으로 그 사람의 성생활이 두 가지 큰 계명을 드러낸다고 볼 수는 없다. 그렇지 않다면, 하나님께 영광을 돌리지도 않고, 그분이 명령하신 대로 이웃을 대하는 것도 아니다.

그렇다면 왜 우리는 상대방에 대한 성경적인 사랑을 적극적으로 표현하는 그런 성관계를 맺지 못하는 것일까? 하나님을 제대로 사랑하지 못하기 때문이다. 하나님 자리에 우리를 밀어 넣고 우리의 이기적 쾌락을 위해 다른 사람의 몸을 이용하여 자기 욕심만 차리기 때문이다. 하나님을 왕좌에서 끌어낸 것, 이것이 모든 성적 광기의 뿌리다. 하나님의 자리를 호시탐탐 노리는 당신은 삶의 모든 영역에서 그분이 의도하신 삶을 살지 못할 것이다.

이 광기 때문에 예수님은 기꺼이 십자가에 달리셨고, 우리로 하여금 "다시는 그들 자신을 위하여 살지 않게"(고후 5:15) 하셨다. 다시는 하나님을 왕좌에서 끌어내리지 않게 하셨다. 당신을 왕좌에서 끌어내리고 하나님을 마음의 왕좌에 앉히시기 위해 예수님은 죽으셨다. 여기에 소망이 있다. 그분 때문에, 당신의 성생활을 비롯한 삶의 모든 영역에 희망이 있다.

8장

성이
순종의
문제라면

▷◁

나는 어린 자녀들의 마음을 돌볼 때 가장 중요한 문제가 권위의 문제라고 부모들에게 늘 이야기한다. 죄인들은 권위를 좋아한다. 스스로 권위자가 되고 싶어한다. 죄인들은 자기 주권을 선호하고 스스로 도덕률을 만들기 원한다. 아이들이 부모에게 더 많은 규칙과 책임을 요구하는 경우는 드물다. 아이들은 이런저런 명령을 썩 즐기지 않는다. 권위가 자신의 자유를 빼앗는다고 생각한다. 권위를 좋아하지 않고 축복으로 여기지도 않는다. 어떤 면에서는 모든 죄인의 상태라고 할 수 있는 권위에 대한 타고난 반항, 이것은 인류 역사상 모든 이가 씨름한 마음의 문제다.

왜 이 문제가 그렇게 중요한가? 권위의 문제를 먼저 해결하지 않고서는 성 문제를 다룰 수 없기 때문이다. 성 문제와 우리 사회의 성적 광기는 성보다 한층 더 깊은 곳에 그 뿌리가 있다. 인간 존재의 모든 영역에서 하나님의 권위를 거부하는 데 그 원인이 있다. 자기 통치에 대한 갈망에 그 뿌리가 있다. 사람은 자기 인생을 책임지고 자기 맘대로 할 수 있다는 욕구에 그 뿌리가 있다. "내 몸은 내 것이니 아무도 내게 이래라저래라 할 권한이 없다"는 우리 문화의 뿌리 깊은 사설에 그 원인이 있다. 우리 주변의 성적 광기는 사실상 반권위의 문제다. 반권위는 인간 본성과 세상의 운영 원리에 어긋나기 때문에 좋은 결과가 나올 수 없다.

남녀노소 누구나 인생이 자기 것이 아니라는 냉혹한 현실을 직시해야 한다. 그들이 태어난 세상은 그 본질상 타인을 찬양하는 곳이기 때문이다. 그들은 자기 소유가 아닌 세상에 태어났다. 그들이 통치하기로 되어 있지 않은 세상에 태어났다. 인간이 소유한 모든 권위는 다른 권위를 대표하거나 위임받은 것이다. 인간의 권위는 최고가 아니다. 인간의 모든 권위는 하나님의 보이지 않는 권위를 눈에 보이게 대신하기 위해 주어졌다. 그러므로 성을 포함한 모든 사물을 볼 때는 다음과 같은 핵심을 염두에 두어야 한다. 우리가 사는 세상은 통치를 받는 세상이다. 이 말은 내가 원하는 것이 무엇이든, 어디든, 어떻게든, 어떤 대상과든 내 맘대로 할 권한이 없다는 뜻이다. 모든 것을 다스리는 권위가 있기 때문에 법이 있고, 법이 있기 때문에 내 삶의 모든 영역에는 도덕적으로 옳은 행동과 옳지 않은 행동이 있다.

따라서 모든 인류가 당면한 문제는 이것이다. 만물을 다스리시는 그분의 명령에 순종할 것인가, 아니면 그분의 권위를 무시하고 나만의 규칙을 새로 쓸 것인가? 인간은 이 질문에 대한 답을 회피할 수 없다. 그러므로 성은 단순히 오르가슴에 도달하느냐의 문제가 될 수 없다. 이것은 성에 대한 무법의 관점이나 마찬가지이기 때문이다. 성은 법에 순종하는 것이다. 삶의 모든 차원을 다스리는 권세가 있다면, 성은 결코 당신과만 관련된 일일 수 없다. 성은 언제나 그분의 의지와 방법, 그분의 계획과 즐거움, 그분의 영광과 관련이 있고, 그분께 얼마나 복종할 마음이 있느냐와 상관이 있다.

이런 사실은 모든 죄인이 무턱대고 믿는 두 가지 근본적인 거짓말과 정면으로 충돌한다. 첫 번째는 '자율성'이라는 거짓말이다. 내 인생은 내 것이기에 내 맘대로 살 권리가 있다고 믿는다. 그렇다면 내몸은 내 것이니 내 맘대로 할 권리가 있고, 따라서 나의 성적 자아는 내 것이니 성적 만족을 얻기 위해 내 맘대로 할 권리가 있다는 뜻도 된다. 앞에서도 언급했듯이, 창조 교리는 그런 주장을 단번에 날려 버린다. 만물을 창조하신 하나님이 만물의 주인이시다. 인간의 자율성이 들어설 여지는 없다. 모든 인간은 그를 창조하신 하나님의 소유이며, 창조주 한 분만이 자신의 창조물을 어떻게 사용할지 말씀할 권한이 있으시다.

두 번째는 '자족'이라는 거짓말이다. 자족은 내 본연의 존재와 행동을 하는 데 필요한 모든 것이 내 내면에 있다고 말한다. 남의 도움이나 지혜, 인도는 필요 없다. 외부의 도움 없이도 나 혼자 모든 걸 해결할 수 있고, 하나님이 계획하신 내 인생을 얼마든지 내 마음대로 살 수 있다. 하지만 현실은 정반대다. 인간은 혼자서 자급자족하며 살도록 창조되지 않았다. 서로 의지하며 살도록 창조되었다. 혼자서는 도저히 만족할 수 없는 근본적인 필요를 가지고 창조되었다. 우리는 우리에게 없는 지혜가 필요한 상태로 태어난다. 우리가 소유하지 못한 힘이 필요한 상태로 태어난다. 죄 때문에, 우리 모두는 남에게서 배우고 힘을 얻으며 구조를 받고 변화되어야 한다. 혼자서 다 이루었다는 사람은 환상에 불과하다. 홀로 선 인간은 망상이다. 우리는 약하고 남의 도움이 필요하다. 여기에는 한 사람도 예외가 없다.

따라서 나는 성적 자아를 포함한 나 자신을 이렇게 보아야 한다. 성의 영역에서 내가 약하고 창조주의 도움을 구해야 한다는 사실을 받아들이거나, 날마다 나의 존재를 내려놓아야 한다는 실증적 증거를 무시하고 내가 모르는 것을 아는 척, 내가 할 수 없는 것을 할 수 있는 척하거나 둘 중 하나다. 내 몸은 내 맘대로 쓸 수 있고, 나는 지혜롭고 강하다는 신념으로 무장한 사람은 나만의 성 사용법으로 내 몸과 남의 몸을 원하는 대로 사용할 것이다. 그러면서 나는 지혜롭고 내 행동은 선하다고 스스로 타이를 것이다. 자기의 성적 광기는 무시하면서 남에게 일어나는 문제만 탓할 것이다.

우리 주변의 성적 혼란은 단순히 성 문제가 아니라는 사실을 다시 한 번 반복해야겠다. 그것은 자기를 숭배하고, 공동체를 부정하며, 권위를 거부한 결과, 성이 개인주의화 되었기 때문이다. 이 뿌리 깊은 문제들을 해결하지 않고는 성적 순결로 나아갈 수 없다. 그런 혼란을 야기한 근원적인 문제들을 다루지 않고 성만 따로 떼어내어 고칠 수 없다.

부모의 권위를 경험하면서 하나님의 권위를 거부하는 데 익숙해진 어린아이는 성적 광기로 치닫고 있다. 자기 부모를 보수적이고 턱없이 고지식하다며 무시하고, 부모의 권위를 거부하는 십 대 소녀 역시 성적 광기로 치닫고 있다. 인생을 자기 맘대로 할 수 있다고 믿는 대학 졸업생도, 자신의 성욕을 스스로 통제할 수 있는 힘이 있다고 생각하는 중년 남성도 성적 광기로 치닫고 있다. 피할 길은 없다. 당신의 성생활은 당신이 이 권위라는 피할 수 없는 문제를 어떻게 다루고 있는지를 여실히 드러낼 것이다. 당신은 왕의 법에 순종하거나 자신을 왕으로 세운다. 둘 중 하나뿐이다. 중립 지대는 없다.

순종은 무엇인가?

순종은 단순히 어떤 행동을 하고 안 하고의 문제가 아니라, 마음의 태도를 가리킨다. 우리 형 테드가 내린 순종의 정의를 잠시 빌려 오려 한다. "순종은 내 마음을 하나님께 기꺼이 굴복하여 그분의 명령을 반발 없이, 변명 없이, 바로 행하는 것이다." 순종이 성생활을 보호하고, 순결하게 유지해 준다고 말한 사람이 어쩌면 내가 처음일지도 모르겠다. 성적 순결의 핵심에는 하나님의 권위를 기꺼이 인정하고 거기에 순복하는 마음이 있다.

테드의 정의를 자세히 살펴보기로 하자. 올바른 행동이 순종의 핵심이 아니다. 오히려 순종의 핵심은 마음이고, 순종하는 사람의 마음에는 하나님의 권위에 기꺼이 순복하려는 의지가 있어야 한다. 억지로 굴복하는 순종은 순종이 아니다. 누군가를 순종하게 하려고 강압하며 꼬드기고, 협박하며 죄책감을 심어 줘야 한다면, 그 사람에게 순종하려는 마음이 없기 때문에 그렇게 해야 하는 것이다. 그런 사람들에게는 순종의 핵심인 자발성이 없다. 성적으로 순결한 사람들이 순결한 까닭은 기꺼이 하려는 마음이 있기 때문이다. 강한 욕구와 끓어오르는 감정, 유혹을 단호히 거부하고 돌아서서 하나님이 요구하신 일을 할 준비가 되어 있기 때문이다. 하지만 무엇이 옳은지 끊임없이 의심하고, 옳은 길을 돌아갈 궁리만 하며, 가끔은 그것을 무시하기까지 하는 사람은 성적 순결을 오래 지키지 못한다. 순종하는 마음을 지니고 있지 않기 때문이다. 이들은 성으로 미친 이 세상에서 날마다 찾아오는 유혹을 견디지 못하고, 종잡을 수 없는 자신의 욕구들을 단호히 떨쳐내지 못할 것이다.

이처럼 기꺼이 순종하는 마음이 있으면 "하나님이 무엇을 명령하셨나?"를 늘 염두에 두고 내 삶을 바라보게 된다. 규율에 얽매여 율법적으로 살거나, 마지못해 두려워하며 산다는 뜻이 아니다. '경계'라는 사고방식을 품게 된다는 뜻이다. 하나님이 책임지신다면, 도덕적으로 옳고 그름을 그분이 결정하신다면, 그 옳고 그름을 분명히 내게 전달하신다면, 내가 벗어나지 말아야 할 마음과 행동의 윤리적 경계가 분명해진다. 그 경계를 벗어나지 않는 삶에 아름다운 자유와 행복이 있다. 그 경계를 벗어난 삶은 위험하고 파괴적이며 결국엔 죽음에 이른다.

'경계'라는 단어가 전달하는 이미지를 한번 생각해 보라. 당신 집 마당에는 누구나 탐낼 만큼 선하고 진실하며 아름다운 것들이 가득하다. 그 마당 둘레에는 6미터 높이의 철조망 울타리가 쳐져 있고, 그 울타리 너머에는 당신을 죽음으로 이끌 수 있는 위험한 것들이 가득하다. 만약 당신이 마당 안에 있는 것들을 생명을 주는 좋은 것들로 여긴다면, 그래서 울타리 바깥세상이 죽음으로 내몰릴 수 있는 험한 곳이라고 인정한다면, 그 울타리를 고마워하지 않겠는가? 울타리 안에서 만족하며 즐겁게 살아가지 않겠는가?

하지만 이렇게도 생각해 보자. 날마다 울타리를 쳐다보며 어떻게 저 울타리를 넘어갈 수 있을지 고민한다면, 철조망이 얼마나 튼튼한지 확인하려고 만지거나 흔들어 본다면, 얼굴에 철조망 자국이 찍힐 정도로 열심히 바깥을 살핀다면, 당신은 울타리 너머에도 좋은 게 있을지 모른다고 믿는 게 아니겠는가? 그렇다면, 당신의 문제는 행동이 아니라 그보다 더 심각한 경계의 문제다. 당신은 당신이 가진 좋은 것들을 보호해 주기 위해 울타리가 존재한다고 믿지 않는다. 오히려 그 울타리가 좋은 것을 방해한다고 믿게 된다. 그리고 그렇게 믿는 순간, 당신은 울타리를 넘어갈 방도를 찾기 시작한다.

나는 성생활에서 하나님의 명령에 기꺼이 순복하는데, 마음 깊은 곳에서 그것이 정말 좋다고 생각하기 때문이다. 하나님의 법이 생명과 자유를 빼앗아 가는 것이 아니라 그것들을 가져다준다고 믿는다. 하나님은 지혜롭고 선하며 신실하신 분이라고 믿는다. 그런 분이시기에 그분의 경계 안에 사는 것이 최선이라고 생각한다. 그래서 나는 하나님이 내 성적 자아에게 명령하신 일들을 몸과 마음으로 기꺼이 행한다. '저기로 나가면 더 좋은 성적 놀잇거리가 있지 않을까?' 궁금해하며 울타리를 노려 보지 않는다. 내가 뭔가를 놓치고 있다는 생각에 시달리지 않는다. 울타리 바깥에 있는 사람들의 성생활이 어떤지 불필요하게 궁금해하지 않는다. 울타리 안에 살게 되어 불리하다고 생각지도 않는다. 오히려 울타리를 등지고 내게 주신 풍성하고 좋은 것들을 즐거이 누린다. 나 혼자였다면 이런 선택을 할 만한 지혜가 부족했을 것이다. 아침마다 제약이 많다는 생각보다는 축복

받았다는 생각을 하며 잠에서 깬다. 내가 누리는 자유와 내 맘대로 사는 인생을 절대로 동일시하지 않는다. 성을 비롯한 삶의 모든 영역에서 울타리가 필요하다는 사실을 잘 안다. 하나님이 정해 주신 경계가 없다면, 나를 파멸로 이끌 위험에 빠지고 말 것이다. 하나님의 경계는 즐거운 성생활을 금지하지 않는다. 오히려 그 안에서만 온전한 성생활을 경험할 수 있다.

이제 순종의 정의로 다시 돌아가 보자. 이 정의에 등장하는 수식어가 매우 중요하다. "반발 없이." 하나님이 내가 하고 싶은 일을 못하게 하신다고 여겨 내 마음속으로 고함을 치고 있다면, 그분의 선하심과 인자하심을 의심하고 있다면, 남들은 얼마든지 하는 일을 나는 하지 못해서 화가 잔뜩 나 있다면, 내게 순종하는 마음이 없는 것이다. 순종하는 사람은 마음속으로 싫다고 발버둥 치며 억지로 옳은 일을 하지 않는다. 순종하는 사람은 순종하면서 하나님께 분노하지 않는다. 하나님이 금하신 일 때문에 그분께 잔뜩 화가 나 있다면 당신은 성생활에서 정말로 하나님께 복종하는 것이 아니다. 하나님의 성품과 지혜를 의심하고 있다면, 당신은 성생활에서 하나님께 순종하는 것이 아니다. 하나님이 아니라 당신에게 더 많은 자유를 허락하는 누군가가 이 세상을 다스렸으면 좋겠다고 바랄 때가 많다면, 당신은 성생활에서 그분께 순종하는 마음이 없는 것이다. 하나님의 명령은 온화하고 현명하며 선하다는 확신에서부터 성적 순결은 시작된다. 반발할 이유가 없다.

두 번째 수식어도 똑같이 중요하다. "변명 없이." 순종하는 사람은 자신이 저지른 성적인 죄에 대해 변명하지 않는다. 그저 애통해할 뿐이다. 우리가 하나님이 사랑으로 우리를 보호하기 위해 분명히 정해 주신 경계들을 넘어서게 되는 '논리적인' 이유들을 만들어 낼 때보다 더 창조적일 때가 있을까? 우리는 때로 우리 모두는 어리석고 반항한다는 사실을 마주하기 원치 않는다. 오히려 자신을 현명하고 이성적이며 도덕적인 인간으로 생각하기 좋아한다. 그래서 우리가 저지른 일이 사실은 그리 나쁘지 않다고 자기 자신과 남은 물론 하나님까지 설득하려 애쓴다. 한 걸음 더 나아가 이 방법밖에 없었다고, 어리석게 보이지만 실은 현명한 방법이라고, 이번 한 번만은 괜찮을 거라고 자신을 납득시키려 애쓴다. 하나님의 경계 밖에서 사는 것이 옳고도 좋다고 자신을 합리화할 수 있으면, 당신은 일종의 성적 광기로 치닫고 있는 셈이다. 스스로 괜찮다고 우기면서, 하나님이 세우신 울타리를 훌쩍 뛰어넘어 당신과 다른 사람의 몸으로 해서는 안 될 일을 할 것이다.

세 번째 수식어는 더 속아 넘어가기 쉽다. "지체 없이." 순종하는 마음은 빨리 순종한다. 하나님께 기꺼이 순복하려는 마음이 있다면, 지체 없이 바로 순종한다. "내일부터 순종할게요"라고 말하지 않는다. 지체는 우리가 자율성과 자기 주권을 고수하려는 여러 방법 중 하나에 불과하다. 지체는 다음과 같이 이루어진다.

같이 일하는 여성 동료에게 작업을 걸고 있는 당신. 작업 방식이 조금씩 성적으로 변해 갔다. 이러면 안 된다는 걸 알면서도 또다시 식당에서 함께 자리를 잡았고, 내일부터는 그만두겠다고 스스로 다짐해 본다.

포르노 사이트에 접속하면서 가슴이 두근거리는 당신. 마음속으로 아내가 깨지 않길 바란다. 그런 데 가서는 안 된다는 걸 알면서도 이번이 마지막이라는 다짐으로 죄책감을 달래본다.

열일곱 살 당신은 한밤중에 동네 공원에 여자 친구와 함께 있다. 여자 친구의 브래지어 속에 슬며시 손을 집어넣었다. 흥분되기도 하고, 겁이 나기도 해서 손이 덜덜 떨린다. 잘못된 행동이라는 걸 알면서도 "한 번만 더"의 유혹에 넘어가고 말았다. 며칠 안에 그녀와 깨끗이 헤어지기로 마음을 굳게 먹어본다.

아내가 아닌 여자와 함께 사는 당신. 최근에 그리스도인이 되었다. 여자 친구와 잠자리를 같이 해서는 안 된다는 걸 알면서도, 그녀와 헤어지고 다른 아파트를 구하는 일이 너무 번거롭게 느껴진다. 언젠가는 그렇게 해야겠지만, 지금 당장은 어쩔 수 없다.

봐서는 안 될 텔레비전 시리즈에 푹 빠진 당신. 보다 보면 자꾸 부정한 생각이 들지만, 이번 시즌까지만 보고 가을에 시작할 새 시리즈는 절대 보지 않겠다고 다짐한다.

지체는 턱시도를 차려 입은 불순종이다. 지체는 얼마든지 순종할 마음은 있다고 하면서도 하나님의 권위에 반발할 수 있는 여지를 준다. 그럼으로써 양심이 괴로워야 할 때 오히려 양심을 달래주는 것이 아닌가?

당신의 성생활은 당신 마음이 피할 수 없는 하나님의 권위에 어떻게 반응하는지를 보여주는 창문과도 같다.

성과 불순종

순종과 마찬가지로 불순종도 어떤 행동을 하고 안 하고의 문제가 아님을 이해하는 것이 중요하다. 불순종은 우선 마음의 상태라고 할 수 있다. 그래서 불순종 이면의 심리나 태도를 이해하는 것이 중요하다.

불순종의 심리는 어떤 식으로든 당신이 하나님보다 똑똑하다고 자신을 설득하는 것이다. 당신의 법칙이 그분의 법칙보다 더 낫고 현실적이다. 당신의 욕구가 당신을 향한 그분의 욕구보다 더 정당하다. 당신 스스로 계획한 것이 당신을 향한 그분의 뜻보다 더 낫다. 어쩌면 불순종은 당신이 넘어선 성적 경계가 이번만큼은 큰 문제가 되지 않는다고 말하고 있을지도 모른다. "결혼을 안 했다고 사랑하는 사람과 잘 수 없다는 건 말도 안 돼! 사회가 발달하면서 성경 시대에는 몰랐던 사실을 알게 되었기에, 과거의 구태의연한 규칙을 따를 필요는 없잖아!" 이처럼 불순종은 늘 하나님의 지혜보다 당신의 지혜가 더 믿을 만하고 가치 있다고 여긴다. 하나님이 이 문제에 대해 뭐라고 말씀하셨든, 당신 보기에 이치에 맞거나 더 끌리는 쪽을 선택한다. 당신은 하나님의 지혜에 복종하려 하지 않고, 그것을 비판하려 한다. 알든 모르든 당신은 하나님 위에 서 있기 때문에 그분의 말씀이라도 당신 이치에 맞지 않는 것은 거절하지 못할 이유가 없다.

불순종은 자기가 더 현명하다고 주장할 뿐 아니라, 소유권까지 주장한다. 인생이 당신 것이기 때문에 무슨 일이든 원하는 대로 하면 맘이 편하다. 인생이 당신 것이라면, 당신 맘대로 살 권리가 있다. 불순종은 항상 소유권을 주장한다. 그 어떤 인간에게도 없는 권리를 주장한다. 앞 장에서 살펴본 것처럼, 하나님은 당신 존재와 당신의 모든 것을 소유하고 계신다. 소유권을 주장하는 태도는 망상에 불과하고 오히려 당신을 위험에 노출시킬 것이다. 당신에게는 당신의 몸을 소유할 권한이 없다. 당신 몸은 당신 것이 아니기 때문이다. 불순종은 또 하나님의 도덕법을 거부하고 당신의 도덕법을 쓸 수 있는 권한을 요구한다. 불순종은 당신에게 옳고 그름과 선과 악, 진실과 거짓을 결정할 수 있는 권위를 준다. 하지만 이것은 하나님만이 소유하실 수 있는 권위다. 구약 성경에서 가장 은혜로운 장면 중 하나는, 태초부터 영원까지 모든 것을 아시는 하나님이 새롭게 구속받은 그분의 백성에게 그들을 어떻게 창조하셨는지 알려 주시는 대목이다. 하나님은 무엇이 옳은지를 그들 스스로 찾게 하지 않으시고, 사랑의 마음으로 그들에게 필요한 도덕적 지침을 주신다. 하나님의 법에 늘 순복하거나 당신만의 법을 쓰거나 둘 중 하나다.

마지막으로, 불순종은 당신의 행동 논리를 늘 주장함으로써 양심을 달래려 애쓴다. 자기를 속이는 데 매우 헌신되고 유능한 사기꾼이 되면 하나님의 경계를 벗어나는 게 아무렇지도 않게 된다. 누구라도 마찬가지다. 우리는 스스로 우리가 선하고, 우리가 하는 일은 그리 나쁘지 않으며, 우리가 저지르는 이런 사소한 죄는 사실 죄로 치지도 않는다고 말한다. 자신을 속이는 사기는 '예'라고 말하고 싶을 때 '아니요'라고 말하는 내면의 제어 장치를 억누르려 애쓴다. 자신을 속이는 사기는 성령님으로 인해 가책을 느끼는 양심의 고통을 누그러뜨리려 애쓴다. 자신을 속이는 사기는 당신이 불순종하면서도 그분에 대한 충성을 유지할 수 있다고 믿게 하려 애쓴다.

바람을 피운 한 남자가 상담 중에 내게 이런 말을 했을 때 정신이 명했던 기억이 난다. "제 아내와 한번 살아 보시면 교수님도 제 행동[다른 여자와 성관계를 맺은 것]을 이해하실 겁니다." 그의 말은 "다 아내 때문이에요"라는 오래된 변명에 지나지 않았다. 그는 자포자기 심정으로, 어쩔 수 없이 같이 사는 이 끔찍한 여자 때문에 이런 행동으로 내몰렸다고 말하고 있었다. 이것이 바로 자신을 속이는 사기다. 이것은 하나님 보시기에 잘못된 행동을 하는 동안에도 그 배후에 늘 숨어 있는 개인의 책임과 도덕적 선택을 거부하고, 하나님이 분명히 악하다고 말씀하신 것들에 마음을 편히 먹으려고 애쓴다.

예수님은 당신의 몸을 원하신다

성은 그저 신체의 쾌락을 즐기는 행위가 아니다. 다른 사람들과 관계를 맺는 행위만도 아니다. 성은 항상 순종과 관련이 있다. 다음 두 가지 중 하나가 당신의 성생활을 형성한다. 하나님의 권위에 기꺼이 순복하려는 마음 또는 당신 몸이 당신 것인 양 당신의 삶과 몸에 권위를 행사하려는 당신. 이 두 가지 길 외에는 없다.

순종의 문제는 몸을 가장 친밀하게 사용하는 방식에까지 영향을 미친다. 로마서 12장 1절이 이 점에서 매우 유용하다. "그러므로 형제들아 내가 하나님의 모든 자비하심으로 너희를 권하노니 너희 몸을 하나님이 기뻐하시는 거룩한 산 제물로 드리라 이는 너희가 드릴 영적 예배니라." 이보다 더 분명하고 설득력 있는 표현이 또 있을까? 이 본문은 우리 몸과 예배, 나아가 순종을 유기적으로 이해한다. 하나님을 예배하는 것은 당신의 몸을 기꺼이 그분께 드린다는 뜻이다. 내 몸과 몸으로 하는 행동에 대한 소유권을 영원히 포기하는 것이다. 당신 몸을 하나님이 쓰실 그분의 소유로 보게 된다. 또 그분의 뜻에 순종하는 데 몸을 드린다. 즉 당신의 열정이나 욕구, 생각이 뭐라 하든, 그분 보시기에 거룩하고 합당한 일에만 몸을 쓴다. 당신의 몸을 의도적으로 하나님께 희생할 때, 더 이상 당신의 욕구나 방식이 아니라 그분의 뜻과 영광을 위해 드릴 때, 성적 순결을 유지할 수 있다.

온 세상을 다스리고 힘이 있다고 해서 하나님이 무작정 당신 인생을 취하시지는 않는다. 바울은 하나님이 우리에게 자비를 베푸시는 맥락에서 이 이야기를 하고 있다. 이것이 은혜다. 하나님은 우리에게 몸을 드리라고 말씀하셔서 우리를 우리에게서 구원하시고, 나아가서는 성에 미쳐 위험한 이 세상에서도 우리를 보호하고 계신다. 이 모두는 우리에게 하나님의 율법이 필요함을 상기시키지만, 그 율법에는 한계가 있다는 사실을 알아야 한다. 하나님의 율법은 우리에게 윤리적으로 문제가 있음을 드러내는 효과가 있다. 율법은 우리가 벗어나서는 안 될 도덕 법규들을 알려 주지만, 율법이 우리를 바꾸지는 못한다. 율법은 우리 마음을 자발적이고 순결하게 바꿔 줄 능력이 없다. 만약에 그렇다면, 구원자이신 그리스도 예수가 우리 대신 이 땅에 오셔서 죽으시고 다시 사실 필요도 없었을 것이다.

그래서 성적 순결은 하나님의 율법을 지키겠다는 각오에서 출발하지 않는다. 율법을 지키고 싶은 마음도 없고, 지킬 수도 없다는 정직한 고백에서부터 출발한다. 당신의 마음에 이기심과 반항심이 가득함을 고백해야 한다. 순결함보다 부정함에 자주 끌린다는 것을 인정해야 한다. 성적 순결이 단순히 옳고 그른 행동의 문제라면, 옛 행동을 버리고 새로운 행동을 취하면 그만이다. 성적 순결이 단순히 정욕의 문제라면, 정욕의 문제를 해결하면 될 것이다. 하지만 성적 순결은 잘못된 생각이나 행동보다 훨씬 더 근본적인 것들에 뿌리를 두고 있다. 성적 부정함은 죄가 가득한 마음이라는 무시무시한 토양에서 자라난다. 내가 물질주의나 탐욕으로 힘들어 하는 것이나 성적 부정함으로 힘들어 하는 것이 비슷한 이유는, 그보다 더 깊은 어떤 문제와 씨름하고 있기 때문이다. 그 깊은 문제가 무엇인가? 나를 숭배하고 내가 다스리고 싶은 욕구와의 씨름이다. 여전히 내 세상의 중심에 내가 앉고 싶은 마음이 가득하다. 내 세상에서는 내가 바라고 느끼며, 필요하다고 생각하는 것이 하나님의 뜻이나 주변 사람들의 필요보다 훨씬 더 중요하다. 내 세상에서는 날 사랑하고 숭배하기에 급급하여 하나님이나 다른 사람들을 사랑할 시간이나 에너지가 거의 남아 있지 않다.

나는 날마다 이 자기 숭배와 싸운다. 내 삶을 내가 장악하고 싶어한다. 내 삶을 다스리고 나만의 규칙을 세우기 원한다. 내가 보기에 최선인 것을 갖고 싶고, 하나님이나 남이 내 길을 방해하는 것을 원치 않는다. 성은 마음속의 이런 생각을 드러내기 마련이다. 내가 누구를 숭배하고 누구의 법칙을 따르느냐가 늘 내 성생활을 형성하게 되어 있다.

그래서 '성적 순결'이라는 더 본질적인 문제와 씨름할 때, 나의 성적 자아를 더 잘 이해한다고 해서 도움이 되지는 않는다. 내가 어떤 유혹에 약한지를 분명히 확인하거나 서로 감시해 주는 체제가 도움이 되지 않기도 마찬가지다. 이런 것들이 전혀 도움이 되지 않는 것은 아니나, 은혜만이 가능한 일을 법에 요구하는 격이 되고 만다. 성적 순결 문제로 고심하는 모습은 내 마음이 얼마나 근본적으로 변화가 필요한지를 드러내 준다. 내가 다른 모든 것보다 하나님을 더 예배할 때, 내 이웃을 내 몸처럼 사랑할 때, 하나님의 권위에 기꺼이 복종할 때만이 순결해질 것이다. 가장 기본적인 의미에서, 성적 순결을 지키려는 몸부림에서 만난 적은 바로 나 자신이다. 내게 가장 큰 성적 위험은 바로 나 자신이다. 가장 큰 유혹의 근거는 바로 나 자신이다. 내 힘겨운 싸움의 뿌리는 바로 나 자신이다. 내 안에 여전히 살아 있는 자기 숭배와 자기 주권 때문에 성적으로 미친 이 세상에 퍼져 있는 성적 유혹에 귀가 솔깃하고 쉽게 넘어가고 마는 것이다.

그렇다면 내게는 전혀 희망이 없는가? 아니다! 내 깊은 고민을 아시는 하나님은 나를 구원하고 변화시키는 강력한 은혜를 넘치게 부어 주셨다.

순결은 어디서부터 시작하는가? 당신의 진정한 필요를 고백하고, 당신은 아무것도 바꿀 수 없음을 인정하는 데서부터 출발한다. 성적 순결은 행동 변화를 위한 양식을 세우는 데서 출발하지 않는다. 오히려 당신이 마음으로 진정 애통하는 데서부터 출발한다. 그렇게 할 때 당신은 강력한 은혜를 받고 안심할 수 있다. 깨지고 뉘우치는 마음으로 주님께 나아가면 절대 외면하지 않으시겠다고 당신의 구세주가 약속하셨기 때문이다.

이처럼 마음의 깊은 고백이 빠진 채, 행동을 고치고 공동체가 서로 책임져 주는 것만으로는 온전한 자유를 얻을 수 없다.

9장

그러면
우리는
어떻게
해야 할까?

▷◁

　성이 골칫거리가 아니었던 적이 언제 있었나 싶다. 죄책감, 수치심, 후회, 두려움에 사로잡히지 않은 날을 단 하루도 기억하기 힘들었다. 자유롭고 정상이라는 느낌이 어땠는지 기억조차 나지 않았다. 그는 몹시도 힘들었다.

　정서적으로나 영적으로 성을 다룰 만큼 채 성숙하기도 전에 그의 앞에 성의 세계가 펼쳐졌다. 중학생 때, 그는 성을 공통의 관심사로 소유한 아이들과 어울렸다. 그 아이들의 성 지식이라곤 여자의 몸이 남자와 다르고 자세히 관찰해 볼 만큼 흥미롭다는 정도였다. 아이들이 주고받는 대화는 지저분하고 불확실한 정보에 불과했지만, 왠지 관심이 갔다. 그는 자신도 모르는 사이 여성의 '신체 부위'를 떠올리고, 어떻게 하면 여학생들을 꼬드겨 그 부분을 훔쳐볼 수 있을지를 고민하기 시작했다. 얼마 안 돼 동네 편의점에서 남성 잡지를 훔쳐보고 백화점 여성복 탈의실 주변을 기웃거리기 시작했다.

여자를 사귀고 싶다는 그의 생각은 관계를 맺는 것과는 거리가 멀었다. 그는 끊임없이 '섹스' 대상을 물색하고 다녔지만, 그렇게 비난하면 그는 정색할 것이다. 고등학교에 진학한 이후로 성에 대한 집착과 중독은 더 심해졌다. 성은 그가 다른 어디서도 찾지 못했던 정체성과 힘, 쾌락을 안겨 주었다. 집 안에 포르노 잡지와 비디오를 숨겨 둔 채 늘 밖으로 싸돌아다녔지만, 그의 부모는 아무것도 몰랐다. 그저 십 대라면 누구나 거치기 마련인 이성에 대한 관심 정도로 생각했을 뿐이다.

대학교 3학년까지는 겨우 수업만 참석하고 나머지 시간은 술과 섹스로 방탕하게 보냈다. 과 여자 친구들을 만나는 일이 아니면, 주말에는 동네 스트립 클럽에서 허송세월했다. 그는 자신이 얼마나 심각한 정서적·영적 문제에 빠졌는지 알지 못했다. 자기 영혼에 얼마나 큰 피해를 주고 있는지 꿈에도 생각지 못했다. 졸업반이 될 무렵, 꽤 괜찮은 여학생에게서 파티 초대를 받고 흔쾌히 응했다. 캠퍼스 선교단체가 주최하는 파티라는 건 몰랐다. 그가 보기에 그 모임은 파티와는 거리가 멀었지만 꾸준히 선교단체 집회에 발걸음을 했다. 그 여학생에게 관심이 있기도 했고, 모임에서 하는 이야기들에 귀가 솔깃했기 때문이다. 어떻게 설명해야 할지 모르겠지만, 그는 자기 자신과 자신의 생활방식에 부쩍 관심이 많아졌다. 난생처음 죄책감과 후회를 느끼고 있었다. 그는 모임의 책임자로 보이는 사람들에게 여러 가지 질문을 던지기 시작했고, 머지않아 주님께 마음을 드렸다.

한편으로는 한없이 기뻤지만, 다른 한편으로는 날마다 무거운 짐을 지고 다니는 기분이었다. 자신이 하나님의 자녀이고 용서받았다는 사실을 알았지만, 성적 유혹에서 자유롭지 못하다는 사실도 깨닫게 되었다. 가끔씩은 자신이 가질 수 없는 것을 간절히 원했던 옛날이 미치도록 그리울 때가 있었다. 하지만 주변 그리스도인들에게 자기 고민을 털어놓을 수는 없었다. 그 사람들이 그를 어떻게 보겠는가? 또 그를 어떻게 대하겠는가? 그는 자신의 중독을 남들에게 털어놓을 수 없다는 결론을 내리고, 자신의 신앙을 알아가고 더 열심히 노력하기로 마음을 먹었다. 할 수 있는 방법을 다 동원하고, 올곧은 사람들과만 어울리기로 했다. 매일 아침 성경을 읽고 하루 종일 좋은 것들만 보기로 했다. 그는 하나님 편이니, 이런 것쯤은 얼마든지 물리칠 수 있다고 생각했다.

하지만 생각대로 되지 않고, 오히려 다시 빠지고 말았다. 인터넷에서 재미로 약간 자극적인 사이트를 들여다보다가 남몰래 포르노그래피를 보기 시작했고, 스트립 클럽에도 다시 출입하기 시작했다. 패배감과 두려움을 느꼈지만, 도와달라고 손을 내밀 수 없었다. 그러면 안 될 것만 같았다. 그러는 사이에도 그는 조금씩 성장하며 변하고 있었다. 성경 지식과 신학 지식이 늘었다. 캠퍼스 교회 사역에도 동참했다. 그렇게 마음이 두 갈래로 찢어지고 있는 와중에, 미래의 아내를 만났다. 아름답고 순결하며 영적으로 성숙한 여자였다. 그에게는 과분한 여자였다. 첫눈에 사랑에 빠졌지만, 사랑을 느낄수록 두려워졌다. 그녀가 그의 참모습을 알면 어떻게 될까? 그의 과거사를 알면 어떻게 될까? 그가 포르노그래피를 보고 있는 모습을 보면 어떻게 될까? 그러면 어떻게 될까?

그는 두 가지를 결심했다. 첫째, 그녀가 받아들이기 힘든 진실을

179

◇
9장_ 그러면 우리는 어떻게 해야 할까?

군이 알려서 난생처음 맺은 좋은 관계를 위험에 빠뜨릴 필요가 있는가 생각하고는 숨기기로 결심했다. 마음 문을 꼭꼭 닫고 있으리라. 직접적인 질문에 대한 대답은 회피할 것이다. 자신의 고민을 숨길 것이다. 둘째, 그는 스스로 고비를 넘기겠다고 다짐했다. 과거에 집착했던 부정한 성생활은 이제 다시 없을 것이다. 그는 이 문제에서 벗어날 방법을 알고 있었다. 바로 결혼이었다. 그가 혼자서는 어찌할 수 없는 문제를 해결할 수 있게 도와주시려고 하나님이 그녀를 보내주신 것이 틀림없었다. 결혼관계에서 합법적인 성관계를 맺으면 혼외정사를 꿈꾸는 잘못된 욕구는 자연히 사라질 것이다. 그는 더할 나위 없이 기뻤다. 그녀는 청혼을 승낙했고, 두 사람은 졸업 후 두 달 만에 결혼에 골인했다.

처음 몇 달간은 과거의 고민에서 해방된 느낌이었다. 새로움, 자유, 아내와의 즐거운 섹스 덕분에 그는 자기 생각과 욕구를 결혼관계에만 집중할 수 있었다. 고비를 잘 넘겼다고 생각했다. 그날 전까지는. 그날, 그는 쇼핑몰에서 예쁜 여자를 보고 한동안 잊고 지내던 생각을 떠올렸을 뿐 아니라, 그녀를 조금 더 볼 수 있을까 하여 주변을 배회했다. 쇼핑몰을 나오면서 망연자실했지만, 자신의 비밀을 털어놓을 생각은 없었다. 이후로 몇 년간 극심한 고민과 잠깐의 자유로운 시간이 계속해서 반복되었다. 그러나 유혹이 심해지면서 그는 점점 더 이중생활을 하게 되었다. 아내는 아무것도 모르고 관심도 없었다. 이상한 점이 한 가지 있다면 이전보다 섹스 횟수가 줄었다는 것 정도였다. 그는 난관에 빠진 걸 알았지만, 하나님의 능력을 확신하는데도 별 소망이 없어 보였다.

❖

그 여자는 치어리더에 축제 퀸을 늘 독식하고, 미모와 지성을 갖춘 엄친딸이었다. 하지만 스스로는 헤픈 여자라고 평가했다. 그 여자는 작업을 걸어오는 남자들을 즐겼다. 유혹의 힘을 즐겼다. 애걸복걸하는 남자들을 은근히 즐겼다. 도발적인 옷차림과 남의 시선을 즐겼다. 남자들이 만지고 싶어하는 몸매를 자랑스럽게 여겼다. 사람들의 관심을 한몸에 받는 것을 즐겼고, 그 관심을 얻기 위해 섹스가 필요하다면 마다치 않았다.

고등학교 때는 누구나 원하는, 누구나 되고 싶어하는 여학생이 되는 데 혈안이었다. 남학생들에게 추파를 던지고 그중 선택된 몇 명과는 차에서 성관계를 맺었다. 그 여자는 자기 몸이 맘에 들었고, 남자들이 자기 몸을 좋아한단 사실을 즐겼다. 그렇게 자기 몸을 이용해 원하는 것을 얻는 데 점점 더 익숙해졌다. 꿈꾸던 인생이 이루어지는 것만 같았다. 최소한 대학 졸업 전까지는. 그 여자는 결혼을 원했지만, 결혼하면 자신이 즐기던 생활은 끝이라는 건 알지 못했다.

일단 남편이 생기자 작업과 정복, 유혹은 끝이 났다. 그녀에게 섹스는 헌신과 사랑의 표현이 아니었다. 자신의 권력과 쾌락을 위한 것이었다. 부부간의 성생활은 전혀 즐겁지도 만족스럽지도 않다. 물론 초기에는 약간의 짜릿함도 있었지만, 갈수록 지루해졌다.

자기도 모르는 사이, 회사나 동네 가게에서 작업을 걸기 시작했다. 잘못인 줄 알았지만 짜릿했다. 모호한 태도를 보이면서, 불필요하게 상대방 가까이에 서 있고, 남들의 시선을 끄는 옷차림을 했다. 결혼생활이 점점 더 자신을 옥죄는 느낌이 들었다. 남편과는 점점 더 거리감을 느꼈다. 사무실 창고에서 동료 직원과 입맞춤하던 날, 큰일 났다는 걸 알았다. 문제는, 자신이 어떻게 처신해야 하는지 모르는게 아니었다. 그녀는 가질 수 없는 것을 원했고, 이미 가진 것은 원치 않았다. 설상가상으로, 그녀는 과거와 현재의 고민을 정직하게 대하면 모든 걸 잃을 거라고 철석같이 믿었다. 그녀는 입을 다물고 행동을 단속하기로 했지만, 감정과 유혹은 쉬 사라지지 않았다.

예수 그리스도의 복음과 성

앞의 이야기들에 공감하는 독자들도 있고 그렇지 않은 독자들도 있을 것이다. 많은 그리스도인들이 개인적으로 성적 어려움이나 역기능을 경험하고 있는 것이 현실이다. 교회에는 하나님이 계획하신 아름답고 친밀한 연합을 누리지 못하는 부부들이 많다. 이중생활을 하는 신실한 그리스도인 남성들이 많다. 맞서 싸워야 할 유혹에 쉽사리 넘어가 버리는 그리스도인 싱글들이 많다. 날마다 마음이 붕 떠 있고 잘못된 욕구를 좇는 그리스도인들이 많다. 이 신앙의 형제자매 중 다수는 남 몰래 숨어 입을 다물고 두려워하며 살아간다. 예수님이 자기 죄를 위해 죽으시고 그 죽음을 통해 용서와 자유를 약속하셨다는 신학의 내용은 알지만, 현재 상황을 벗어날 방법은 알지 못한다.

예수님이 죄를 물리치시기 위해 이 땅에 오신 것은 알지만, 이것은 거짓말이나 사기 같은 단순한 죄가 아니다. 다른 죄. 매우 사적인 죄. 수치심을 낳는 죄. 그저 단순한 이야깃거리가 아니다. 현실에서 그들은 예수님의 텅 빈 십자가를 바라보는데, 그들에게 성적인 죄가 바로 그런 것이다. 텅 빈 것. 공허한 것. 그들에게는 희망도 도움도 있을 수 없기에 침묵 속에 살아간다. 그들은 자신들의 깊은 고민을 심각하게 여기지 않고, 내일은 나아질 거라고 결심한다. 아니면, 진작 포기해 버리고 언젠가는 예수님이 용서해 주실 거라고 막연히 기대한다.

하지만 성적으로 미친 이 세상을 사는 우리는 거기서 그쳐서는 안 된다. 목소리를 내야 한다. 성과 성적인 죄, 그로 인한 어려움 가운데서 우리를 변화시키는 예수 그리스도의 복음의 능력을 받을 수 있도록 서로 도와야 한다. 침묵을 깨야 한다. 성경이 말하는 소망을 받아야 한다. 숨은 곳에서 밖으로 나와야 한다. 변화가 가능함을 믿고 행동해야 한다. 더 많은 사람들이 복음이 주는 용서와 자유, 소망과 용기를 체험해야 한다.

이 장의 내용이 바로 이것이다. '주 예수 그리스도의 은혜'라는 희망의 렌즈를 통해 성과 성적 어려움을 들여다볼 수 있게 돕는다. 함께 그 내용을 살펴보자. 주 예수 그리스도의 위격과 사역은 다음의 내용을 뜻한다.

1) 당신이 성적 존재라는 사실을 부끄러워할 필요가 없다.

여기서부터 출발해야 한다. 십자가는 성이 문제가 아니라고 우리에게 가르쳐 준다. 성은 선물이다. 예수님은 당신을 성이 아닌 성적인 죄에서 해방시키기 위해 고난을 받고 돌아가셨다. 절대로 당신의 성을 저주하지 말라. 당신의 성을 지혜롭게 창조하신 그분이 곧 당신의 구세주로 오셨기 때문이다. 그분은 당신이 성적 존재라서 죄책감을 심어 주기 위해 오신 것이 아니다. 성적인 죄와 그 죄책감에서 당신을 해방시키기 위해 오셨다. 당신의 성은 창조주 하나님의 영광을 가리키고 당신이 얼마나 놀라운 창조물인지를 알려 준다. 십자가는 당신이 성을 누리는 것을 막지 않는다. 왜냐하면 바로 십자가의 은혜가 당신의 마음과 생활에서 성이 제자리를 벗어나지 않도록 힘을 주기 때문이다.

인간이 성적 존재라는 사실이나 우리가 창조주보다 피조물을 더 사랑하여 하나님이 주신 좋은 선물들을 원래 의도와 다르게 사용하는 것이 문제가 아니다. 성이 문제인 까닭은 성적인 죄가 몸의 행동이 아니라 마음의 행동이기 때문이다. 위대한 청교도 교사이자 설교가인 리처드 십스(Richard Sibbes)는 이 싸움에 대해 이렇게 썼다.

온유한 마음을 유지하려면, 영적으로 취해야 한다. 피조물을 지나치게 이용하거나 외부의 물질을 과도히 사랑하는 데 취해서는 안 된다. 선지자는 "포도주와 여자가 마음을 빼앗느니라"(호 4:11, 역자 번역)고 말한다. 무엇이든 이 땅의 물질을 지나치게 이용하면 영적 감각을 잃게 된다. 영혼이 외부 물질에 민감해질수록, 영성은 약해지기 때문이다. 외부에서 내면의 열정을 앗아가면, 어떤 것에 대한 사랑이 다른 것에 대한 사랑을 약화시키기 마련이다. 물질을 과도히 사랑하면 더 좋은 것들에 대한 감각이 사라지고, 마음이 굳어진다. 마음속에 이생의 쾌락과 이익이 가득 차면, 머릿속에 있는 판단들에 민감하지 못하게 된다. 옛날 사람들은 먹고 마시고 장가들고 시집가고 사고파느라 홍수가 나서 그들을 다 멸하기까지 깨닫지 못하였다(마 24:38-39). 사람이 피조물을 사랑하면 그 영혼은 힘을 잃고 만다…물질에 대한 사랑 때문에 제정신이 아닌, 육욕에 빠진 사람에게 종교 이야기를 해보라. 그에게는 들을 귀가 없다. 제정신이 아니다. 아무리 좋은 것이라도 즐기거나 감상할 마음이 없다. 이 세상 물질에 영혼이 팔린, 탐욕에 빠진 사람에게 말해 보라. 그 역시 다른 것에는 전혀 흥미가 없다. 그의 마음은 이미 명예와 부를 얻는 데는 무감각해진 지 오래다. 다른 사람들을 망치고 있는데도 자신이 얼마나 무감각해졌는지 신경 쓰지 않는다. 그러므로 우리는 술 취함과 이생의 염려에 마음을 빼앗기지 않도록 조심하기 위해 애쓰고 있다. 그런 것들이 우리를 영적인 것들에 둔감하게 만들기 때문이다(눅 21:34).

십스가 마음에 대해 언급한 내용을 성에 적용해 보면 중요한 것이 드러난다. 성적 순결을 지키려는 싸움에서는 성이 문제가 아니라 쉽게 방황하는 우리 마음이 문제다. 즉 엉뚱한 데서 마음의 만족을 찾으려는 모든 죄인의 성향이 문제라는 것이다. 당신이 피조물에서 생명을 찾고 있는 한, 창조주에게서 그 생명을 찾지 못할 것이다. 성은 선하고 아름다운 것이지만, 이 성에 대한 욕구가 마음을 장악하게 되면 위험하고 악한 것으로 변질된다. 죄악된 마음을 우상 숭배하는 것이 문제다. 그러므로 당신이 성에서 만족을 얻기 원한다면 반복해서 성의 본래 의미로 돌아가야 한다. 성이 주는 만족감은 강력하지만, 그 수명이 매우 짧기 때문이다. 피조물에게 구세주가 되어달라고 요구한다면 그 결말은 늘 중독으로 끝나기 마련이다.

당신은 당신의 성을 부끄러워할 필요가 없지만, 성생활을 누리는 동안 무릇 마음을 지켜야 한다.

2) 당신이 죄인임을 부인할 필요가 없다.

개인과 사회의 성적 광기를 부추기는 큰 원인은 적극적이고 규칙적이며 장기적인 금욕이다. 자기 의는 그 자체로 말도 안 되는 것이지만, 거기에서 예외인 사람은 아무도 없다. 예수 그리스도의 십자가 은혜는 우리가 더 이상 현실을 부인할 필요가 없다는 뜻이다. 우리는 우리 자신을 의롭다고 생각할 이유도, 애쓸 필요도 없다. 우리가 이미 저지른 일을 더 좋게 보이게 하려고 애쓸 필요가 없다. 하나님이 잘못이라고 말씀하신 것을 우리 양심에 받아들이기 위해 애쓸 필요 역시 없다. 사실은 괜찮지 않은데 괜찮다고 애써 주장할 필요가 없는 것이다. 은혜는 우리 자신에 대해 드러나거나 폭로될 내용을 두려워할 필요가 없다는 뜻이다. 우리에게서 무엇이 드러나든 그것은 이미 예수님의 보혈로 온전히 가려졌기 때문이다.

그러므로 당신이 성적 순결을 위해 고군분투하고 있단 사실을 부인할 필요가 없다. 순결하지 않은데 순결한 척하지 않아도 된다. 당신 스스로와 다른 사람들에게 거짓말하지 않아도 된다. 정욕을 정욕이 아닌 것처럼 꾸미려고 애쓰지 않아도 된다. 하나님 보시기에 당신의 성생활이 온전치 않은데도 굳이 괜찮다고 우기지 않아도 된다. 은혜가 있기에 얼마든지 솔직해도 된다. 당신 혼자 성적 어려움을 헤

쳐나가는 것이 아니기에 성적 어려움에 정직하게 대면해도 좋다. 구세주는 언제나 당신 편이다. 당신과 나는 금욕이 개인의 변화로 인도하는 문이 아님을 기억해야 한다. 예수 그리스도의 은혜 덕분에 당신은 정직하고 용기 있는 삶을 살 수 있다. 어둡고 위험한 것이 드러나는 곳에 반드시 은혜가 있음을 알기 때문이다. 은혜 때문에 당신의 어려움을 더 이상 부인하지 않아도 된다는 사실을 적극적으로 인정할 때 당신이 성적 순결과 싸우는 방식이 달라진다.

하지만 여기서 짚고 넘어갈 것이 한 가지 더 있다. 성경은 성적인 죄가 다른 죄와 본질적으로 다르지 않다고 말한다. 성적인 죄가 사회와 관계에 불러올 결과는 다를지 몰라도, 죄 그 이상도 이하도 아니다. 로마서 1장은 성적인 죄를 시기, 수군거림, 사기, 심지어 부모에 대한 불순종 같은 일상의 죄와 함께 나열한다. 왜 이 점이 중요한가? 성적인 죄를 본질상 다른 죄로 생각하기 시작하면, 같은 성경의 약속과 소망, 공급이 성적인 죄에는 적용되지 않을지도 모른다고 의심하는 것이 논리적이기 때문이다.

한번은 오랫동안 동성애 문제로 고심하던 어느 여성이 내게 눈물을 글썽이며 이렇게 말한 적이 있다. "저를 단순한 죄인으로 취급해 준 사람은 아무도 없었어요. 내 죄는 좀 다르고, 남들에게 적용되는 것이 내게는 적용되지 않는다고 믿었죠. 성적인 죄도 다 죄일 뿐이라고 말해 주는데 얼마나 기뻤는지 몰라요. 그리스도가 위해서 죽으신 바로 그 죄라고 말이에요." 성적인 죄도 구원하시고 용서하시며 변화하시는 주 예수 그리스도의 은혜에 포함된다. 성적인 죄는 달라서 십자가의 효력을 볼 수 없다고 말하는 존재는 속이고 거짓말하는 원수다. 성적 순결을 위해 치열하게 고민하는 과정에서 우리 모두는 이런 거짓말을 단호히 거부해야 한다.

3) 주변 세상이 타락했다는 사실을 부인할 필요가 없다.

인생이 평탄하고 별문제 없는 것처럼 행동할 필요가 없다. 유혹과는 거리가 먼 삶을 사는 것처럼 행동할 필요도 없다. 골칫거리 유혹 때문에 삶이 고단하고 혼란스럽다고 인정해도 괜찮다. 그러면 지치고 괴로울 때나 또다시 유혹에 넘어갔을 때 도움을 구할 수 있다. 주변 세상에 분노하는 것이 때로는 바른 태도다. 주변 세상이 망가진 모습에 슬퍼하는 것이 옳다. 성이 당신이 마주하는 모든 것을 오염시키고 있다는 사실을 혐오하는 것이 마땅하다. 지금 이곳의 삶은 당신의 마음이 간절히 바라는 낙원이 될 수 없다는 사실에 직면해야 한다. 낙원은 반드시 오지만, 지금은 아니다.

당신은 순결한 마음이, 세상의 악이 달콤한 목소리로 유혹하는 공격에 늘 노출되어 있다는 사실에 슬퍼해야 한다. 유혹이 널린 세상에서 결혼의 신성함과 순결함을 보호해야만 한다는 사실에 분노해야 한다. 이래서는 안 되는 것이다. 이런 유감스런 상태에 익숙해져서는 안 된다. '성'이라는 하나님의 아름다운 선물이 이토록 망가지고 왜곡된 데 대해 분노해야 마땅하다. 우리가 성적으로 미쳐 버렸다는 사실을 혐오해야 한다. 그리고 이 모든 사실을 다 들으시고 관심을 쏟으시는 당신의 구세주 앞에서 신음하며 애통해야 한다.

바울이 예수 그리스도의 복음을, 망가진 주변 세상에 대한 솔직함과 연결하는 로마서 8장의 내용은 유익하다.

"생각하건대 현재의 고난은 장차 우리에게 나타날 영광과 비교할 수 없도다 피조물이 고대하는 바는 하나님의 아들들이 나타나는 것이니 피조물이 허무한 데 굴복하는 것은 자기 뜻이 아니요 오직 굴복하게 하시는 이로 말미암음이라 그 바라는 것은 피조물도 썩어짐의 종 노릇 한 데서 해방되어 하나님의 자녀들의 영광의 자유에 이르는 것이니라 피조물이 다 이제까지 함께 탄식하며 함께 고통을 겪고 있는 것을 우리가 아느니라 그뿐 아니라 또한 우리 곧 성령의 처음 익은 열매를 받은 우리까지도 속으로 탄식하여 양자 될 것 곧 우리 몸의 속량을 기다리느니라 우리가 소망으로 구원을 얻었으매 보이는 소망이 소망이 아니니 보는 것을 누가 바라리요 만일 우리가 보지 못하는 것을 바라면 참음으로 기다릴지니라 이와 같이 성령도 우리의 연약함을 도우시나니 우리는 마땅히 기도할 바를 알지 못하나 오직 성령이 말할 수 없는 탄식으로 우리를 위하여 친히 간구하시느니라 마음을 살피시는 이가 성령의 생각을 아시나니 이는 성령이 하나님의 뜻대로 성도를 위하여 간구하심이니라 우리가 알거니와 하나님을 사랑하는 자 곧 그의 뜻대로 부르심을 입은 자들에게는 모든 것이 합력하여 선을 이루느니라 하나님이 미리 아신 자들을 또한 그 아들의 형상을 본받게 하기 위하여 미리 정하셨으니 이는 그로 많은 형제 중에서 맏아들이 되게 하려 하심이니라 또 미리 정하신 그들을 또한 부르시고 부르신 그들을 또한 의롭다 하시고 의롭다 하신 그들을 또한 영화롭게 하셨느니라 그런즉 이 일에 대하여 우리가 무슨 말 하리요 만일 하나님이 우리를 위하시면 누가 우리를 대적하리요 자기 아들을 아끼지 아니하시고 우리 모든 사람을 위하여 내주신 이가 어찌 그 아들과 함께 모든 것을 우리에게 주시지 아니하겠느냐 누가 능히 하나님께서 택하신 자들을 고발하리요 의롭다 하신 이는 하나님이시니 누가 정죄하리요 죽으실 뿐 아니라 다시 살아나신 이는 그리스도 예수시니 그는 하나님 우편에 계신 자요 우리를 위하여 간구하시는 자시니라 누가 우리를 그리스도의 사랑에서 끊으리요 환난이나 곤고나 박해나 기근이나 적신이나 위험이나 칼이랴 기록된 바

우리가 종일 주를 위하여 죽임을 당하게 되며
도살당할 양같이 여김을 받았나이다 함과 같으니라

그러나 이 모든 일에 우리를 사랑하시는 이로 말미암아 우리가 넉넉히 이기느니라 내가 확신하노니 사망이나 생명이나 천사들이나 권세자들이나 현재 일이나 장래 일이나 능력이나 높음이나 깊음이나 다른 어떤 피조물이라도 우리를 우리 주 그리스도 예수 안에 있는 하나님의 사랑에서 끊을 수 없으리라"(18-39절).

여기서 바울은 당신이 주 예수 그리스도의 흔들리지 않는 사랑을 받았기 때문에 이 타락한 세상을 살아가면서 겪는 어려움에 맞서 희망을 잃지 않고 정직하게 싸울 수 있다고 주장한다. 성경이 말하는 신앙은 현실을 부인하는 것이 아니다. 성적 순결을 지키며 살아가려면 외부의 유혹과 내면의 싸움에 정직하게 맞서는 것이 반드

시 필요하다.

4) 죄책감과 두려움 속에 숨을 필요가 없다.

성경에서 가장 슬픈 장면이 창세기 3장에 등장한다. 처음으로 아담과 하와는 두려워서 창조주를 피해 숨어 있다. 하나님과 평생 교제하며 살도록 지음을 받았지만, 지금은 그분을 보기가 무섭다. 독자들은 뭔가 끔찍한 일이 벌어진 걸 알 수 있다. 사랑하는 사람을 피한다는 것은 뭔가 불길한 표시다. 죄책감과 두려움 때문에 피하는 것은 뭔가 매우 잘못됐다는 경고 신호다. 문제를 피해 숨는 것은 문제 해결의 방법이 되지 못한다. 남들에게 당신 문제에 대해 거짓말을 하면 그들의 이해와 도움을 얻지 못한다. 자신에게 괜찮다고 말하는 것은 숨는 것이다. 자신의 문제를 축소하는 것은 숨는 것이다. 다른 사람에게 거짓말하는 것은 숨는 것이다. 우리를 도우려는 사람들에게 모호하게 대답을 회피하는 것은 숨는 것이다. 실제보다 더 영적으로 보이려고 애쓰면서 자신의 문제를 덮으려는 것은 숨는 것이다. 하나님과 다른 사람의 도움을 받아야만 하는 일을 혼자서도 할 수 있다고 스스로 이해시키는 것은 숨는 것이다.

그러나 예수 그리스도의 십자가는 당신에게 숨은 곳에서 나오라고 한다. 예수님이 십자가에서 당신의 형벌과 죄책감, 수치심과 거절을 대신 견디셨기 때문이다. 예수님이 다 하셨기 때문에 당신은 하나님을 피해 숨지 않아도 된다. 예수님이 다 하셨기 때문에 당신이 죄를 짓고 약하고 실패할 때 거룩하신 하나님을 피해 도망하는 것이 아니라 그분께 달려갈 수 있다. 예수님이 다 하셨기 때문에 당신은 어둠 속에 숨지 않고 빛 가운데 살 수 있다. 예수님이 다 하셨기 때문에 당신이 절망 가운데 있을 때에도 자비와 은혜를 구할 수 있다. 그러니 더 이상 숨지 말고 밖으로 나와 도움을 청하라. 당신의 구세주가 당신과 내가 받아 마땅한 거절을 견디셨다. 그러므로 우리가 실패할 때도 하나님은 절대 등을 돌리고 우리를 떠나시지 않을 것이다. 자, 이것이 은혜다!

5) 혼자서 싸울 필요가 없다.

'성적인 죄'라는 어두운 비밀을 간직한 사람은 고립감과 오해, 거절감과 외로움을 느낀다. 아무도 나를 이해해 주지 못하고, 아무도 나를 도와주거나 가까이하지 않을 거라는 생각에 빠질 수 있다. 성적인 죄로 괴로워하는 많은 이들은 남모르는 이중생활을 하면서 가까운 사람들과 멀어지는 느낌이 들 수도 있다. 그러나 하나님의 자녀라면 혼자일 수 없다. 다시 한 번 정확하게 표현하자면, 혼자라고 느낄수는 있지만, 혼자일 수는 없다. 우리는 감정의 강력한 힘과 우리의 행동과 반응에 영향을 미치는 현실을 구분해야 한다.

여기에서 성경 말씀이 큰 격려가 된다. 하나님이 우리에게 주신 가장 큰 선물은 바로 하나님이다. 그분의 임재가 전체 흐름을 바꿔 놓는다. 성경에 담긴 지혜의 원칙들은 구세주의 구원하시고 변화시키는 강력한 임재가 없다면 그 종잇값도 못할 것이다. 우리와 함께, 우리를 위해, 우리 안에 그분이 계시지 않는다면, 우리는 그 원칙들을 이해하지 못하고, 그 원칙대로 살고자 하는 바람도 없고, 설령 바란다 해도 그대로 행할 힘도 없을 것이다. 우리가 변할 수 있는 소망은 전능하신 주님, 그분뿐이다.

성경을 읽다 보면, 하나님의 백성이 극복하기 힘든 역경을 만날 때마다 그분이 그들의 자신감을 키워 주시지 않는다는 것을 눈치챌 것이다. 오히려 그분이 그들과 함께하심을 깨닫게 하셨다. 하나님이 당대 최고의 권력자인 바로 왕을 만나라고 하셨을 때 모세가 두려워하자 그분은 "내가 반드시 너와 함께 있으리라"(출 3:12)고 말씀하셨다. 여호수아에게 이스라엘을 이끌고 전쟁 중인 팔레스타인 나라들을 물리치라고 하셨을 때 하나님은 여호수아에게 어디를 가든 그와 함께하겠다고 말씀해 주셨다(수 1:5, 9). 기드온이 미디안 족속에 맞서 이스라엘을 이끈다는 생각만으로도 두려워 죽을 지경이 되었을 때 하나님은 "여호와께서 너와 함께 계시도다"(삿 6:12)라고 말씀하셨다. 하나님은 다윗을 전쟁에 패하고 분열된 이스라엘의 왕으로 부르시면서 자신이 늘 그와 함께했고, 앞으로도 함께할 것이라고 격려하셨다(삼하 7:9). 예수님은 복음을 원치 않는 세상에 초보 제자들을 복음을 들려 보내시면서 그분이 늘 그들과 함께할 것이라고 말씀하셨다(마 28:20). 이제 성으로 미친 이 세상에서 당신과 내가 성적 순결을 위해 고군분투하는 가운데, 하나님은 우리에게 말씀하신다. "내가 결코 너희를 버리지 아니하고 너희를 떠나지 아니하리라"(히 13:5). 하나님의 자녀가 순결을 지키기 위해 혼자 싸우는 것은 불가능하다. 당신이 미처 도움을 요청할 생각을 하지 못했을 때조차도 당신 편에서 싸우시는 성령님이 내주하시기 때문이다.

그런데 이게 다가 아니다. 성적 순결을 향한 여정이 공동의 프로젝트임을 아시는 하나님은 우리에게 교회를 허락하셨다. 인간은 혼자서는 자신을 제대로 알 수도 없고, 변화가 필요한 부분을 알아내지도 못하며, 그 변화를 얻기 위해 싸우지도 못한다. 바울이 에베소서 4장 16절에서 말하듯이, 그리스도의 몸이 성숙해 가는 동안 "각 마디"가 자기 역할을 감당한다. 성적으로 순결하기 원하는 사람은, 죄와는 멀리 떨어져 있을지라도 당신이 자신을 끊임없이 볼 수 있도록 도와줄 사람들이 필요하다. 유혹에 더 강해지고 싶은 사람은 당신이 반항할 때는 강하게 붙잡아 주고, 약할 때는 위로로 격려해 줄 주변 사람들이 필요하다. 무엇보다도, 당신에게 구세주의 강력한 임재와 풍성한 은혜를 끊임없이 알려 줄 사람들이 필요하다.

우리가 창조된 방식과 어긋나는 일(홀로 그 싸움을 싸우는 것)을 하려고 애쓰지만 않는다면, 당신과 나는 성적인 죄에 밀리지 않고 순결한 삶을 살 것이다.

6) 하나님의 끈질긴 사랑을 의심할 필요가 없다.

우리가 자신의 변덕스러운 마음과 유혹에 무너지는 약한 마음, 잘못인 줄 알면서도 그런 일을 하게 만드는 반항심, 스스로 하나님보다 더 잘 안다고 생각하는 교만함을 대할 때, 그리스도 예수 안에서 우리를 향하신 하나님의 사랑에서 우리를 갈라놓을 것이 없다는 복음의 선포보다 더 큰 격려가 있을까? 당신의 신실함이 아니라 그분의 신실하심 때문에, 하나님의 사랑은 영원히 당신 것이다. 당신이 의로워서가 아니라 이 방법이 불의한 당신에게 유일한 소망임을 그분이 아시기에, 하나님의 사랑은 변함이 없다. 하나님을 향한 당신의 충성이 시들해질 때조차 그분의 사랑은 시들지 않는다. 그분의 사랑은 당신의 잘잘못이 아니라 그분의 성품에 기초하기 때문이다.

핵심은 이것이다. 하나님의 사랑이 위태롭다고 느낄 때, 당신이 잘못하면 그분이 그 사랑을 거두실 거라고 느낄 때, 실패라도 하면 그분에게로 달려가는 것이 아니라 그분을 피해 달아날 것이다. 하지만 당신이 성적으로 어리석고 약하며 실패하고 반항할 때에도 그분께 달려가면 구원하시는 사랑의 품으로 당신을 맞아 주시리라 진정으로 믿는다면, 그분을 피해 숨거나 그분의 돌보심을 멀리하는 것은 말도 안 되는 일이다. 즉 성 문제로 고심할 때 당신이 얼마나 하나님을 사랑하느냐는 절대로 당신의 희망이 될 수 없다. 당신을 향한 그분의 사랑만이 유일한 소망이다. 하나님은 당신을 사랑하시기 때문에, 당신의 최선을 바라시고 당신의 원수들을 물리치기 위해 애쓰실 것이다. 최후의 원수가 패하고 당신의 싸움이 끝날 때까지.

7) 변할 수 없다는 생각을 버릴 수 있다.

앞에서 언급한 여러 이유 덕분에, 당신은 성적인 죄를 끊을 수 없다는 생각을 얼마든지 버릴 수 있다. 내가 만나 상담한 사람들 중에 여러 형태의 성적인 문제로 사실상 희망이 보이지 않는 사람들이 얼마나 많았는지 모른다. 형식적인 신학은 유지하고 있었지만, 그 신학의 진리가 자기네 삶에 어떤 영향을 줄 수 있으리라는 희망을 모두 놓아 버렸다. 그들은 이미 자신의 문제는 절대 해결할 수 없으리라는 절망감에 체념해 버렸다. 정말로 그들 중에는 내게 이렇게 말한 사람들도 있었다. "다른 사람들이 죄 문제를 해결하는 모습을 종종 봐왔습니다. 저도 가끔 그런 변화를 겪기도 했습니다. 하지만 이건 달라요. 내가 아무리 노력하고 열심히 기도한다 해도, 꿈쩍도 않습니다."

하지만 진실은 이렇다. 당신이 고민하는 것은 죄 문제이기에, 그리스도는 바로 이 죄를 이기기 위해 죽으셨기에, 그리스도가 당신 편에서 싸우고 계시는 한 당신은 혼자가 아니기에, 그분이 아침마다 새로운 자비로 당신에게 복을 주셨기에, 그리스도의 몸으로 당신을 보호하고 회복하셨기에, 당신은 콘크리트로 굳어져 옴짝달싹 못 하는 신세가 아니다. 변할 수 있다. 순결해질 수 있다. 변화는 신학적인 환상이 아니다. 예수 그리스도의 십자가가 가져다준 희망찬 약속이다. 더 이상 고민도 싸움도 없는 날이 분명히 올 것이다. 지금 당장 절망을 떨쳐내고 그리로 나아가지 않겠는가?

8) 더 나은 새로운 생활이 가능하다.

자, 은혜를 힘입어 변할 수 있다면, 이 믿음에 논리적으로 반응할 수 있는 유일한 방법은 믿음의 용기를 품고 아침에 일어나 당신의 성생활에 변화가 필요한 부분을 해결하는 것, 바로 그것부터 시작하는 것이다. 다음 질문들이 도움이 될 것이다.

- 당신이 반복해서 실패하는 장소나 방식은 무엇인가?
- 어리석은 선택을 하게 되는 상황은 무엇인가?
- 별 도움이 안 되는 것들에 당신을 노출시키는 장소는 어디인가?
- 괜찮지 않은데 자꾸만 괜찮다고 스스로 말하게 되는 경우는 언제인가?

- 스스로 어떤 말을 하면서 절망에서 빠져 나오지 못하는가?
- 잘못인 줄 빤히 알면서도 그 일을 하는 경우는 언제인가?
- 유독 유혹에 쉽게 넘어가는 장소나 때는 언제인가?
- 신체적·성적 쾌락으로 마음을 만족시키려 애쓰는 경우는 언제인가?
- 당신은 어떤 식으로 성적 고민을 축소하려 애쓰는가?
- 당신이 솔직하게 대하지 못하는 상대는 누구인가?
- 스스로 하나님의 사랑을 의심하게 내버려두는 때는 언제인가?

이제 당신은 이런 질문들이 당신을 유혹에서 건져내고 순결하게 만들 수 없다는 것쯤은 잘 안다. 이 질문들 자체에는 그런 능력이 없다. 하지만 이 질문들을 잘 활용하여 당신의 문제를 이해하고, 더나은 새로운 길을 모색하기 시작하고, 도움이 필요한 부분들을 확인할 수 있다. 다시 말해, 이 질문들을 은혜로우신 하나님의 손에 놓인 도구로 사용할 수 있다. 그분만이 당신의 삶에서 죄를 물리치시고 당신을 순결한 몸과 마음을 지닌 성숙한 사람으로 인도할 능력이 있으시다.

예수님의 복음에만 성으로 미친 이 세상을 깨울 수 있는 능력이 있다. 그리고 이 능력 가운데 진정하고 지속적이며 개인적인 변화의 가능성이 있다. 이 미친 세상에서 당신은 하나님께 영광을 돌리는 성생활을 누릴 수 있다. 그것은 꿈이 아닌 현실이다.

10장

돈은
중요하다

$$\triangleright \triangleleft$$

    돈은 중요하다. 거기엔 논란의 여지가 없다. 돈 생각을 하거나 돈에 관심을 두거나 돈 이야기를 자주 하는 것은 세속적인 것이 아니다. 당신이 돈을 어떻게 생각하느냐 하는 것은 당신 인생에 심오한 영향을 미칠 것이다. 그러므로 불가피하게 어떤 식으로든 당신의 마음은 돈 문제로 고민할 것이다. 돈이 큰 문제라면, 돈에 미친 세상은 더 큰 문제다. 돈이 얼마나 중요한 문제였는지, 예수님이 가장 즐겨 다루신 중요한 주제 중의 하나가 바로 돈이었다.

    많은 목회자들이 돈 문제를 회피하거나 소심하게 다루는 것과 달리, 예수님은 항상 돈 문제를 말씀하셨다. 당신이 알지는 모르겠으나, 예수님은 천국보다 돈에 대해 더 많이 말씀하셨다. 지옥보다 돈에 대해 더 많이 말씀하셨다. 사복음서에 기록된 39개 비유 중에 11개 비유가 돈을 언급한다. 누가복음은 거의 모든 페이지에 돈 이야기가 등장한다고 해도 과언이 아니다.

201
◇
10장_ 돈은 중요하다

돈에 관한 이야기는 단순히 예수님의 사역에만 등장하는 것이 아니라 성경 전반에 걸쳐 중요한 주제다. 성경에 나오는 돈 이야기는 돈의 위험과 돈의 축복, 이렇게 크게 두 가지로 구분할 수 있다. 먼저 돈의 위험성을 경고하는 본문들을 살펴보자.

> "돈을 사랑함이 일만 악의 뿌리가 되나니 이것을 탐내는 자들은 미혹을 받아 믿음에서 떠나 많은 근심으로써 자기를 찔렀도다"(딤전 6:10).

> "너희 보물 있는 곳에는 너희 마음도 있으리라"(눅 12:34).

> "포악을 의지하지 말며 탈취한 것으로 허망하여지지 말며 재물이 늘어도 거기에 마음을 두지 말지어다"(시 62:10).

> "은을 사랑하는 자는 은으로 만족하지 못하고 풍요를 사랑하는 자는 소득으로 만족하지 아니하나니 이것도 헛되도다"(전 5:10).

> "부하려 하는 자들은 시험과 올무와 여러 가지 어리석고 해로운 욕심에 떨어지나니 곧 사람으로 파멸과 멸망에 빠지게 하는 것이라"(딤전 6:9).

> "적은 소득이 공의를 겸하면 많은 소득이 불의를 겸한 것보다 나으니라"(잠 16:8).

"돈을 사랑하지 말고 있는 바를 족한 줄로 알라 그가 친히 말씀하시기를 내가 결코 너희를 버리지 아니하고 너희를 떠나지 아니하리라 하셨느니라"(히 13:5).

"부자 되기에 애쓰지 말고 네 사사로운 지혜를 버릴지어다"(잠 23:4).

"충성된 자는 복이 많아도 속히 부하고자 하는 자는 형벌을 면하지 못하리라"(잠 28:2).

성경은 또 돈이 줄 수 있는 축복에 관해서도 이야기한다. 다음 본문들은 돈으로 할 수 있는 좋은 일과 돈이 어떻게 마음을 드러내 주는지를 언급한다.

"부자의 재물은 그의 견고한 성이요 가난한 자의 궁핍은 그의 멸망이니라"(잠 10:15).

"너는 반드시 그[가난한 형제]에게 줄 것이요, 줄 때에는 아끼는 마음을 품지 말 것이니라 이로 말미암아 네 하나님 여호와께서 네가 하는 모든 일과 네 손이 닿는 모든 일에 네게 복을 주시리라"(신 15:10).

"너희의 온전한 십일조를 창고에 들여 나의 집에 양식이 있게 하고 그것으로 나를 시험하여 내가 하늘 문을 열고 너희에게 복을 쌓을 곳이 없도록 붓지 아니하나 보라"(말 3:10).

"네 재물과 네 소산물의 처음 익은 열매로 여호와를 공경하라 그리하면 네 창고가 가득히 차고 네 포도즙 틀에 새 포도즙이 넘치리라"(잠 3:9-10).

"주는 것이 받는 것보다 복이 있다"(행 20:35하).

"부자는 가난한 자를 주관하고 빚진 자는 채주의 종이 되느니라"(잠 22:7).

"지극히 작은 것에 충성된 자는 큰 것에도 충성되고 지극히 작은 것에 불의한 자는 큰 것에도 불의하니라 너희가 만일 불의한 재물에도 충성하지 아니하면 누가 참된 것으로 너희에게 맡기겠느냐"(눅 16:10-11).

"너희 중에 싸움이 어디로부터 다툼이 어디로부터 나느냐 너희 지체 중에서 싸우는 정욕으로부터 나는 것이 아니냐 너희는 욕심을 내어도 얻지 못하여 살인하며 시기하여도 능히 취하지 못하므로 다투고 싸우는도다 너희가 얻지 못함은 구하지 아니하기 때문이요 구하여도 받지 못함은 정욕으로 쓰려고 잘못 구하기 때문이라"(약 4:1-3).

돈에는 힘이 있다. 돈은 한편으로는 나를 위험에 빠뜨릴 수도 있지만, 다른 한편으로는 하나님의 손에 사용될 수 있다. 그럴 때 돈은 내 마음의 필요를 드러내고, 나를 통해 다른 사람들의 삶을 축복하는 도구로 쓰인다. 우리는 어떤 식으로든 돈과 연관을 맺는다. 그 관계가 우리 인생의 향방을 결정하는 변수가 된다. 성경은 돈 문제와 관련해서는 편안한 중립성의 여지를 남겨 주지 않는다.

돈은 당신에게 축복이 되거나 저주가 될 것이다. 은혜로우신 하나님의 손에 들린 도구가 되거나 악하고 위험한 곳으로 인도하는 통로가 될 것이다. 마치 동전의 양면처럼 돈에도 두 가지 영적인 측면이 있다. 양쪽에서 당신을 찾는다. 양쪽에서 당신 앞에 비전과 약속을 제시한다. 양쪽에서 모두 돈을 투자하는 것뿐만 아니라 마음의 충성도 요구한다. 돈의 양면성 끼리 다투는 이 싸움은 이 땅에 사는 모든 사람의 마음에서 벌어지고 있다. 돈은 **위험하다**. 반면 돈은 **축복**이다. 당신에게 돈은 무엇인가? 사람의 실제 모습이 드러나는 일상에서 당신은 이 질문에 반복해서 대답해야 할 것이다. 수중의 돈을 어떻게 써야 하는지 말해 주는 거짓 약속과 진실의 목소리들 사이에서 끊임없이 고민하며 답변해야 하는 것이다.

예수님은 돈의 힘과 중요성을 잘 아셨기 때문에, 그렇게도 자주 이 문제에 대해 말씀하셨다. 그분은 이 싸움이 당신과 내게 얼마나 중요한지 아신다. 우리가 얼마나 쉽게 유혹에 넘어가는지도 아신다. 돈 문제에 관한 한, 그분은 우리가 얼마나 쉽게 길을 잃고, 돈에 마음을 빼앗기는지 우리의 약함을 잘 아신다. 우리가 주님께 귀를 기울인다면, 이 대화가 우리에게 얼마나 필요한지 알게 될 것이다.

돈이 많든 적든, 당신은 돈과 함께 위험한 길 혹은 축복의 길을 걷게 될 것이다. 어느 길을 선택하느냐 하는 것이 당신 인생에서 매우 중요한 요소들을 결정하게 될 것이다. 성 문제에서 축복의 길을 걸으려면 성경의 명령과 원리들을 포함한 건전한 신학과 지식을 아는 것 그 이상이 필요하다. 구원하시는 강력한 은혜가 필요한 것이다. 위험하기도 하고 복이 되기도 하는 돈 문제를 살피면서 내가 여기 쓴 모든 내용은, 하나님의 놀라운 은혜가 우리 마음을 구원하고 계속해서 그 은혜로 보호를 받을 때만이 돈 문제에서 우리 마음이 만족하며 쉴 수 있으리라는 지식에서 나온 것이다.

'축복'과 '위험'이라는 돈의 양면성 다툼에서 짚고 넘어가야 할 것이 한 가지 더 있다. 돈의 전쟁은 우선 당신이 얼마만큼 돈을 버느냐 또는 어느 정도나 실천 가능한 합리적 예산을 세우느냐의 문제가 아니다. 이 싸움은 본질상 영적 전투다. 인간이 하나님이 의도하신 삶을 살려면 관리나 정보만으로는 역부족인데, 인간의 문제는 무지와 무질서보다 더 심오하기 때문이다. 앞에서도 말했듯이, 인간은 마음을 따라 산다. 마음의 생각과 욕구가 우리 삶의 방향을 결정한다. 따라서 가진 재산이 얼마든, 우리 마음이 돈을 어떻게 여기느냐가 우리가 돈과 관계를 맺고 돈을 사용하는 방식을 결정할 것이다.

좀 더 자세히 설명을 해보자. 돈 문제에 마음이 약해지게 하는 네 가지 요소가 있다. 이 네 가지가 힘을 합쳐 마음이 해서는 안 되는 일, 즉 돈을 사랑하는 일을 부추긴다. (돈을 사랑하는 것, 그 의미와 내용은 다음 장에서 다룰 것이다.) 그렇다면 마음의 결심을 약하게 해 돈 문제로 어려움을 유발하는 이 네 가지는 무엇인가? 첫째는, 고마움을 모르는 마음이다. 감사하는 마음은 평온하다. 감사하는 사람은 자신이 소유한 것들을 누릴 자격이 없음을 안다. 그래서 날마다 자기가 받은 축복을 헤아려 당연히 여기지 않고 작은 것들에도 고마워한다. 그러나 고마워할 줄 모르는 사람은 정반대다. 더 가지지 못해 안달이다. 그래서 은혜로 받은 다른 모든 것보다 아직 손에 들어오지 않은 것들만 눈에 띈다. 그러니 자기 권리를 주장하고 강요하는 삶을 살 수밖에 없다. 절대 만족할 줄 모르고, 헤프고 이기적인 씀씀이를 정당화하기 바쁘다.

둘째 요소는 필요다. 필요는 인간 문화에서 가장 악용되거나 남용되는 단어 중 하나다. 우리가 스스로 필요하다고 말하는 것들은 사실상 대부분 필요 없다. 모든 사람은 자신의 욕구를 필요로 둔갑시키는 데 매우 능숙하고, 일단 그렇게 되면 그것들을 소유하는 것이 우리의 권리라고 믿는다. 그러면 그것을 손에 넣는 데 필요한 일을 하는 것은 정당하다. 그래서 실제로는 필요하지도 않은 필요를 만족시키기 위해 온갖 돈을 낭비하고, 이게 필요하다면 손에 넣는 것은 정당하므로 그 과정 내내 마음이 편안하다. 그 때문에 옷장에 옷이 넘쳐 나고, 냉장고에 음식이 넘쳐 나며, 식구 수보다 집이 큰데도, 아직도 필요한 게 많다고 말할 수 있다. 그리고 필요한 게 있기 때문에 돈을 더 쓸 것이다.

필요와 고마움을 모르는 마음과 더불어, 돈을 사랑하지 않는 마음의 방어를 약화시키는 세 번째 요소는 불만이다. 내게 있는 모든 것을 감사하지 않고 당연히 여기기 때문에, 필요를 잘못 판단해서 정말로 필요하지 않은 것을 필요한 것으로 둔갑시켰기 때문에, 끊임없이 불평하는 사람이 된다. 가진 것에 만족하는 것이 사실상 불가능하기에 끊임없이 더 많은 것을 추구하게 될 것이다. 끊임없이 더 많을 것을 추구하기 때문에 불만족을 만족시키기 위해 필요 이상으로 돈을 많이 쓰겠지만, 내 불만족은 고마움을 모르는 마음과 필요를 잘못 판단한 데 기인하기에 돈을 많이 쓴다고 해서 문제가 해결되지는 않을 것이다. 결국 내 노력은 효과가 없기 때문에 나는 가진 것보다 더 많이 쓸 수밖에 없다.

고마움을 모르는 마음과 필요, 불만에 이은 마지막 요소는 시기심이다. 가진 것에 고마워할 줄 모르고 늘 무언가 부족하다고 느낀다면, 더욱이 당신에게 꼭 필요한데 없다고 자신을 속인다면, 당신은 깊은 불만족에 담장 밖을 쳐다보게 될 것이다. 거기서 당신은 가질 수 없는 것을 가진 것만 같은 사람을 보며 질투심을 느낄 것이다. 시기심 많은 사람은 늘 여러 요인을 고려한다. 이들은 늘 비교한다. 이들은 끊임없이 "그 사람에겐 있지만 내게는 없는" 것들의 목록을 늘려나간다. 이들은 또한 자신이 부당한 대우를 받았고 그에 대한 보복으로 자신의 자원을 활용하는 것이 정당하다고 정기적으로 느낀다. 시기심은 당신이 돈을 이기적이고 어리석게 사용하도록 유도할 것이다.

이 고마움을 모르는 마음과 필요, 불만과 시기심 때문에 나 역시 지나치게 돈을 의식하고, 돈을 사용할 때 나만 생각하고, 지나치게 자유로운 소비 습관을 들이게 되었다. 가진 돈이 얼마가 됐든, 내 삶은 "돈, 돈, 돈"만 외치다가 끝날 것이다. 돈의 문제는 돈 자체 때문이 아니다. 돈이 너무 없거나 많아서가 아니다. 돈 문제는 늘 마음의 문제다. 마음의 문제는 연봉이나 예산보다 더 본질적이다. 돈은 축복이 될 수도, 저주가 될 수도 있다. 돈의 이 양면성을 한번 생각해 보자.

돈은 축복이다

1) 돈은 하나님의 선하심을 배울 수 있는 도구다.

야고보가 이 점을 잘 표현했다. "온갖 좋은 은사와 온전한 선물이 다 위로부터 빛들의 아버지께로부터 내려오나니 그는 변함도 없으시고 회전하는 그림자도 없으시니라"(약 1:17). 나 중심주의와 물질주의가 만연한 사회에 사는 당신이 잠시만 정신을 차리고 본다면, 이 야고보서 말씀이 경험으로 입증되고 드러나는 것을 알 것이다. 당신에게 일상의 필요를 충족할 만큼 충분한 돈이 있다고 해서, 당신이 그 돈을 손에 넣는 데 필요한 모든 환경과 장소, 관계를 통제했다고 보기는 어렵다. 당신은 이렇게 반발할지도 모른다. "하지만 교수님, 제가 나가서 직장을 잡고 날마다 열심히 일했단 말입니다." 물론이다. 하지만 그 직장을 잡고 그 일을 하는 데 필요한 타고난 재능들을 당신이 만들어 내지는 않았다. 그 직업이 필요한 경제적인 조건을 만들었다고 보기도 힘들다. 더더욱 당신을 고용한 사람의 의사결정 능력을 통제할 수도 없었다.

겸허하고 온전한 정신으로 생각해 본다면, 우리 삶의 모든 좋은 것은 만물을 통제하시고 우리 혼자서는 손에 넣을 수도 없는 분수에 넘치는 것들을 허락하신 그분의 자비와 사랑의 결과라고 보는 것이 이치에 맞다. 돈은 하나님의 은혜의 또 다른 증거로 우리 마음에 새겨질 수 있다. 그 은혜는 너무도 자비롭고 신실하셔서 최악의 날에 이르기까지 우리는 변함없이 축복을 경험한다. 돈은 하나님의 그 선하심과 신실하심을 가리키는 화살표 역할을 한다.

돈이 없을 때에도 우리는 우리가 자신보다 더 큰 존재에 의존하며, 이런 힘든 상황을 겪을 때 혼자가 아니라는 사실에 마땅히 감사해야 함을 기억한다.

2) 돈은 무엇이 당신의 마음을 다스리는지
배울 수 있는 도구다.

생각지도 못한 돈이 생긴다면 그 돈으로 가장 먼저 무엇을 하고 싶은가? 우리 부부가 어린 두 자녀를 데리고 처음 사역을 시작했을 때는 교회에서 나오는 적은 급여로 입에 풀칠하기도 힘들 정도였다. 그 시절, 나는 질투심과 싸우며 하나님의 선하심을 자주 의심했던 사실을 인정해야겠다. 어느 날 오후, 우편함에서 백 달러 수표가 든 봉투를 발견했다. 겉봉투에는 아무것도 쓰여 있지 않았다. 봉투에서 수표를 완전히 꺼내기도 전에 마음속으로는 이미 그 수표를 일곱 번도 넘게 써 버렸다. 아내에게 달려가 수표를 보여줬다. 내게는 백만 달러 같은 수표였다. 물끄러미 수표를 보고 있던 아내가 고개를 들고 나를 보더니 이렇게 말했다. "여보, 우린 이 돈이 생길 줄도 몰랐고, 이대로도 괜찮잖아요. 우리보다 못한 사람에게 주면 어떨까요?" 나는 내 귀를 의심하면서 큰일이 났다고 생각했다. 아내가 미쳐 버렸다! 나는 그 수표가 내 손가락 사이를 빠져 나가 우리 교회 가난한 가족에게 마지못해 전해지는 과정을 묵묵히 지켜봐야만 했다.

갑자기 예상치 못한 돈이 생기면, 무엇을 사고 싶은가? 돈을 사용할 때 당신의 목적과 쾌락을 위해 사용하는 것과 하나님의 목적과 하나님 나라 사역을 위해 드리는 것 중에 어느 것이 더 기쁜가? 주는 것보다 받는 것이 더 쉬운가? 당신에게 없는 자원을 가진 옆 사람이 부러운가? 말로는 할 수만 있으면 더 많이 기부하고 싶다고 하면서, 필요 이상 돈을 많이 쓰지는 않는가? 지갑 속에 돈이 얼마 있느냐에 따라 만족도가 오르락내리락하지는 않는가? 당신보다 더 어려운 형편에 있는 사람을 봐도 전혀 동정심을 느끼지 못하면서 당신이 소유한 것을 기뻐하는 그런 사람이 아닌가? 당신은 바로 남에게 줄 준비가 언제나 되어 있는가? 당신에게는 필요 없는 것으로 다른 사람의 필요를 채울 기회를 찾고 있는가? 가진 게 별로 없을 때에도 기쁜 마음으로 베푸는가?

돈은 우리에게 정말로 중요한 것이 무엇인지를 보여주는 매우 정확한 창이다. 돈은 하나님이 진정으로 중요하다고 말씀하신 것을 우리 마음에 새기는 것이 몹시 힘들다는 사실을 드러내준다. 우리 각 사람의 마음에는 물질이 도를 넘어 지나치게 중요해지는 위험이 도사리고 있어서, 우리 마음의 생각과 욕구와 충성을 좌지우지하기 시작한다. 겸손히 자기를 볼 줄 아는 사람이라면, 돈에 대한 욕구는 무엇이 당신의 마음을 지배하려고 싸우고 있는지를 보도록 도와줄 것이다.

3) 돈은 타락한 세상의 위험을 배울 수 있는 도구다.

돈은 위험에 이르는 길이다. 이 타락한 세상에서, 물건을 소유하거나 뭔가를 체험하면 마음의 만족을 얻을 수 있다고 속삭이는 수많은 음성에 귀 기울이는 것보다 더 위험한 일은 별로 없다. 돈은 그런 것 중 하나로, 우리의 허기진 마음을 달래고자 하는 허황된 욕구를 드러내는 도구가 된다. 말하자면 이런 식이다. "이만큼만 돈을 벌 수 있다면 만족할 텐데." "이것만 살 수 있다면 만족할 텐데."

돈(돈이 할 수 있는 일과 줄 수 있는 것)은 내게 이 세상이 사기와 위험이 가득하단 사실을 상기시켜 준다. 보이는 것이 다는 아니다. 이렇게 사기와 위험이 판치는 세상에서 창조주를 벗어나 생명을 찾을 수 있다는 말보다 더 위험한 거짓말은 없다. 얼마나 많은 사람이 그런 거짓말을 믿다가 지갑과 마음이 다 털렸는지 모른다. 각 사람의 마음속에서 벌어지는 돈과의 전쟁은 우리가 여전히 위험 지대에 살고 있다는 사실을 늘 명심하게 해준다. 전쟁은 계속되고 있고, 최후의 원수가 은혜로운 주님의 발 앞에 놓일 때까지 우리는 계속해서 싸워야 한다. 그 주님은 우리를 더 이상 위험이 없는 곳으로 인도하실 것이다.

4) 돈은 다른 사람들의 필요에 반응하는 수단이다.

뻔한 말일 수도 있지만, 돈은 다른 사람들을 축복하는 놀라운 수단이 될 수 있다. 우리는 스스로를 자신이 받은 돈의 저장고로 볼 수도 있고, 통로로 볼 수도 있다. 돈이 우리 삶을 더 좋고 편하고 즐겁게 만들어 준다고 여겨 여러 가지 방법만을 골똘히 찾는 사람은 돈이 자기에게서 멈추기를 바라나, 스스로를 돈의 통로로 생각하는 사람은 자신에게 주어진 돈이 타인의 삶에 유익을 끼치는 복이 될 수 있다는 생각에 기뻐한다. 우리가 가진 돈은 '자아 왕국'이라는 작은 시장에 돈을 대는 통화가 될 수도 있고, '하나님 나라'라는 큰 그림의 사역에 참여하는 그분의 도구로 쓰일 수도 있다. 솔직히 말하자면, 돈 문제에 관한 한 대부분의 사람은 모순된 삶을 살고 있다. 하나님 나라의 큰 목적에 가슴이 벅찰 때는 흔쾌히 돈을 드리지만, 내 문제밖에 눈에 들어오지 않을 때는 나 자신을 위해 돈을 쓰는 것 외에 다른 생각을 하지 못한다. 하나님이 물질을 허락하신 것은 그저 우리만 먹고살라는 것이 아니라, 우리의 필요를 채우셔서 우리로 하여금 다른 사람들을 위한 그분의 공급 통로가 되게 하시기 위한 것이다.

5) 돈은 당신을 하나님 나라 사역과 연결해 준다.

앞에서도 말했지만, 별도로 번호를 매겨 다시 한 번 강조하고 싶었다. 당신이 하나님 나라와 자아의 왕국 두 나라 중 어디에 충성하는지가 당신의 돈의 세계를 결정한다. 하나님이 당신에게 돈을 주신 것은 당신의 나라를 흥하게 하기 위해서가 아니라, 더 크고 좋은 나라의 사역에 당신을 사용하시기 위해서다. 그 나라의 사역에 헌신할 때 당신이 가진 돈은 말 그대로 영원한 결과를 내는 일들을 하게 된다. 더 큰 나라에 당신의 자원을 드릴 때 당신이 가진 돈은 우주에서 가장 중요한 일, 즉 구속 사역에 일조한다.

돈은 위험한 것이 될 수도 있다

1) 돈은 하나님을 잊게 만들 수 있다.

물질적 필요가 있으면 하나님께 도움을 구하게 되는데, 그러는 사이 당신에게 물질적 필요뿐 아니라 영적 필요가 있음을 깨닫게 된다. 최고 부자들이 사는 동네의 한 교회 목사가 내게 이런 말을 해준 적이 있다. 자기 교회 성도들은 돈으로 무슨 일이든 다 가능하기 때문에, 자신을 도움이 필요한 사람으로 보기 힘들다는 것이다. 이른바 '재정 자립'이란 것은 인간의 자율성(우리 맘대로 살 권리가 있다)과 자족(인간 본연의 존재와 행동에 필요한 모든 것이 우리 안에 있다)이라는 더 큰 망상에 우리를 빠뜨릴 수 있다. 우리는 돈의 힘을 빌려 자기 중심적인 삶을 살 수 있다. 우리보다 더 큰 존재는 없고, 우리 개인의 필요와 바람, 감정보다 더 중요한 것은 없다는 듯이 살 수 있다.

오해는 없기 바란다. 성경은 가난한 사람들이 다른 사람들보다 더 영적으로 부유하다고 가르치지는 않는다. 내 의도는 독자들에게 돈의 위험성을 경고하는 것이다. 돈은 하나님의 존재와 그분의 계획을 잊어버리는 생활방식에 이바지할 수 있다. 이런 생활방식은 하나님의 영광보다 자신의 영광을 앞세우고, 한 사람의 돈 씀씀이를 개인의 욕구와 필요, 개인의 안락과 쾌락을 추구하는 것으로 축소한다. 그렇다면 신학적으로는 하나님의 존재를 부인하지 않을지 몰라도, 당신의 재정 사용은 그분을 무시하는 것과 다르지 않다.

2) 돈은 당신의 자아상을 바꿀 수 있다.

돈은 자극제가 된다. 하나님 나라를 향한 생활방식이나 자기 내면을 향한 생활방식을 자극하는 도구로 쓰일 수 있다. 한 친구가 내게 이런 고백을 한 적이 있다. 그는 오랫동안 스스로 '검소한' 생활방식을 고수하며 그것에 만족해 왔다고 한다. 그러다가 하루아침에 생각지도 못한 돈을 만지게 됐다. 별안간 그는 고급 승용차와 비싼 셔츠, 근사한 식당에 눈길이 가기 시작했다. "나는 내가 영적으로 헌신해서 검소한 삶을 산 것이 아니라는 사실을 겸허히 인정하게 됐다. 그저 돈이 없어서 검소하게 살았을 뿐이다." 이처럼 돈이 생기면 좀 더 자기를 챙기고 요구 사항이 많아질 수 있다. 예전에는 만족했던 것에 더 이상 만족하지 못한다. 더 위험한 것은, 돈 때문에 삶에서 기대해서는 안 되는 것들을 기대하고, 느껴서는 안 되는 감정을 느끼게 되는 것이다. 돈은 당신의 자아상과 인생관, 기대 수준에 막대한 영향을 끼칠 수 있다.

3) 돈 때문에 다른 사람들을 하대할 수 있다.

매우 안타깝고 슬픈 일이었다. 한 노숙자가 잘사는 집 애들에 에워싸여 놀림을 당하고 있었다. 그는 그 자리를 피하려고 애썼지만 헛수고였다. 이 아이들과 노숙자의 차이는 무엇이었을까? 사실 깊이 들어가 보면, 둘 사이에는 아무런 차이가 없었다. 아이들과 노숙자는 모두 하나님의 형상대로 지음을 받았고, 그분의 영광을 반영하는 존재였다. 양쪽 모두 구원이 간절히 필요한 죄인들이었다. 노숙자도 잘사는 집 아이들도 자신들을 지금의 상황으로 이끈 모든 조건을 통제하지는 않았다. 아이들도 노숙자도 하나님 앞에서 자신들이 누리는 것을 누릴 만한 자격이 있다고는 말할 수 없었다. 하지만 그 아이들은 자신을 그 남자와는 다른 존재로 보았다. 자신을 더 높은 계급으로 여기고, 그 가난한 남자는 인간보다 못한 존재로 취급했다.

　도대체 무엇 때문에 그 아이들은 그런 생각을 품고 그 남자를 그렇게 취급했을까? 이 질문에는 고려할 사항도 많고 여러 가지 답이 가능하겠지만, 이런 상황을 부추긴 주요한 요인은 한 가지, 돈으로 압축될 수 있다. 이 부유층 고등학생들 눈에 그 남자는 부랑자, 게으름뱅이, 실패자에 불과했다. 반면 자신들은 선택된 자들이었다. 추하고 비열한 이 장면은 돈이 위험한 한 가지 이유를 잘 그려 준다. 돈은 당신의 정체성을 재정의하고, 다른 사람들을 바라보는 시선도 바꿀 수 있다. 돈은 모든 죄인의 마음에 도사리고 있는 교만에 찬 편견을 자극할 수 있다.

4) 돈은 유혹에 맞서 싸우려는 결심을 약화시킬 수 있다.

　내 친구가 자신의 검소한 삶을 고백했을 때, 그는 실제로는 전혀 다른 이야기를 하고 있었다. 사실 가난 때문에 자신의 탐욕을 제대로 좇지 못하고 있었던 것이다. 하지만 가난하다고 해서 시기심과 불만족이 없었을까? 근원적인 이런 감정들을 몰아낼 수 없었던 건 당연하다. 이들은 단지 자신의 이기적인 마음이 바라는 것들을 손에 넣을 만한 돈이 없었을 뿐이다. 성경이 부의 위험을 경고하는 이유가 바로 그 때문이다. 우리는 재교육이 필요한 상태로 이 땅에 왔다. 우리는 자기 자신에게 위험한 존재로 세상에 왔다. 우리는 천성적으로 만족보다는 불만이 많다. 두려워해야 마땅한 것에 천성적으로 매력을 느낀다. 하나님이 세우신 경계들을 본능에 따라 밀어낸다. 따라서 우리 자신으로부터 우리를 보호하는 것, 우리를 제지하는 것, 우리의 욕망이 향하는 곳에 가지 못하게 막는 것은 축복이라고 할 수 있다.

그런 의미에서 돈은 위험하다. 돈은 사람에게서 적정 구매력이라는 규제를 벗겨 내고, 그 과정에서 우리 마음을 폭로한다. 하나님의 은혜가 우리 안에 진정 만족스러운 마음을 주실 때만이 우리는 지갑이 충족해 주는 이기적 욕구를 좇지 않고 재훈련의 삶을 살 수 있다. 대다수 우리는 억눌러야 할 욕망을 따라 필요하지도 않은 것을 주기적으로 산다. 무엇이 됐든지 그 순간 우리 마음을 사로잡은 것을 구매할 여유가 있다는 이유만으로, 억제해야 할 욕구를 따른 결과다.

5) 돈은 자아 왕국에 대한 당신의 충성에 자금을 댈 수 있다.

이것이 핵심이다. 이미 여러 차례 이야기했지만, 이 점은 다시 한 번 특별히 강조할 필요가 있다. 돈과의 관계와 돈을 사용함에 중립 지대는 없다. 돈을 소유하고 사용할 때, 우리는 이것이 예배 행위임을 자신에게 끊임없이 상기시켜야 한다. 이 문제는 그만큼 중요하다. 당신은 자신도 모르는 사이 당신을 예배하는 데 돈을 사용하고 있거나, 하나님을 예배하는 데 돈을 쓰고 있다. 당신의 돈은 당신밖에 모르는 소왕국의 건설에 투자되고 있거나 영원한 하나님 나라의 크고 영원하신 목적에 드려지고 있다. 자신이 받은 재원을 자아 왕국의 필요와 욕구에 쏟아 붓는 것은 모든 죄인이 마주치는 유혹이다. 수중에 돈이 많을수록 이 유혹은 더 큰 힘을 발휘하는 듯하다.

다시 한 번 말하지만, 돈은 정말로 중요하다. 하나님은 당신을 돈이 존재하고, 돈이 인생의 향방에 영향을 미치는 그런 세상에 보내셨다. 돈은 축복도 되고 위험도 되기 때문에, 돈 문제는 단순히 재정 상태를 파악하고 예산을 잘 세우는 것보다 훨씬 더 본질적인 문제다. 돈, 교육, 예산은 유익한가? 물론이다! 하지만 이런 것들은 돈의 진짜 위험을 볼 수 있게 해주지는 못한다.

내가 돈을 잘못 사용할 때는 뭘 모르거나 예산이 부족하기 때문이 아니다. 하나님이나 다른 사람들의 말을 신경 쓰지 않기 때문이다. 내가 원하는 걸 손에 넣고 싶다. 내 돈으로 그걸 얻을 수 있다면, 얻을 것이다. 돈이 중요한 까닭은 내 마음의 가장 중요한 문제를 건드리기 때문인데, 그것은 바로 죄의 이기심이다. 아무리 돈이 많고, 교육을 잘 받고, 예산을 잘 세웠다 하더라도, 끝을 모르는 탐욕의 죄에서 나를 해방시켜 주지는 못한다. 내가 의지할 것은 오직 한 가지, 구세주의 능력 있는 은혜뿐이다. 그분은 내가 얼마나 이기적이고 탐욕이 많은지 아신다. 결심을 해도 돌아서면 흐지부지되는 것을 잘 아신다. '피조물 중에 내 마음의 갈망을 만족시켜 주는 것이 있지 않을까?' 하는 유혹에 쉽게 넘어가는 것을 아신다. 내가 하나님을 믿는다고 말하면서도 그분이 없는 것처럼 살 수 있다는 걸 아신다. 그래서 그분은 지금 여기에 은혜를 부어 주신다. 그 은혜는 나를 용서할 뿐 아니라 더 큰 일을 한다. 내가 돈으로 미친 이 세상에서 그분이 계획하신 대로 살아가는 데 필요한 모든 것을 제공해 준다. 이 은혜가 허락한 가장 큰 선물이 무엇인지 아는가? 그 선물은 물건이 아니라, 바로 인격이다. 하나님의 가장 큰 선물은 바로 그분 자신이다. 그분이 내 안에 오셔서 사신다. 그래서 내 안의 욕망이 외부의 유혹과 만날 때도 나는 그 싸움을 이겨낼 힘을 갖게 된다. 돈은 중요하다. 그러나 하나님의 은혜는 더 중요하다. 그 은혜만이 당신에게 끊임없이 필요한 힘과 자유를 준다. 돈의 위험이 사라지는 그날까지.

11장

보물찾기

▷◁

멀리서 보면 그는 아주 성공한 사람이었다. 출신은 변변찮지만, 고생 끝에 최고의 자리에 올랐다. 고등학교와 대학교에서 운동선수로 승승장구했다. 대학 졸업반 때 부상을 당하고 잠시 주춤하긴 했지만, 오래가지 않았다. MBA 프로그램에서 성적도 우수했던 그는 재계에서 미래가 기대되는 젊은이였다. 그렇게 짧은 시간에 이뤄 낸 성과를 고려하면 "미래가 기대된다"는 말은 애초에 턱없이 부족한 표현이었다. 그는 더 빨리 승진할 수도 있었지만, 책임자가 되기엔 너무 어리다는 상부의 판단 때문에 그나마 승진이 미뤄졌다. 하지만 얼마 안 돼 그는 그 자리에 올라 모든 것을 관장하게 되었다. 그는 회사를 계속 옮기면서 최고의 자리까지 올라갔다. 아무도 그를 말릴 사람이 없었다. 그는 회사에서 가장 돈을 많이 쓰고, 가장 열심히 일하며, 가장 일찍 출근해서 늦게 퇴근하는 사람이었다. 남들은 다 쉬는 주말에도 혼자 일했다. 휴가가 한 달이나 되는데도 주말에만 잠간 쉴 뿐이었다. 그나마 쉬는 주말에도 집에서 일했다. 그는 어딜 가나 일을 가져갔다. 그의 각오와 집중력은 대단했다.

그는 열다섯 살 때 '가난의 벽'에 부딪혔다고 내게 말했다. 그는 부모님이 고생하는 모습이 너무도 안쓰러웠다. 싸구려 옷가지와 음식에 물렸다. 남부끄러워 친구들을 집에 데려오지도 못했다. 주머니엔 늘 한 푼도 없었다. 어느 날 아침, 그는 돈을 벌겠다고, 아주 많은 돈을 벌기로 결심했다고 한다. 돈 때문에 괴로워 죽을 지경이라면, 큰 부자가 되어서 부자들이 즐기는 것들을 다 즐기겠노라고 작정했다. 그는 과거를 회상하며 이렇게 말했다. "무슨 일이든 돈을 생각하고 했어요."

그렇게 그는 성공했다. 자신의 꿈을 이뤘다. 큰 집과 고급 승용차, 대형 보트도 샀다. 풀을 먹인 셔츠에 근사한 정장도 입었다. 사교 클럽에도 여러 개 가입했다. 경제적으로, 정치적으로 영향력을 미쳤고, 그 점을 자랑스럽게 여겼다. 스스로 그리스도인이라고 생각했지만, 아무도 알아차리지는 못했을 것이다. 그의 기독교는 분주한 삶의 변방으로 밀려나 있었다. 그가 어떤 결정을 내리고 시간과 에너지를 투자할 때 믿음은 그리 중요한 문제가 아니었다. 그는 자기가 원하는 걸 알고, 그것을 얻고 유지하고 즐기기 위해 전력투구했다. 그는 나름의 가치를 가지고 있었지만, 제대로 된 가치가 아니었다.

독자들은 이미 눈치챘을 것이다. 이 사람은 경제적으로 성공한 것 같지만 실제로는 돈 때문에 슬픈, 혼란 상태에 빠져 있었다. 결혼생활은 그의 욕구와 무심함의 무게에 눌려 산산조각이 났다. 그의 아내는 결혼생활 내내 일과 바람난 남편 때문에 깊은 상처를 받았다.

◇

회사에서는 끝없는 인내심을 발휘하다가도 집에만 오면 계속 짜증을 내고 쉽게 화를 내는 남편이 지긋지긋했다. 아내는 더 이상 이런 결혼생활, 더군다나 과부 신세나 마찬가지인 생활을 견딜 수 없다고 생각했다. 아이들은 이제 성장기로 접어드는데 아버지와 보내는 시간이 없다시피 했다. 남편은 아이들은 안중에도 없었다. 남편도 아이들을 알려고 애쓰지 않았고, 아이들도 아버지와의 관계에 흥미가 없었다. 집 안에는 늘 긴장이 감돌았고, 휴일이면 그 긴장감은 최고조에 달했다.

남편이 문제의식을 느끼기도 전에 아내는 집을 나왔다. 남편이 큰아들에게 전화해서 사연을 묻자 아들은 "놀랄 일이 뭐가 있어요? 엄마는 아빠를 오래전부터 미워했는데. 저도 마찬가지고요"라고 대답하고는 전화를 끊어 버렸다. 그는 심은 대로 거두고 있었다. 당신과 나도 마찬가지다.

예수님은 마태복음 6장 19-33절에 나오는 신랄한 가르침에서 모든 사람은 보물찾기를 하고 있다고 말씀하신다. 우리는 자신에게 중요한 것들을 정해 놓고, 그것을 얻고 체험하기 위해 살아간다. 사람은 누구나 자신만의 꿈을 좇아간다. 우리의 선택과 행동에는 다 목적이 있다. 우리가 열심히 찾는 것이 있고, 그렇지 않은 것이 있다. 우리가 반드시 손에 넣어야 한다고 확신하는 것들이 있다. 우리가 이미 입수한 보물이 있는가 하면, 손에 넣기 위해 아직도 애쓰고 있는 보물도 있다. 우리 삶은 우리가 소중히 여기는 것들이 이끄는 선택과 결정, 행동의 자취를 따라간다.

대다수 사람들은 부지불식간에, 우리가 소중히 여기는 것들을 소유하고 체험할 수 있다면 만족과 행복은 물론 모든 인간이 갈구하는 내면의 평화를 얻을 수 있으리라고 생각한다. "_만 있다면" 하는 바람으로 살아가는 것이다. 그런데 이 '만약에'의 정반대편에 있는 것이야말로 당신이 진정으로 소중히 여기는 것이다. 그렇다면 당신은 과연 무엇을 소중히 여기는가? 그것은 당신의 인생관과 자아상, 다른 사람들의 관계, 하나님에 대한 생각에 어떤 영향을 미치며, 모든 사람의 크고 작은 결정에 어떤 영향을 미치는가? 간단히 말해, 당신은 무엇을 위해 살고 있는가? 당신이 무엇을 위해 살아가든, 그것이 바로 당신의 보물이다. 그 보물은 당신이 믿는다고 고백하는 내용이나 섬긴다고 고백하는 대상과는 아무 상관이 없다.

그런데 예수님은 여기서 이야기를 끝내지 않고 눈 이야기를 하신다. 언뜻 보면 뜬금없는 듯하지만, 밀접한 관련이 있다. 사람에게는 보는 기관이 두 개 있다. 평범한 사람은 본다고 하면 얼굴에 있는 눈을 떠올린다. 이 눈도 매우 중요해서 시력을 잃으면 큰 불편이 따르지만, 이 눈은 우리에게 가장 중요한 시각 기관은 아니다. 사람에게는 또 다른 눈이 있는데, 바로 마음의 눈이다. 마음의 눈이야말로 사람에게 가장 중요한 시각 기관이다. 시력을 잃고도 얼마든지 잘 살 수 있지만, 마음의 눈이 고장 나면 하나님이 의도하신 삶을 살 수 없다.

마음의 눈은 항상 뭔가를 마음속에 그린다. 마음의 눈은 늘 어떤 희망이나 꿈, 당신이 좇는 가치에 초점이 맞춰져 있다. 육체의 눈은 당신의 마음이 그리는 것을 찾아다니고 알아볼 것이다. 육체의 눈은 중립적이지 않다. 마음의 눈이 육신의 눈을 조정한다. 다들 이런 경험을 해봤을 것이다. 새 자동차를 산 당신, 가슴이 뛴다. 그런데 이

후 며칠간 이상한 일이 벌어진다. 가는 곳마다 똑같은 차가 눈에 띈다. 동네 사람들이 다 당신과 같은 날에 같은 자동차를 산 것만 같다. 하지만 그런 일은 있을 수 없다. 원하던 것을 손에 넣은 기쁨 때문에 주변 환경을 보는 시선이 달라진 것이다. 당신의 기능적 가치가 당신의 관점을 바꿔 놓았다. 그래서 전에는 보이지 않던 자동차가 사방에서 눈에 띄면서 갑자기 그 자동차가 주변에 많아진 것처럼 착각하게 된다. 사실은 원래부터 있던 차들인데 말이다.

당신이 세상을 보는 시선으로 그리게 된 꿈은 무엇인가? 이미 당신의 마음을 사로잡은 그 보물과 물건은 무엇인가? 당신의 마음과 몸의 눈은 어디를 향하고 있는가? 당신의 세계관은 어떻게 당신을 불만과 투지, 시기가 넘치는 사람으로 만들었는가? 마음이 이미 중요하다고 정했기 때문에 당신의 눈이 알아본 물건들은 무엇인가? 마음의 보물이 당신의 관점을 형성하기 마련이다.

그다음에 예수님은 다음과 같은 폭탄선언을 하신다. "한 사람이 두 주인을 섬기지 못할 것이니 혹 이를 미워하고 저를 사랑하거나 혹 이를 중히 여기고 저를 경히 여김이라 너희가 하나님과 재물을 겸하여 섬기지 못하느니라"(마 6:24). 이 말씀에서 예수님은 이것이 얼마나 중요한 문제인지, 그분이 정말로 하시려는 말씀이 무엇인지 경고하고 계신다. 이 말씀에서 그분의 관심사는 무엇인가? 왜 이 본문이 그토록 중요한가? 왜 우리 각 사람은 이 말씀에 자신을 비춰 봐야 하는가? 그 대답은 분명하다. 모든 사람은 특정한 주인에게 마음을 내주게 되어 있기 때문이다. 아무도 예외는 없다. 자유롭게 사는 사람은 아무도 없다. 모든 사람의 마음은 무언가의 지배를 받고, 그 주인이 누구인지가 당신의 생각과 갈망, 선택과 말, 행동과 정서를 형성할 것이다. 이보다 더 중요한 대화는 없다. 인간은 다스림을 받으며 살도록 창조되었는데, 그건 모든 사람에게 적용된다. 그렇다면 남은 질문은 '그 주인이 누구인가?' 하는 것이다.

이어서 예수님은 이 말씀의 진정한 뜻을 보여주신다. 이것은 모든 인간의 마음에서 벌어지고 있는 영적 전투에 대한 말씀이다. 자기 나라를 보호하고 확장하려는 두 왕 사이에 전쟁이 벌어지고 있다. 아무도 이 전쟁을 피할 수 없고, 많은 사상자를 낼 것이다. 그것은 바로 그리스도 왕과 돈 왕 사이에서 벌어지고 있는 대혈투다. 둘 중 한 왕이 마음의 주인으로 등극할 것이다. 둘 중 한 왕이 당신의 결정을 이끌 것이다. 두 왕은 앞다투어 희망과 생명, 평안을 약속하겠지만, 둘 중 한 왕만 약속을 지킬 수 있다. 두 왕 모두 어떻게 삶을 바라보고, 무엇에 집중해야 할지를 알려 줄 것이다. 그런데 현실은 두 왕을 다 사랑할 수 없고, 살면서 두 왕을 다 모실 수 없다. 한쪽을 사랑하면 다른 한쪽을 미워하고, 한쪽을 섬기면 다른 한쪽을 무시할 것이다. 이것이 예수 그리스도의 교회에서 충분히 영향을 미치지 못하고 있는 중요한 영적 현실이다.

예수님이 다른 많은 가짜 주인들과 유사 왕들에 대해 경고하실 수도 있었는데, 하필이면 돈을 말씀하신다는 점을 염두에 두어야 할 것이다. 예수님은 가짜 왕들 중에서도 가장 그럴듯하고 속기 쉬운 것이 돈임을 아셨던 것일까? 우리가 빠져 나가기엔 돈의 힘이 너무 세서였을까? 당신의 마음을 다스리시는 예수님께 가장 강력한 도전이 돈이기 때문이었을까? 보물을 찾으며 살아가는 사람들에게 돈의 유혹이 특히 저항하기 힘들기 때문이었을까? 그리스도는 우리 생각보다 훨씬 더 많은 사람들이 이 왕 앞에 무릎 꿇고 있다는 사실을 경고하고 계신 것은 아닐까? 이 가혹한 왕이 인간의 삶과 관계에 우리 생각보다 훨씬 더 큰 사상자를 남긴 것은 아닐까? 그리스도는 몇 마디 안 되는 말로 우리의 편안하고 자기 만족적인 삶의 한가운데에 폭탄을 투하하신다.

많은 사람이 우리가 진짜로 모시고 있는 주인이 누구인지 혼란스러워한다. 어쩌면 우리는 예수 그리스도의 주 되심에 전혀 복종하지 않았는지도 모른다. 일상에서 '돈'이라는 왕에게 경의를 표하면서 만왕의 왕께는 말치레만 하고 있는지 모른다. 우리의 욕구와 불만, 부채가 어느 정도인지가 우리가 정말로 섬기는 왕이 누구인지를 드러내 주는지도 모른다. 많은 사람이 일요일에 하는 일이란, 왕을 바꾸는 일에 불과할지도 모른다. 우리가 예배하러 오는 그 왕이 사실은 일주일 동안 우리가 모시던 왕이 아니기 때문이다. 주중에 갚을 대책도 없이 신용카드를 긁어 물건을 사 모았다면, 당신은 돈을 섬긴 것이다. 스스로 포기할 수 없다고 생각하는 중산층의 삶을 유지하기 위해 맞벌이를 하면서 아이들을 어린이집에 맡겨야 했다면, 일주일 내내 돈을 섬긴 것이다. 더 많은 재산과 권력을 손에 쥐기 위해 초과근무를 한다면, 당신은 돈을 섬기고 있다. 저축액이나 집과 자동차의 시세에 따라 당신의 안정감이 좌지우지된다면, 당신은 돈에 경의를 표하고 있다. 어떻게 카드 대금을 막아야 하나 고민하느라 밤잠을 설친다면, 당신의 마음은 이미 돈에 넘어간 것이다. 교회 예배에 참석하는 것보다 쇼핑하는 게 더 즐겁다면, 쇼핑몰이 당신의 성전이요, 돈이 당신이 섬기는 진짜 왕이다.

예수님이 가르침 중에 던지신 폭탄과 같은 이슈는 바로 이것이다. 사람은 돈과 돈으로 살 수 있는 것을 좇으며 살거나, 하나님과 그분이 가치 있다고 말씀하신 것들을 좇으며 살거나 둘 중 하나라고. 자아 왕국의 성공에 투자하기 위해 일하거나, 하나님 나라를 섬기는 일에 자신을 드리거나 둘 중 하나다. 당신은 왕이신 그리스도를 예배하고 그분이 중요하다고 말씀하신 일에 자신을 드리거나, 돈이라는 왕을 예배하고 돈과 돈으로 살 수 있는 편안함, 쾌락, 소유물, 권력을 좇는 데 자신을 드리고 있다. 여기에 중립 지대는 없다. 둘 중 어느 왕을 예배하느냐에 따라 모든 사람의 삶이 정리된다. 잊지 말라. 우리는 모두 보물찾기를 하고 있다. 모든 사람은 자신이 중요하다고 여기는 것들을 추구하고 있다. 각자가 좇고 있는 보물의 종류가 다를 뿐이다.

예수님은 다음 말씀으로 이 단락을 마무리하신다. "그런즉 너희는 먼저 그의 나라와 그의 의를 구하라 그리하면 이 모든 것을 너희에게 더하시리라"(마 6:33). 그런데 이런 선언은 여기뿐 아니라 성경 곳곳에 등장한다. 다음 말씀들도 살펴보라.

> "예수께서 이르시되 네가 온전하고자 할진대 가서 네 소유를 팔아 가난한 자들에게 주라 그리하면 하늘에서 보화가 네게 있으리라 그리고 와서 나를 따르라 하시니"(마 19:21).

> "그러나 화 있을진저 너희 부요한 자여 너희는 너희의 위로를 이

미 받았도다"(눅 6:24).

"그들에게 이르시되 삼가 모든 탐심을 물리치라 사람의 생명이 그 소유의 넉넉한 데 있지 아니하니라 하시고"(눅 12:15).

"하나님은 이르시되 어리석은 자여 오늘 밤에 네 영혼을 도로 찾으리니 그러면 네 준비한 것이 누구의 것이 되겠느냐 하셨으니 자기를 위하여 재물을 쌓아 두고 하나님께 대하여 부요하지 못한 자가 이와 같으니라"(눅 12:20-21).

"적은 무리여, 무서워 말라 너희 아버지께서 그 나라를 너희에게 주시기를 기뻐하시느니라 너희 소유를 팔아 구제하여 낡아지지 아니하는 배낭을 만들라 곧 하늘에 둔 바 다함이 없는 보물이니 거기는 도둑도 가까이하는 일이 없고 좀도 먹는 일이 없느니라"(눅 12:32-33).

"예수께서 그를 보시고 이르시되 재물이 있는 자는 하나님의 나라에 들어가기가 얼마나 어려운지 낙타가 바늘귀로 들어가는 것이 부자가 하나님의 나라에 들어가는 것보다 쉬우니라 하시니"(눅 18:24-25).

이 본문들은 하나같이 하나님과 돈의 불가피한 갈등을 이야기한다. 모든 본문이 우리를 유혹하고 궁극적으로 지배하려는 돈의 힘을 다룬다. 우리는 돈으로 살 수 있는 아름답고 흥미로운 물건들이 가득한 물질세계에 살기에, 정신이 산만해지고 곁길로 새고 속임수와 유혹에 넘어가고 탈선하고 납치되기 쉽다. 이 점을 분명히 하고 싶다. 성경은 절대로 물질세계와 그 안에 있는 모든 아름다운 것이 악하다고 가르치지 않는다. 피조물에서 즐거움을 찾는 것이 결코 악하다고 말하지 않는다. 피조물을 소유하는 것이 잘못이라고 말하지 않는다. 돈이 악하다고도 말하지 않는다. 돈을 소유하거나 사용하는 것이 악하다고 가르치지 않는다. 부자는 다 세속적이고 가난한 사람은 다 거룩하다고 말하지 않는다. 돈이나 물질을 저주한다고 해서 돈과의 싸움을 해결하지 못한다. 이 싸움은 사실 당신의 마음을 얻으려는 싸움이기 때문이다.

성경이 분명히 가르치는 것은, 당신 마음을 차지하는 돈에 대한 사랑이 삶의 원리가 되어야 할 하나님의 사랑을 밀어낼 때 당신은 영적으로 큰 문제에 봉착한다는 것이다. 돈 자체는 악이 아니지만, 매우 나쁜 신이 될 수 있다. 부 그 자체는 악이 아니지만, 그것이 당신 마음을 다스리게 해서는 안 된다. 돈은 하나님의 선하신 피조물이지만, 이 좋은 것이 당신 마음을 지배할 때는 나쁘게 변할 수 있다. 만왕의 왕을 섬기면서 동시에 부를 마음의 꿈으로 소유할 순 없다. 창조주보다 피조물을 더 사랑해서는 안 된다. 당신이 간절히 찾는 보물이 정작 돈이면서, 하나님 나라의 영원한 보물을 얻기 위해 산다고 말할 수 없는 것이다.

하지만 안타깝게도 많은 사람이 바로 이런 행동을 하고 있다. 우리는 우리의 생활방식에 흐르는 모순을 인지하지 못하는 것 같다.

돈과 물질이 우리에게 기쁨을 가져다주는 것을 인지하지 못하는 것 같다. 이 땅의 물질을 얻고 유지하며, 보호하고 수리하며, 즐기는 데 얼마나 많은 시간과 에너지를 사용하고 있는지 깨닫지 못하는 것 같다. 돈과 물질에 얼마나 많은 희망과 꿈, 슬픔과 실망을 걸고 있는지 알지 못하는 것 같다. 우리가 얼마나 탐욕, 자격, 시기, 탐심과 싸우고 있는지 보지 못한다. 돈이 없거나 갖고 싶은 물건 때문에 하나님의 선하심을 의심하게 되는지 보지 못한다. 이런 것들을 보지 못하기에 예배할 때 사실은 우리가 섬기는 왕을 어떻게 바꿔야 하는지 깨닫지 못한다. 우리가 예배하러 온 왕은 우리가 일주일 내내 섬긴 왕이 아니기 때문이다. 이것은 우리의 편안한 물질주의적 삶의 한가운데 투하된 영적 폭탄이다. "하나님과 돈을 동시에 섬길 수 없다." 여기에 타협이나 협상의 여지는 없다. 이 말씀의 철저한 배타성이 우리 모두에게 확신의 근거가 되어야 한다. 이 책을 쓰는 지금도 이 말씀에 잠시 글을 멈추게 된다.

상자로 장난치는 행동의 위험성

그의 행동이 내 맘에 들지 않았지만, 그는 그런 사실을 모르는 듯했다. 일부러 그러지는 않았을 것이다. 우리 아들은 선물에 익숙하지 않았다. 성탄절이나 생일에 예쁘게 포장한 선물을 건네면 내용물은 내팽개치고 선물 상자로 장난치는 것만 좋아했다. 그러기를 벌써 여러 차례. 어느 해 성탄절엔가는 아무리 시간이 오래 걸려도 아들이 반드시 푹 빠질 만한 장난감을 찾으리라 결심까지 했다.

평소보다 훨씬 더 오래 쇼핑몰을 뒤진 끝에 우리 부부는 드디어 적절한 장난감을 발견했다. 우리 아들을 위해 만들었다 해도 과언이 아닌 장난감이었다. 아들도 분명히 좋아하리라는 확신이 들었다. 아들이 선물을 뜯는 모습을 보며 우리 부부는 아들보다 더 들떠 있었다. 아들은 상자를 열고 장난감을 꺼내더니 가지고 놀기 시작했다. 내 눈을 믿을 수가 없었다. 드디어 성공이다!

나는 마실 것을 찾으러 주방에 갔다가 사람들이랑 잠깐 이야기를 나누고 거실로 돌아왔다. 그런데 아들이 상자 속에 앉아 있는 게 아닌가!

모든 사람이 그리스도와 돈이 날마다 전쟁을 벌이는 이 세상에서 보물찾기를 하고 있다는 이야기를 하다 말고 뜬금없이 웬 장난감 이야기인가 궁금할 것이다. 내 생각엔 우리 아들 같은 사람들이 많은 것 같다. 우리는 놀라운 선물을 받았다. 아니, 사실 '놀랍다'는 그 선물을 묘사하기에는 턱도 없이 부족한 단어다. 그것은 이 세상 최고의 선물, 선물 중의 선물이 아니던가. 어느 모로 보더라도 정말 멋진 선물이다. 알든 모르든, 이 세상 모든 인류가 간절히 필요로 하는 단 하나의 선물. 우리 인생에 꼭 필요한 단 하나의 선물. 우리가 무슨 수를 쓴다 해도 받을 수 없는 선물, 받을 자격이 없는 선물. 당신의 모든 것을 바꿀 능력이 있는 유일한 선물. 아무리 큰돈을 준다 해도 돈으로는 살 수 없는 선물. 그저 받을 수만 있는 선물이다. 당신이 이 선물을 원치 않는다면, 마땅히 원해야 하고, 이 선물이 필요 없다고 생각한다면, 당신에겐 이 선물이 반드시 필요하다.

◇

이 선물이 무엇인가? 바로 '주 예수 그리스도의 은혜'라는 선물이다. 그런데 삶을 바꾸는 이 놀라운 선물을 받고도 많은 사람이 상자만 갖고 놀고 있다. 성경을 조금 아는 데 만족한다. 약간의 신학 지식에 만족한다. 가끔 사역하는 데 만족한다. 헌금함에 동전 몇 푼 넣는 데 만족한다. 소그룹에서 맺는 가벼운 관계에 만족한다. 일요일 아침 예배가 최선인 기독교에 만족한다. 최고의 선물을 받았지만, 상자만 만지작거리는 데 만족한다. 양손과 감사하는 마음으로 이 은혜의 선물을 움켜쥐지 않는다. 이렇게 말하는 사람은 찾아보기 힘들다. "이런 선물을 받다니 믿기지 않네요. 이 선물이 주는 혜택을 온전히 누릴 때까지 절대로 놓지 않을 겁니다. 이 선물을 소중히 여기고, 설명하며, 격려하는 곳이 어디든 늘 따라다니고 싶습니다. 나는 이 선물이 나를 위해, 또 나를 통해 다른 사람들에게 해줄 수 있는 일을 하기 위해 나의 모든 것을 바치고 싶습니다. 이 선물이 내 것이 될 수 있도록 은혜를 베풀어 주신 그분을 예배하는 데 저 자신을 드릴 겁니다."

슬프게도 많은 사람이 상자만 갖고 노는데, 우리 마음의 사랑을 독차지한 다른 것이 있기 때문이다. 우리가 매일 섬기는 다른 것이 있다. 우리의 소망과 꿈을 사로잡은 다른 것이 있다. 우리는 구원받은 사실에 감사하고 교회도 열심히 다닐 테지만, 다른 무언가가 우리 삶을 조직하고 우리의 상상력을 사로잡아 버렸다. 돈이 우리 귓가에 어마어마한 약속들을 속삭였고, 우리는 그 거짓말을 믿어 버렸다. 돈은 그런 약속을 할 권리도 없고 그 약속을 지킬 힘, 즉 생명도 없는데, 우리는 그 헛된 것을 좇아 살고 있다. 그래서 우리는 만족하지 못한 채 더 많은 것을 손에 넣으려고 더 많이 쓰지만, 아무 소용이 없다. 들뜬 기분은 오래가지 않는다. 얼마 못 가 공허한 불만족이 다시 찾아오고, 우리는 이번에는 돈이 꼭 만족을 주리라 기대하며 또다시 시도한다. 그러나 돈에는 그런 능력이 없기에 우리에게는 공허한 마음과 텅 빈 지갑만 남는다. 수입이 생활방식을 열심히 쫓아간다. 미친 짓이다. 물려받은 유산은 빚뿐이요, 대부분의 사람이 빚에 대처하는 방법은 더 많이 쓰는 것이다.

우리의 문제는 예산 문제가 아니라 보물 문제다. 우리의 문제는 재정 문제가 아니라 누가 왕이냐의 문제다. 물건이 문제가 아니라 마음이 문제다. '누가 왕이냐?' 하는 문제를 처리하지 못하면, 많은 사람이 직면하고 있는 소비와 예산 문제를 제대로 해결하지 못할 것이다.

예산과 하나님의 은혜

예수님의 가장 충격적인 두 비유가 모든 내용을 말해 준다. 이 두 비유는 인간이 태생적으로 어떤 존재인지, 우리가 날마다 어떻게 행동하는지를 가장 깊이 다루어 준다. 이 두 비유는 예수님의 비유 중에 가장 짧은 비유일지 모르지만, 단순한 외양으로 그 중요성을 평가해서는 안 될 것이다. 이 비유들은 우리 마음속 깊은 곳의 싸움을 드러내고, 그럼으로써 우리에게 얼마나 은혜가 간절히 필요한지를 지적해 준다.

"천국은 마치 밭에 감추인 보화와 같으니 사람이 이를 발견한 후 숨겨 두고 기뻐하며 돌아가서 자기의 소유를 다 팔아 그 밭을 사 느니라 또 천국은 마치 좋은 진주를 구하는 장사와 같으니 극히 값진 진주 하나를 발견하매 가서 자기의 소유를 다 팔아 그 진주 를 사느니라"(마 13:44-46).

아주 간단한 이 두 비유의 내용은 무엇인가? 이 비유들은 우리에 게 어떤 교훈을 주는가? 그중 한 가지 핵심 메시지는 하나님 나라 의 가치가 무한하다는 것이다. 이 나라는 무엇인가? 우리와 우리가 사는 이 세상을 향한 하나님의 은혜로운 구원 계획이다. 감추인 보 화, 극히 값진 진주는 무엇인가? 그리스도와 그분이 주시는 용서와 구원, 변화와 구속의 은혜라는 선물이다. 이 비유가 주장하는 바는, 하나님의 은혜의 아들이라는 그분의 선물보다 더 값진 선물은 없고, 그 은혜에 따라오는 구원을 찬양하는 것보다 더 가치 있는 일은 없 다는 것이다. 또 이 비유들은 이 보화·진주의 가치를 제대로 안다 면 일상에서 당신이 하는 선택과 행동이 180도 달라질 거라는 사 실을 보여준다.

이 나라의 가치를 제대로 알아본다면, 대다수 사람이 정상이라고 생각하는 자기 중심적이고 돈과 물질을 지향하는 생활방식을 유지 할 수 없을 것이다. 은혜의 가치를 제대로 알아본다면, 그 은혜를 찬 양하는 시간이 다른 나라를 좇는 일로 꽉 찬 일정표에 밀릴 수는 없 을 것이다. 이 보물의 가치를 제대로 알아본다면, 이 보물이 당신의 삶을 조정하는 가치가 될 것이다. 이 보물이 당신의 시간과 에너지,

돈을 쓰는 방식을 결정할 것이다. 그래서 당신의 일정을 재조정하고, 새로운 사고방식으로 예산도 세우게 될 것이다. 또한 관계와 여가를 결정할 것이다. 교회와의 관계도 뜯어고칠 것이다. 그 보물이 당신의 삶을 뒤흔들어 놓을 때 당신의 마음에 기쁨이 넘칠 것이다.

하지만 나는 이 고백을 해야 할지도 모르겠다. 어쩌면 당신도 마찬가지다. 나는 예수님과 그분의 은혜라는 보물의 가치를 늘 제대로 평가하지는 못한다. 안타깝게도 내 마음은 여전히 변덕이 죽 끓듯 한다. 내 마음은 정처 없이 방황하고, 그 덕에 내 눈과 지갑도 방황한다. 필요하지도 않은 물건에 돈을 쓰고, 내가 갖고 싶은 물건을 남들이 갖고 있으면 시기심에 불탄다. 어쩌면 이런 저급한 불만이 내 진정한 속마음을 드러내는지도 모르겠다. 이미 넘치도록 많은 것을 가졌는데도 만족하지 못하고 더 갖고 싶어한다.

그러나 임마누엘 하나님이 은혜로 내 삶에 들어오셨다. 그분은 내가 나를 위해 할 수 없는 일을 날 위해 해주셨다. 그분의 은혜가 율법은 줄 수 없는 구원을 허락하셨다. 내가 받을 자격이 없는 사랑을 부어 주셨다. 내가 가장 교만하고 반항할 때에도 내게 등을 돌리지 않으신다. 내 약점을 조롱하거나, 바로 앞에서 내 죄를 꾸짖지도 않으신다. 나는 신실하지 못할 때도 그분은 신실하시다. 내가 너무 게을러서 싸우지 못할 때도 내 편에서 싸우신다. 하나님은 그분의 은혜의 사역이 완성될 때까지 내 안에서, 나를 위해 이 일을 계속하실 것이다. 이 은혜의 선물은 내 존재의 빛나는 실재다. 이 은혜가 지닌 영원한 중요성은 인간의 말로는 다 형언할 수 없다.

하지만 내가 늘 이렇게 생각하는 것은 아니다. 내 마음은 여전히 방황한다. 내게는 아직도 은혜가 필요하다. 내게 은혜가 얼마나 필요하냐면, 내게 필요한 은혜의 가치를 제대로 알아보기 위해 은혜가 필요할 정도다. 여기서 중요한 점은 이것이다. 우리의 돈 문제는 물리적인 피조세계에 지나치게 큰 가치를 두기 때문에 시작되는 것이 아니다. 우리의 문제는 예수님과 그분의 은혜라는 선물을 하찮게 여기는 데 뿌리를 두고 있다. 그리스도가 우리 마음에서 제대로 된 가치를 부여받을 때만이 돈이 우리를 다스릴 힘도 여지도 얻지 못할 것이다. 교회에서 돈 이야기를 할 때 이 점을 자주 잊는 듯하다. 그 때문에 우리는 은혜만이 할 수 있는 일을 율법에게 요구한다. 예산은 당신의 마음이 진정으로 소중히 여기는 것이 뭔지 드러내 주지만, 예산을 잘 세운다고 해서 제대로 된 왕을 예배할 수 있는 것은 아니다. 예산은 유용한 소비 기준이 될 수 있지만, 당신의 변덕스러운 마음을 통제할 힘은 없다. 예산은 돈 문제에 현명하게 대처하게 하지만, 유혹에서 당신을 건져 주지는 못한다.

그래서 우리는 또다시 만왕의 왕에게 충성하지 못한 것을 고백하고, 돈에 맞서 싸울 힘을 간구하고, 우리가 약할 때도 하나님의 은혜가 충만한 것을 알고 안심할 수 있다. 우리는 또다시 실패하고, 또다시 유혹에 빠지고, 또다시 엉뚱한 왕을 숭배할 것이다. 그럴 때 우리는 그 소중한 은혜가 다시 한 번 우리를 맞아 줄 것을 안다. 그래서 우리는 혼자가 아니라 우리 왕이 그 백성의 간절한 부르짖음에 언제든 귀 기울여 주실 것을 알고, 내일 아침 일어나 다시 한 번 그 싸움을 싸울 수 있다.

돈이
아니라
사랑이
문제다

$$\triangleright\triangleleft$$

두 사람은 막대한 빚을 지고 있었다. 상황이 얼마나 꼬여 있었던 지, 그날 내 사무실에서 두 사람이 이야기를 마쳤을 때 나는 머릿속 이 텅 빈 것 같았다. 두 사람은 돈을 사랑하면 어떻게 되는지를 여실 히 보여주는 산 증인들이었다. 남편과 아내 모두 이혼 경력이 있어서 각자 자녀를 데리고 재혼한 가정이었다. 자녀들은 물질주의적이고, 권리를 강하게 주장했기에 요구사항도 많았다. 그도 당연한 것이, 이 부부는 자신들이 '편안한 삶'을 누릴 자격이 있다고 생각했고, 그런 생활을 위해 얼마든 투자할 의사가 있었다. 그리고 실제로도 그렇게 돈을 썼다! 그들의 욕구와 소비, 소유, 부채, 불만족의 악순환은 끝이 없어 보였다. 그들은 돈을 사랑했다. 돈 때문에 느끼는 기분, 돈 때문 에 누리는 것들에 만족했다. 돈 때문에 남들에게서 받는 시선을 즐 겼다. 돈의 힘을 사랑했다. 하나님이 그들을 사랑하셔서 돈을 주셨 다고 믿기에 돈을 사랑했다. 돈으로 살 수 있는 물건들 때문에 돈을

243
◇
12장_ 돈이 아니라 사랑이 문제다

사랑했다. 부부는 돈을 사랑해 마지않았다!

내가 그들을 만났을 때는 그들의 자기 중심적이고 물질적인 꿈이 무너져 내리고 있었다. 그들의 이야기를 듣고 있자니, 어느 순간 그들이 돈에 미치게 된 것이 분명했다. 그들은 도저히 돈을 가만히 갖고 있을 수 없었던 것 같다. 번 돈이 수중에 들어오기도 전에 쓸 궁리부터 했다. 물건과 즐거움이 쌓일수록 빚도 함께 쌓여 갔기에, 두 사람은 특별한 조치가 필요하다고 생각했다. 그래서 별장을 담보로 두 번째 융자를 받았다. 빚을 갚으려고 또 빚을 내는 것도 좋은 해결책은 아니지만, 이 부부가 빌린 돈을 어떻게 했을 것 같은가? 자유 입출금 통장에 넣었다. 자유 입출금 통장이라니! 부부는 집을 저당 잡히고 돈을 빌려 더 무모한 소비를 감행했다. 남편은 현금이 생기자 기념으로 아내에게 3,500달러짜리 반지를 사줬다. 두 사람은 돈에 취하고 또 미쳐 중독까지 되었지만, 그 사실을 모르는 것 같았다.

자금 압박이 심해지자 부부 사이에 긴장감과 짜증, 끊임없는 갈등이 생겼다. 자녀들은 누가 가장 큰 자산을 차지할지 싸우느라 하루도 바람 잘 날이 없었다. 요구사항도, 불만도, 비판도 많았다. 남편은 가정에서 벌어지는 갈등에 손을 쓸 수 없어 점점 더 집을 비우는 시간이 많아졌고, 혼자 버려진 듯한 아내는 이혼 방법을 찾기 시작했다. 이렇게 가족이 분열되는 와중에, 이 가정의 형식적인 영성 생활마저 사라져 버렸다. 하나님은 겉만 그럴싸한 예배 대상으로 전락한 지 오래였다. 교회는 주간 계획에서 빠져 버렸고, 하나님의 사역에 헌금할 돈은 없었다. 이 부부에게 돈에 대한 사랑은 온갖 악의 근원이 되어가고 있었다.

어떻게 돈을 사랑함이 악의 뿌리가 되는가?

언뜻 읽으면 말이 안 되는 이야기 같다. 돈을 사랑하는 것보다 더 악한 일이 얼마나 많은가 말이다. 게다가 겉으로 보기에는 돈을 사랑한다고 해서 온갖 다른 악한 일로 빠지는 것 같지도 않다. 그러니 돈을 사랑하는 행위의 영적 영향력을 차근차근 살펴보는 것이 중요하다. 디모데전서 6장 6-10절을 자세히 살펴보자.

> "그러나 자족하는 마음이 있으면 경건은 큰 이익이 되느니라 우리가 세상에 아무것도 가지고 온 것이 없으매 또한 아무것도 가지고 가지 못하리니 우리가 먹을 것과 입을 것이 있은즉 족한 줄로 알 것이니라 부하려 하는 자들은 시험과 올무와 여러 가지 어리석고 해로운 욕심에 떨어지나니 곧 사람으로 파멸과 멸망에 빠지게 하는 것이라 돈을 사랑함이 일만 악의 뿌리가 되나니 이것을 탐내는 자들은 미혹을 받아 믿음에서 떠나 많은 근심으로써 자기를 찔렀도다."

이 말씀을 자세히 읽으면 돈을 사랑하는 것이 돈보다 훨씬 더 큰 문제들과 연결된다는 힌트를 얻을 수 있다. 바울이 이 짧은 단락에서 말하고 있는 내용을 살펴보라. 돈을 사랑하는 것은 근본적으로 낭비의 문제가 아니다. 만족의 문제다("자족하는 마음이 있으면 경건은 큰 이익이 되느니라"). 돈을 사랑하는 것은 정체성의 문제이기도 하다("우리가 세상에 아무것도 가지고 온 것이 없으매"). 그리고 돈을 사랑하는 것은 타락한 세상의 문제다("시험…에 떨어지다니"). 또 돈을 사랑하는 것은 예배의 문제다("부하려 하는 자들은…"). 이처럼 돈을 사랑함의 뿌리는 인간 마음의 토양에 우리 생각보다 훨씬 깊고 넓게 퍼져 있다.

바울은 만족에서부터 이야기를 시작하는데, 돈 문제의 뿌리가 바로 거기에 있기 때문이다. 불만족은 돈에 대한 사랑이 자라나는 토양이다. 나는 사람들이 불만족을 제대로 평가하고 있다고 생각지 않는다. 불만족을 사소한 죄라고 생각한다. 대다수 사람은 불만족을 더 많이 소유하고 싶은 마음보다 조금 더 과한 것으로 생각하고, 불평을 조금 한다고 해서 파티의 스타가 된다고는 생각지 않는다. 그러나 불만족은 영적으로 그보다 훨씬 더 중요하고 영향력도 크다. 불만족스런 사람에게는 행복보다 좀 더 근본적으로 삶을 형성하는 뭔가가 빠져 있다. 불만족스런 사람은 겸손이 부족하다. 그는 자신을 실제보다 더 대단한 사람으로 생각한다. 그는 실제로는 누릴 자격이 없는 것을 누릴 자격이 있다고 확신한다. 실제로는 받을 권리가 없는 것들을 받을 권리가 있는 것처럼 살아간다. 그것들을 요구하는 것이 자신의 권리라고 믿기 때문이다. 자신이 손에 넣을 수 없는 것을 가진 옆 사람을 어찌해야 할지 모르고, 결국엔 그놈의 불만족 때문에 하나님의 선하심을 의심하는 지경까지 이를 것이다. 이처럼 불만족은 매우 심각한 문제다.

겸손이 부족하여 생기는 불만족은 교만에 차서 자기 자랑을 하는 것보다 훨씬 더 문제다. 이는 오만에 사로잡힌 마음의 문제다. 사람은 위로 하나님을 사랑하고, 밖으로 이웃을 사랑하기 위해 창조되었는데, 그런 삶은 끊임없이 안으로만 향한다. 자기밖에 모르는 삶이다. 거룩하지 못한 자기 사랑의 삼위일체, 즉 나의 바람과 필요, 감정이 다스리는 생활방식이다. 행복에 대한 개인의 정의를 내 삶에서 가장 중요한 윤리적 책임으로 설정하는 것이다. 오로지 내 쾌락과 안락, 편안함을 위해서 날마다 살아간다는 뜻이다. 내 세상의 중심에 내가 있다. "나는 나를 사랑하고, 내 인생을 향한 놀라운 계획을 하고 있어."

하나님이 아니라 내가 내 세상의 중심이기 때문에 돈이 엉뚱한 자리를 차지하고 있을 수밖에 없다. 하나님이 내 세상의 중심에 계시고 내가 그분을 위해 창조된 것을 인정한다면, 나는 그분이 내 본연의 존재가 되고 본연의 행동을 할 수 있도록 내게 필요한 것을 은혜 가운데 공급해 주시길 기대한다. 하지만 내가 중심에 있다면, 내가 전부라면, 돈이 내 구세주를 대체할 수 있다. 어떻게 그럴 수 있냐고? 내 행복이 중심에 있고 창조주는 구석으로 밀려나면, 피조물에서 행복을 찾을 것이다. 그러면 내 생각에 즐거움을 줄 것 같은 모든 것을 가져다주는 돈이 구세주가 된다. 더 이상 하나님의 영광을 위해 살지 않고 나 자신에게만 집착하면, 내가 피하고 싶은 가장 큰 악인 모자람과 불편함에서 나를 구해 주기를 돈에게 요구하게 된다.

하나님이 아니라 자신을 위해 사는 것이 온갖 악의 핵심이라는 사실에 기꺼이 동의하지 않는가? 그것이 바로 돈을 사랑하는 것이다. 하나님이 아니라 내가 내 세상의 중심에 있을 때, 나는 권리를 주장하고, 나 자신에게 집중하며, 끊임없이 요구하는 삶을 살게 된다. 이기심이 빚어낸 불만족이 그런 삶의 특징이라고 할 수 있다. 에덴동산에서 벌어진 원죄의 핵심에는 오만이 있었고, 이후로 그 오만은 모든

◇

죄가 자라나는 토양이 되었다.

　이게 다가 아니다. 돈을 사랑하는 것은 정체성의 문제이기도 하다. 돈을 사랑하는 것은 당신이 누구이고, 당신의 삶이 무엇인지를 잊어버리는 것과 관련이 있다. 당신은 영원을 위해 창조되었기에 이 땅에서의 삶을 현재의 쾌락과 소유, 체험과 힘의 전부로 생각하는 것은 말이 되지 않는다. 이 땅에 빈손으로 와서 빈손으로 떠나는 것이 사실이다. 이 땅을 떠날 때 당신이 모아 둔 것은 아무런 도움도 되지 않고, 별 의미도 없을 것이다. 당신이 누구인지 잊는다면, 그래서 온전한 삶의 의미를 부인한다면, 돈은 쉽사리 제자리를 이탈할 것이다. 당신은 돈을 사랑하고, 간절히 바라며, 돈을 얻기 위해 물불을 가리지 않고, 돈 많은 사람을 시샘하며, 돈을 얼마나 주시는지에 따라 하나님의 선하심을 판단할 것이다. 돈을 사랑하는 것은 영원을 잊어버린 이기적인 생활방식, 곧 현재를 최우선에 놓고 영생보다 육신의 안락에 더 집중하는 생활방식의 핵심이다. 지금 여기만 생각하는 "인생은 한 번뿐이야" 같은 생활방식이야말로 온갖 악을 다 담고 있다. 영원과 돈에 대해서는 다음 장에서 더 자세히 이야기할 예정이다.

　바울은 독자들이 명심하기 원하는 내용을 더 말한다. 돈을 사랑하는 것은 **타락한 세상**의 문제라는 것이다. 우리가 사는 세상은 하나님의 의도대로 돌아가고 있지 않기 때문에 돈을 사랑하는 것은 너무도 중요한 문제다. 그분의 의도를 벗어난 이 세상에는 온갖 유혹이 만연하다. 단 하루라도 속임수와 유혹을 만나지 않고 지나가기가 힘들다. 하나님이 살고 누리라고 명령하신 삶에서 우리를 떼어 놓으려고 수많은 목소리가 당신 귀에 속삭인다. 그렇다면 바울이 로

마서 1장에서 말하고 있는 유혹은 무엇인가? 그것은 창조주에 대한 예배와 섬김을 피조물에 대한 예배와 섬김으로 바꾸려는 유혹이 아니다. 바로 우리의 정체성과 내면의 안녕을 피조물 가운데서 찾으려는 유혹이다. 창조주만이 주실 수 있는 생명을 피조물에게 요구하려는 유혹이다.

최종적으로 돈을 사랑하는 것은 **예배**의 문제다. 돈을 사랑하면 가장 심각한 악에 빠지게 되는데, 그것은 바로 마땅히 하나님께만 드려야 할 사랑과 애정, 예배와 섬김을 그분이 창조하신 이 세상 피조물에게 돌리는 것이다. 돈을 사랑하는 것은 '자기 사랑'과 '피조물 숭배'라는 두 양상이 만나는 교차로에 자리하기 때문에 돈을 사랑하면 가장 큰 두 계명을 지킬 수 없고, 그 계명들을 지키지 못하는 우리는 하나님 보시기에 악한 일을 많이 저지르게 될 것이다.

돈을 사랑하는 것은 결코 가볍게 볼 일이 아니다. 그것은 정말로 온갖 악으로 이어지는 관문이다. 왜 그런가? 돈을 사랑하는 것은 삶을 형성하는 근본적인 마음의 문제들, 즉 만족, 정체성, 우리가 사는 세상을 이해하고 관계를 맺는 방식, 영원, 예배의 문제와 연결되기 때문이다. 이런 문제들을 제대로 이해하지 못하면, 하나님이 의도하신 대로 살아갈 도리가 없다.

돈을 사랑하는 것이 당신을 위험에 빠뜨리는 이유

자기 사랑, 피조물 숭배, 돈을 사랑하는 것 이렇게 끔찍한 3인조가 마음을 다스리면, 당신이 바로 당신에게 위험한 존재가 된다. 하나님을 위해 살 때만이 그 은혜를 힘입어 자신에게 아니라고 말하고, 날마다 자기 절제를 실천하며, 하나님의 부르심에 따라 살아가고자 하는 갈망과 힘을 얻을 수 있다. 당신이 당신 존재의 한가운데 있는데 왜 굳이 자신에게 아니라고 말하겠는가? 자기 중심적 삶은 권위와 경계, 통치와 억압을 저주한다. 온전히 자기 중심적인 사람에게는 오로지 한 가지 법칙밖에 없다. "나는 내가 원하는 것을 가진다." 당신이 중심일 때 최종 소비자가 될 것이다. 채워지지 않는 굶주림을 느낄 것이다. 늘 또 다른 쾌락을 찾아 헤맬 것이다. "__만 손에 넣을 수 있다면" 하고 끊임없이 괴로워할 것이다. 원하는 것을 다 가질 수 없다는 사실이 인생에서 가장 큰 슬픔이 될 것이다. 자신을 사랑하면 돈을 사랑하게 되는데, 돈이 당신의 욕구를 채워 주기 때문이다. 자신을 사랑하면 돈을 사랑하게 되는데, 돈을 사랑하면 기분이 좋아지기 때문이다. 자신을 사랑하면 돈을 사랑하게 되는데, 돈 때문에 당신을 바라보는 다른 사람들의 시선이 달라지기 때문이다. 자신을 사랑하면 돈을 사랑하게 되는데, 돈을 사랑하면 자기 자신만 의지하게 되기 때문이다. 자신을 사랑하면 돈을 사랑하게 되는데, 돈을 사랑하면 자신에게 아니라고 말할 필요가 없기 때문이다.

'아니요'라고 말하는 것은 만사를 지배하는 누군가가 있는데, 그것이 당신은 아니라는 사실을 인정하고 받아들이는 것이다. 자신에게 아니라고 말하는 것은 하나님의 존재를 인정하고, 그분의 명령에 복종하는 것이다. 하지만 입으로는 뭐라고 고백하든 당신 자신을 위해 살 때는, 하나님 따위는 없고 당신 스스로 당신의 규칙을 쓸 권리가 있는 것처럼 살아가는 것이다. 돈을 사랑하는 것은 오만과 끊임없는 갈망으로 점철된 생활방식의 진원지다. 죄를 억제하는 생활방식과는 거리가 멀다.

핵심은 이것이다. 삶을 형성하는 근본적인 차원에서, 돈을 사랑하는 것은 하나님 사랑을 대체한다. 이것만도 충분히 큰 재앙이지만, 돈을 사랑하는 것은 하나님 자리를 꿰찰 뿐 아니라, 당신의 마음이 간절히 원하는 만족감을 가져다줄 능력이 없다. 그래서 당신은 끊임없이 반복해서 돈을 찾는다. 더 많은 돈을 원하고, 바라며, 쓰면서 찰나의 흥분을 전전한다. 그렇게 당신도 모르는 사이 돈에 중독되는 것이다.

그런데 여기서 끝이 아니다. 돈을 사랑하면 우리 마음에서 하나님 사랑을 밀어낼 뿐 아니라, 당신을 당신 인생의 중심으로 몰아간다. 하나님의 영광, 하나님의 뜻, 하나님의 계획, 하나님의 은혜, 하나님의 법칙은 온데간데없고, 당신의 갈망, 당신의 '필요', 당신의 계획, 당신의 자기 중심적 법칙이 당신의 삶을 형성한다. 당신이 당신 세계의 중심에 있으면서 자신의 최고 권력일 때는 스스로에게 윤리적 위험이 될 수밖에 없다. 왜냐하면 당신이 중심에 있으면 스스로에게 '아니요'라고 말할 수 없기 때문이다. 그게 바로 돈을 사랑하는 것이 당신에게 미치는 영향이다. 그것은 당신을 오만이라는 위험한 세계로 끌어들인다.

"내가 나 자신에게 위험한" 생활방식은 도대체 어떤 모습인가? 다음 네 가지 설명을 살펴보자.

1) 의심할 수 없는 사실, "나는 그럴 만한 자격이 있어"

하나님에 대한 사랑이 당신의 마음을 다스리지 않을 때, 당신은 당신의 우주 중심에 홀로 남아 당신이 누릴 자격이 없는 것들을 누릴 자격이 있다고 믿는다. 이만한 자격이 있다는 자신만의 감정을 따를 것이다. 당신의 자기 중심성을 추호도 의심하지 않을 것이다. 당신의 시간과 돈을 대부분 당신을 돌보는 데 사용하고 있다는 죄책감도 갖지 않을 것이다. 감사보다는 불평하기에 바쁠 것이다. 당신을 위해 간직하는 것보다 남에게 주는 게 훨씬 더 어려울 것이다. 당신 돈은 당신 것이고 당신이 필요한 대로 쓸 수 있다고 생각할 것이다. 가진 돈이 얼마가 됐든, 더 많이 가질 자격이 있다고 생각할 것이다. 자신이 누리는 풍요로움을 축복이 아니라 당연한 권리로 생각하고, 자신을 돌보는 일에 돈을 쓰기에도 시간이 부족해서 남을 축복하고 섬기는 일에 돈을 사용할 방법을 궁리할 시간은 거의 없을 것이다.

2) 고삐 풀린 욕구, "내가 원해"

하나님의 존재와 영광, 은혜, 윤리적 부르심보다는 당신의 바람과 필요, 감정이 당신의 삶을 형성하고 인도할 것이다. 당신은 자녀들이나 지인의 자녀들에게서 그런 모습을 본 적이 있을 것이다. 사람의 욕심은 끝도 한도 없다. 태어나는 순간부터, 욕망하는 인간의 능력은 구원과 자제를 필요로 한다. 하나님이 창조하신 대로 산다면 개인의 욕구만 좇는 생활방식은 들어설 자리가 없다. 모든 사람은 자신의 마음을 사로잡고 동기를 부여할 영광스럽고 초월적인 뭔가가 필요하다. 모든 사람은 자신보다 더 큰 존재를 영적으로 깨닫고 스스로에게서 구원받아야 한다. 모든 죄인이 추구하는 "나를 향한" 삶이야말로 이 세상에서 가장 위험한 인생이다.

하나님이 의도하신 삶은 그분이나 다른 사람이 아니라 바로 우리 자신에게 '아니요'라고 말하는 삶이다. 당신은 불필요한 것을 원한다. 소유해서는 안 되는 것을 간절히 바랄 것이다. 필요한 것보다 더 많이 갈망할 것이다. 당신을 파괴하는 것에 마음을 빼앗길 것이다. 하나님 보시기에 추한 것이 아름답게 보일 것이다. 욕망을 따르기 위해 시간과 힘과 돈을 사용한다면, 자신을 온갖 악에 노출시켜 결국 인생을 망치게 될 것이다.

3) 재론의 여지가 없는 생각, "내가 먼저야"

나는 계산대로 달려가면서 다른 사람들이 어느 줄에 서는지 좌우를 살폈다. 나보다 먼저 계산대에 도착한 사람 때문에 내 순서가 밀리는 게 벌써 짜증이 나기 시작했다. 장바구니를 가득 채운 세 사람 뒤에 줄을 서서 기다리는데, 짜증으로 폭발하기 일보 직전 하나님이 은혜로 나를 구하셨다. '내가 먼저일 자격은 없지. 다른 사람보다 내 일정이 더 중요하지는 않으니까. 하나님은 그분의 영광과 나의 유익을 위해 이 사소한 순간조차 다스리고 계셔. 3분 더 기다린다고 해서 아무 일 없을 거야.' 그분의 은혜가 나를 제정신으로 돌려놨다. "내가 먼저"라는, 돈이 부추기는 오만은 미친 짓일 뿐 아니라, 온갖 악의 근원이다. 타인을 내 길의 방해꾼으로 전락시키고, 하나님의 주권과 선하심을 의심하게 하며, 이웃을 내 몸처럼 사랑하라는 그분의 명령을 짓밟는다.

4) 이의를 달 수 없는 선언, "내가 할 거야"

어쩌면 "내가 할 거야"는 이런 생활방식에서 가장 위험한 요소일지도 모르겠다. 이 생각은 나 자신을 만왕의 왕을 기쁘게 섬기는 종이 아니라 왕으로 삼게 한다. 나는 더 이상 "[주님의] 나라가 임하시오며 [주님의] 뜻이 하늘에서 이루어진 것같이 땅에서도 이루어지이다"라고 기도하지 않는다. 오히려 내 나라가 임하기를 원한다. 남몰래 속으로 내 뜻이 지금 내가 사는 이곳에서 이루어지기 바란다. 내가 가지지 못한 것까지 통제하기 원한다. 갑작스레 끼어드는 일 없이 예측 가능한 일정을 기대한다. 사람들이 내게 동의하고 내 계획에 수긍하기를 원한다. 내가 원하는 것에 동조하고 내 요구에 양보해 주기를 기대한다. 나는 나를 위해 살고, 당신도 나를 위해 살아주기를 바란다. 내 돈은 내가 다스리는 이 작은 왕국의 자금으로 쓰인다.

돈을 사랑하면 내 마음의 가장 큰 동기인 하나님 사랑을 밀어내기 때문에, 제대로 된 돈 사용법을 고심하는 것은 물론, 온갖 다른 악의 문제와 싸워야 한다. 당신을 중심에 두면 하나님 보시기에 악한 생활을 할 수밖에 없다.

지난 몇 페이지를 쓰면서 얼마나 가슴이 쓰린지 모르겠다. 하나님의 지혜가 담긴 진리가 싫어서가 아니라, 그 말씀이 내 마음의 죄와 약함과 실패를 드러내기 때문이다. 나는 내가 이야기한 이 모든 문제와 상관이 없다고 말할 수 있으면 좋으련만, 그렇지 못하다. 돈을 사랑하는 것이 위험하다는 이 말씀은 변덕스럽고 방황하는 내 마음을 폭로한다. 나 역시 필요하지 않은 것을 간절히 바라는 욕심에서 자유롭지 못하다. 필요와 이기적인 욕구를 혼동하는 마음도 여전히 남아 있다. 내가 가진 것은 내 마음대로 쓸 수 있다고 생각하고 싶은 유혹에 시달린다. 남들이 편하고 여유 있게 사는 모습을 보면 배가 아프다. 나 자신에게 '아니요'라고 대답하기가 매우 어려운 경우를 자주 본다. 이 물질세계의 보물과 쾌락, 편안함이 여전히 좋아 보인다. 더 좋은 일에 쓸 수도 있었을 돈을 엉뚱한 곳에 허비하기도 한다. 아주 넉넉한데도 더 필요하다고 고집을 피우기도 한다. 내 왕국이 하나님 나라보다 더 소중하게 다가올 때도 있다. 하나님이 악하다고 말씀하신 것이 내게는 그리 악해 보이지 않을 때도 있다. 돈의 중독성 있는 매력을 완전히 떨쳐내지 못한다. 하늘에서 돈벼락이 떨어진다면 사고 싶은 사치품들을 가끔 상상해 보기도 한다. 없으면 큰일 나는 물건만 늘 사는 것은 아니다. 쉬 사라질 잠깐의 즐거움을 위해 돈을 쓸 때도 있다. 이 모든 사실은 내가 이 책을 쓰기 전에 했던 고백보다 내 마음속에 돈에 대한 사랑이 더 크다는 것을 보여준다. 바른 신학, 성경 지식, 사역자라는 소명, 경험과 기술이 나를 구원하지 못했다는 사실에 직면할 때 마음이 겸허해진다.

앞의 내용은 내 안에 있는 영적 조현병(망상, 환청, 와해된 언어, 정서적 둔감 등의 증상과 더불어 사회적 기능에 장애를 일으킬 수도 있는 질환―편집자 주)을 드러내 주었다. 독자 중에도 나와 비슷한 사람이 많을 것이다. 교회 사역에 헌신하고 열심히 헌금을 내면서, 돈을 사랑하는 것은 당신과 동떨어진 문제라고 잘못된 결론을 내렸을지도 모른다. 빚더미 위에서 그럭저럭 잘 버티는 능력을 보며, 돈을 사랑하는 것은 당신과 관계없는 문제라고 확신했다. 과도한 재정 사용으로 파탄에 빠진 다른 사람들과 자신을 비교하면서 돈을 사랑하는 문제는 남 일이라고 생각했다. 하지만 나는 지금 여기서 독자들에게 책을 내려놓고 멈춰서 보고 들어보기를 요청한다. 당신의 마음과 삶을 잘 살펴보라. 돈을 사랑하는 문제가 당신 생각만큼 잘 되고 있지 않다는 증거는 없는가? 마음 한구석에, 하나님과 돈이 제자리에 있다면 거기 있어서는 안 될 미묘한 악이 도사리고 있지는 않은가?

우리의 영적 조현병은 우리에게 근본적으로 은혜가 필요하다는 증거다. 내게 가장 큰 위험은 바로 나 자신이기 때문에, 나의 가장 큰 문제는 나의 외부가 아니라 내 마음속에 자리하고 있기에, 내가 나를 도울 수 없다. 나는 내 문제를 해결할 수 없다. 하나님이 아닌 다른 무엇이 내 마음을 다스리고 있다면, 예산 좀 잘 짠다고 해서 도움이 되지 않는다. 내가 내 왕국을 짓느라 혈안이 되어 있을 때는 아무리 좋은 재정 상담을 받는다 해도 아무 소용이 없다. 다른 누군가가 나를 구출해서 회복하고 힘을 주어야 한다. 나에게 종살이하는 나를 해방시켜야 한다. 내 욕구는 올바른 초점과 방향을 되찾아야 한다. 만족하며 살아야 한다. 날마다 내게 쏟아지는 넘치는 축복을 볼 줄 아는 눈이 있어야 한다. 하나님을 온전히 더 사랑하고 이웃을 적극적으로 더 사랑해야 한다. 내게는 은혜가 필요하다!

하나님은 역사의 사건을 쓰시고 사람과 장소를 조정하셔서 때맞춰 예수님을 세상에 보내셨다. 인간에게는 더 이상 소망이 없었기 때문이다. 예수님은 우리가 살 수도 없고, 살지도 않을 삶을 사셨다. 그분은 우리가 받아 마땅한 죽음을 대신 죽으셨다. 하나님의 율법과 분노의 모든 요구 조건을 충족하셨다. 그리고 죽음을 이기고 무덤에서 걸어 나오셨다. 그러므로 우리가 반항하고, 무능력하게 죄를 지을 때에도 필요한 도움을 받을 수 있다.

돈에 대한 무거운 죄책감과 수치심을 당신이 짊어지지 않아도 된다. 당신이 돈 문제에 지혜롭거나 깨끗하다는 것을 자기 자신이나 주변에 증명하느라 애쓰지 않아도 된다. 돈 씀씀이가 자기 중심적이고 다른 사람에 대한 긍휼이 부족한 것을 변명하려고 애쓰지 않아도 된다. 당신의 선택을 변호하지 않아도 된다. 십자가에 달린 예수님이 당신을 죄뿐 아니라 '자기 의'라는 망상에서 해방시키셨기 때문이다. 하나님이 당신을 위해 하신 일 덕분에, 그분의 의가 당신을 덮으시기 때문에, 실패하여 암담할 때도 그분에게서 달아날 필요가 없다. 예수님은 아버지가 등을 돌리신 바로 그때, 십자가에서 당신의 거절감이라는 무게를 온전히 지셨다. 그분이 기꺼이 그 거절감을 견디셨기에, 당신이 곤경에 처할 때도 하나님은 결코 등을 돌리지 않으실 것이다.

스스로 구세주가 되려고 전략이나 전술, 계획과 법칙을 찾을 필요가 없다. 당신에게는 이미 구세주가 계시기 때문이다. 그분은 당신과 함께, 당신 안에, 당신을 위해 계신다. 그분은 당신의 생명이요, 그분의 은혜가 당신의 소망이다. 내가 그랬던 것처럼 그분께 달려가라. 그분만이 주실 수 있는 용서와 구원을 구하라.

하나님의 영광과 돈

은혜의 묘미는 은혜가 우리를 구원할 뿐 아니라, 우리를 제자리에 돌려놓는 것이다. 은혜 때문에 내가 전부가 아니라는 사실에 눈

뜰 때 나는 겸손해진다. 은혜 때문에 나는 왕이 되려고 하지 않고 진정한 왕을 사랑하게 된다. 은혜 때문에 내가 얼마나 엉망진창이고 영적으로 곤궁한지를 보게 된다. 은혜는 내 왕국보다 훨씬 더 크고 아름다운 나라로 나를 맞아들인다. 은혜 때문에 나는 내 시간과 돈을 잡아먹는 일시적인 쾌락 대신 영원한 것에 투자할 수 있다. 은혜 때문에 나는 작아지는 느낌이지만, 절대 외롭거나 사랑받지 못한다고 느끼지는 않는다. 은혜는 내가 알지도 못하는 막대한 풍성함을 허락하면서 내가 가난하다고 말해 준다. 은혜는 내가 나에게 위험한 존재이며, 시시각각 도움이 필요한 존재임을 반복해서 알게 해준다. 은혜는 내 약함을 조롱하지 않으면서도 내 마음이 얼마나 변덕이 심한지 드러낸다. 은혜는 나를 한 번만 겸손하게 하는 게 아니라, 높아진 마음이 나를 자꾸만 중앙으로 몰아넣을 때마다 번번이 나를 겸손하게 해준다.

은혜만이 돈을 사랑하는 것을 포함하여 하나님의 통치에 도전하는 모든 것에 대한 속박에서 당신을 해방시킬 요인들을 마음에서 키워 낼 수 있다. 은혜만이 자격을 요구하는 사람을 감사하는 사람으로 변화시킬 수 있다. 은혜만이 강요하고 시기하는 마음을 진심으로 만족하는 마음으로 바꿀 수 있다. 은혜만이 당신을 인내하게 만들 수 있다. 그래야 지금 당장 원하는 것을 갖고 싶어하는 마음에서 자유로워질 수 있다. 은혜만이 긍휼한 마음을 줄 수 있다. 그래야 당신의 필요에만 사로잡혀 있지 않고, 다른 사람의 필요를 보고 돌볼 수 있다. 은혜만이 이 가짜 왕이 아닌 진짜 왕을 섬기는 일에 시간과 돈을 투자하는 사람으로 바꿔 놓을 수 있다.

감사, 만족, 인내, 긍휼, 섬김. 더 이상 돈을 섬기지 않고 은혜로 진짜 왕을 섬기게 된 사람의 마음에는 이 다섯 가지 요소가 있다. 이 다섯 가지가 내 마음에 있는가? 당신의 마음에도 있는가? 모든 사람의 마음에는 이 다섯 가지 요소가 조금씩 숨어 있다. 하지만 전쟁은 계속된다. 우리는 또다시 길을 잃을 것이다. 하나님을 잊어버리고 돈에 대한 사랑에 좌지우지되는 때도 있을 것이다. 우리가 원하는 것이 하나님의 영광보다 더 중요하게 다가오는 때도 있을 것이다. 우리에게 만족을 주지도 못할 것을 손에 넣으려고 수중에 있지도 않은 돈을 쓰기도 할 것이다. 돈을 탕진하고 도움이 필요하다고 손을 내밀기도 할 것이다.

하지만 은혜는 우리를 그냥 내버려두지 않을 것이다. 가만히 앉아 우리가 짜낸 계략에 우리가 넘어가는 꼴을 보고만 있지는 않을 것이다. 은혜는 우리의 본모습을 다시 한 번 노출할 것이다. 우리 죄를 또다시 보게 할 것이다. 그러나 우리를 또다시 용서할 것이다. 우리에게 또다시 힘을 줄 것이다. 다시 한 번 하나님의 사랑의 품에 우리를 안을 것이다. 그러면 우리는 우리가 누구이고 무엇을 받았는지 다시 한 번 기억할 것이다. 그 은혜로 우리는 감사하고 만족하는 사람이 되는 여정에 한 걸음을 더 내디딜 것이다. 언젠가 은혜가 약속하는 그 온전한 모습에 다다를 때까지.

◇

13장

죽을 때는
못 가져가는
것

⊳◁

이것은 성경이 제시하는 가장 급진적인 개념이라고 할 수 있는데, 물리적 가정과 철학적 논리에 모두 반하는 반직관적 개념이다. 그래서 성경의 가르침을 신뢰하는 많은 사람에게조차, 일상의 선택과 결정, 행동에까지 영향을 미치는 정도로 이해되고 있지는 않다. 그것은 당신의 삶의 모든 영역에서 180도 다른 삶을 요구할 것이다. 이것을 염두에 두지 않고서는 제대로 살아갈 수 없다. 실제로 성경은 이것이 모든 인간의 마음에 심겨 있다고 가르친다. 이 관점이 빠져 버리면, 성경이 말하는 믿음은 아무 의미가 없다. 이것은 하나님의 계획에 없어서는 안 될 요소다. 당신이 이것을 그렇게 간절히 바라는 줄을 모를지라도 실상은 간절히 바라고 있다. 당신 주변의 망가진 세상은 이것을 간절히 고대하고 있다.

이 중요하고 급진적인 관점이 무엇인가? 바로 영원이다. 성경은 이 생이 전부가 아니라고 분명히 가르친다. 모든 인간은 어떤 영원한 것

263
◇

을 향하고 있다는 것이다. 이 영원이 당신과 당신의 돈과 무슨 상관이 있는가? 밀접한 상관이 있다. 영원을 염두에 두고 살지 않으면 당신과 당신의 돈을 향한 하나님의 계획을 이해하지도, 살아내지도 못한다. 나는 오늘날 돈에 미쳐 있는 이 세상 모습이 대부분 우리 사회에 만연한 영원 기억상실증의 직접적인 결과라고 확신한다. 그러므로 하나님이 당신에게 맡기신 재정, 자원을 다룰 때 영생에 대한 믿음이 어떻게 적용되는지 생각해 보자.

실용적인 나 중심의 현재주의가 대다수 사람과 우리 주변 사회를 장악하고 있다고 해도 과언이 아니다. 이것은 우리 일상을 형성한다는 의미에서 매우 실용적이다. 우리 개인의 바람과 필요, 감정, 희망, 꿈을 우리 관심사의 중심에 놓기 때문에 나 중심이다. 이것은 근본적으로 나를 중심으로 인생을 살아가는 것이다. 또 지금 당장만 생각하기 때문에 현재주의다. 다시 말해, 성경이 가르치는 장기적 관점보다는 삶에 대한 단기적 관점의 영향을 받는다. 이 실용적 나 중심 현재주의(practical me-istic present-ism—PMP)는 돈 문제에서 결정적 원인이 되는 요소다.

생각 이상으로 많은 사람에게 영향을 미치고 있는 현재주의 세계관에 내재한 세 가지 오류부터 살펴보기로 하자.

1) 지금 이 순간이 전부인 양 행동한다.

앞서 성과 관련해 이 오류를 살펴본 적이 있지만, 돈에 대한 논의에서 다시 한 번 다루는 것이 좋을 것 같다. 대다수 사람이 정말 이렇게 산다. 지금 이 순간이 다인 것처럼, 삶이 여기서 끝나는 것처럼 그렇게 산다. 이것이 당신의 기본 사고방식이라면, 모든 두려움과 꿈, 희망과 문제, 해결책을 지금 여기에 집중한다. 바로 지금 바로 여기서 모든 일이 벌어지기에, 이를 경험하고 소유하며 해결해야만 한다. 그것은 근본적으로 참지 못하고, 안달하는 생활방식이다. 그러나 우리는 그렇게 살도록 창조되지 않았다. 전도서 3장 11절은 하나님이 "사람들에게는 영원을 사모하는 마음을 주셨느니라"고 말한다. 이 말씀은 모든 사람의 마음에 낙원에 대한 갈망이 있다는 뜻이다. 이 세상이 그렇게 창조되었기에, 이 땅의 삶은 영원한 삶에 길을 내줄 것이다. 우리는 짧게 살지 않고 길게 살도록 창조되었다. 우리는 더 큰 존재의 일부요, 우리 삶은 이 현세의 삶을 넘어 확장된다고 자각하며 살게 창조되었다.

이것을 잊어버리면 좋은 결과를 얻지 못한다. 삶이 우리를 스쳐 지나가리라는 암묵적인 태초의 두려움이 생긴다. 이 세상에서 가능한 것을 우리가 소유하지도 체험하지도 못하리라는 두려움. 후회막급하며 죽을 것이라는 두려움. 이 두려움에는 "내가 __하면 어떡하지?", "내가 __하지 못하면 어떡하지?" 같은 염려가 늘 따라다닌다. 잠을 자려고 애써 보지만 머릿속에는 이런 생각들이 가득하다. 당신은 대답이 없는 질문들을 계속 던지면서 머릿속으로 당신 인생을 훑고 있다.

이것은 편안하고 차분하며 만족하는 생활방식과는 정반대다. 당신이 받은 축복보다 당신에게 없는 것에 더 집중한다. 당신은 없는데 다른 사람이 가진 것은 없는지 끊임없이 남의 인생을 곁눈질한다. 정말로 중요한 윤리적 헌신보다는 비용 편익 분석의 영향을 많이 받는 삶의 방식이다.

이 현재주의의 두려움과 걱정, 욕구는 다음 네 번째 요소로 더욱 강화되는데, 그것은 바로 하나님에 대한 의심이다. 하나님의 계획을 이해하지 못하거나 그 계획에 따라 살지 못한다면, 당신은 그분의 선하심을 의심하게 될 것이다. 그분이 약속하신 축복을 지금 당장 받고 누려야 한다고 오해한다면, 곧 현재를 다가올 최종 종착지를 준비하는 과정이 아니라 그 목적지로 오해한다면, 당신은 하나님의 존재를 의심하거나 그분이 정말로 관심이 있으신지, 약속을 지킬 의향과 능력이 있으신지 의심하기 시작할 것이다. 지금 당신이 즐기는 쾌락의 양으로 하나님의 선하심을 측정한다면, 그분의 선하심을 의심하게 될 것이다. 그리고 하나님의 선하심을 의심할 때 당신은 그분의 말씀을 더 이상 믿지 못하고, 그분에게 더 이상 도움을 요청하지도 않게 된다. 의심하는 대상에게 삶을 맡길 수는 없지 않은가?

이 모두가 돈 문제로 귀결된다는 사실을 굳이 말할 필요가 있을까? 영원 기억상실증에 걸린 사람은 돈을 너무 많이 쓰게 되고, 현명하게 쓰지도 못할 것이다. 당신의 삶이 당신보다 더 크고, 당신의 남은 날 수보다 더 긴 것들에 연결되어 있다는 사실을 망각한다면, 물질 만능주의와 이기심에 휘둘려 돈을 쓸 수밖에 없다. 당신이 누구인지, 인생이 무엇인지 잊어버리면, 영원한 소득보다 잠시 잠깐의 쾌락과 안락에 돈을 쓰게 될 것이다. 하나님의 영원하신 계획을 잊어버린다면, 돈으로 살 수 있는 물건과 체험으로 내면의 갈망을 잠재우려 애쓸 것이다.

영원의 관점으로 살아갈 때, 즉 영원 전부터 영원 후까지 모든 것을 아시고 다스리시는 그분 손에 당신 인생을 맡길 때만이 분별 있는 경제생활이 가능하다. 하나님의 지혜와 신실하심, 그분의 타이밍과 임재, 공급하심 가운데 평안할 때만이 분별 있는 경제생활이 가능하다. 이렇게 하나님을 신뢰하지 못한다면, 돈이 당신의 구세주가 되어 돈이 줄 수 없는 것들을 달라고 간청하게 될 것이다. 그것들은 모두 하나님의 선물, 그분만이 주실 수 있는 선물이기 때문이다. 당신이 찾는 것을 가져다주지도 못할 것에 필요 이상의 돈을 쓰고 허탕만 칠 것이다.

2) 물질이 만족을 줄 수 있다고 생각한다.

현재 존재하는 물질이 삶의 전부라고 여긴다면, 물질이 당신의 마음을 만족하게 해줄 능력이 있다고 생각하는 것이 이치에 맞다. 하지만 앞에서도 언급했듯이, 물질세계는 당신에게 마음의 평안을 주기 위해 존재하는 것이 아니다. 원래 물질세계는 당신의 마음이 평안과 안식을 찾을 수 있는 유일한 장소를 가리켜 주는 큰 손가락 역할을 하게 되어 있었다. 피조물의 영광이 당신에게 주는 만족은 기껏해야 찰나에 불과하다. 예수님은 많은 사람이 찾아 헤매는 이 땅의 보물이 일시적이라고 말씀하시면서 그 점을 암시하신다. 그분은 도둑들이 보물을 훔치고, 좀과 구리 녹이 갉아 먹고 녹이 슨다고 말씀하신다. 왜 예수님은 이 말씀을 하실까? 이 땅의 보물은 모든 사람이 찾는 영원한 기쁨과 소망, 평화와 만족, 안식을 줄 능력이 없음을 우리가 알기를 원하시기 때문이다.

에덴동산에서 인간이 뱀의 유혹에 넘어간 끔찍한 장면에서 가장 최악의 거짓말은 창조주와 그분의 은혜를 벗어나서도 생명이 있다는 것이었다. 진정한 생명은 당신이 한 일이나 손에 넣은 것, 체험한 것에 있지 않다. 진정한 생명은 생명이신 하나님과의 관계에서만 경험할 수 있다. 그분만이 자신을 그분께 위탁한 모든 이에게 생명을 주실 능력이 있으시다.

따라서 우리가 이다음 자산, 이다음 장소, 이다음 체험이 우리에게 만족을 주리라고 되뇌며 시간을 허비하는 것은 어리석은 일이다. "＿만 있다면"의 생활방식인 것이다. 하지만 산더미처럼 쌓인 우리 재산은 우리의 불만족을 보여주는 상징이고, 우리의 체험은 불만족의 이야기만을 들려줄 뿐이다. 우리가 거쳐 간 장소는 아직 마무리하지 못한 여정 중에 잠시 머문 곳에 불과하다. 어마어마한 물질주의 세상에서 우리는 생명을 사기 위해 애썼지만 뜻대로 되지 않았다. 그렇게 살다 보니 살과 중독, 빚과 실망만 남았는데도, 아직도 이 물질주의 세상에서 생명을 살 수 있으리라고 기대하고 있다. 한 가지만 짚고 넘어가도 되겠는가? 이것이 바로 영원을 신학적으로만 믿은 많은 사람의 생활방식이다. 우리는 스스로 믿는다고 말하는 것과 실제 삶이 근본적으로 괴리된 삶을 살고 있다.

3) 지금 여기서도 낙원을 이룰 수 있다고 믿는다.

당신의 마음이 낙원에 대한 갈망에 빠져 있다면(사실이 그렇다), 당신은 지금의 삶이 다가올 낙원에 대한 준비 과정임을 깨닫거나, 아니면 현재를 낙원으로 바꾸기 위해 최선을 다해 애쓸 것이다. 하지만 당신과 나는 깨어진 세상에 살아간다. 이 세상의 현 상태는 우리가 찾는 낙원이 될 수 없다. 당신과 나는 흠 많은 사람이고, 흠 많은 다른 사람들과 함께 산다. 그러니 우리가 한데 모인다 해도 서로에게 낙원을 가져다줄 수 있는 능력은 없다. 가는 곳마다, 만나는 피조물마다, 타락으로 망가지지 않은 것은 아무것도 없다. 이곳은 당신이 찾는 낙원이 아니요, 앞으로도 낙원으로 변할 수 없다. 구세주를 믿는 모든 사람에게, 낙원은 확실한 실재다. 당신의 마음이 간절히 바라는 낙원은 반드시 올 것이다. 하지만 지금 여기서 그 낙원을 경험할 수는 없다.

하나님은 당신을 다가올 낙원에 대비시키려고 이 깨진 세상에 두기로 선택하셨다. 당신이 이 땅에서 겪는 깨짐과 어려움은 당신을 향한 하나님의 선하신 계획을 방해하는 것이 아니라, 그 계획에서 매우 중요한 요소다. 바로 지금, 하나님은 당신의 환경이 아니라 당신을 바꾸기 위해 일하고 계신다. 그분이 당신을 위해 계획하시고 이미 손에 넣으신 새로운 환경에 당신을 준비시키기 위해서 말이다.

간단히 말해서, 당신은 믿음으로 다가올 낙원을 기다리고 있거나, 지금 여기에 낙원을 건설하기 위해 손수 수고하고 있거나 둘 중 하나다. 지금 여기서 낙원을 찾는 것은 많은 사람의 내면에 숨어 있는 물질 숭배의 또 다른 요소다. 지금 여기서 낙원을 찾으려는 성향이 우리 사회에 가득 퍼져 있다. 우리는 낙원을 찾으려고 물질과 체험, 새로운 장소에 미친 듯이 돈을 쓴다. 우리 마음은 우리가 자주 느끼는 외부의 어려움과 내면의 공허함에서 해방되기를 간절히 바란다. 우리는 이게 다가 아니라 틀림없이 더 많은 것이 있을 것을 본능적으로 안다. 마음속 깊은 곳에서 우리가 뭔가를 놓치고 있다고 느낀다. 그래서 영원 기억상실증에 시달리면서도 우리의 눈을 들어 다가올 영광을 생각지 못한다. 그저 지갑을 열고, 우리가 찾는 낙원을 가져다 줄 가능성이 엿보이는 것들을 찾아 두리번거린다. 하지만 그런 것은 없으므로 혹시나 하는 심정으로 이런저런 물건과 체험을 전전한다. 그런다고 낙원을 찾지는 못한다. 결국 필요 이상으로 크고 사치스런 집, 이동수단보다는 신분을 과시하는 도구로 전락한 자동차, 대부분은 한 번도 쓰지 않은 잡다한 살림들, 엄청난 빚더미, 텅 빈 지갑만 남는다. 그 사이, 엄청나게 돈을 쏟아 부어 찾고자 했던 낙원은 우리 손가락 사이로 빠져 나간다. 예산을 세우면 확실히 도움이 되지만, 우리가 가진 돈을 영원의 관점에서 다룰 때에야 예산도 도움이 된다.

돈 문제에 관한 한, 우리의 내면과 사회를 잠식한 현재주의는 효과가 없다. 오히려 자칫 잘못하면 돈만 낭비하고 엉뚱한 데 돈을 쓰게 되어, 결국 막대한 투자에도 불구하고 빈털터리가 될 것이다.

어떻게 영원은 당신을 돈 문제에서 해방시키는가?

사람은 누구나 삶과 지식의 괴리가 있다. 실생활에서 성경의 진리대로 사는 것보다 그 개념을 받아들이기가 훨씬 더 쉽다. 성경의 모든 가르침에 비추어 완벽하게 사는 사람은 아무도 없다. 우리는 성경 신학의 목적이 단순히 우리가 정답에 표시하는 걸 돕기 위한 것이 아님을 안다. 성경은 그보다 훨씬 더 깊이 있고 개인적인 의도가 있다. 그 의도란 자신을 예배하는 데 몰두하고 피조물에서 구원을 찾는 사람들이 은혜를 힘입어 창조주를 예배하고 그분 안에서만 생명을 찾을 수 있다는 믿음으로 살아갈 수 있도록 변화시키는 것이다.

성경은 당신을 변화시키는 책이다. 그리고 그 변화 과정에서 당신의 삶의 방식을 근본적으로 바꿔 놓는다. 거기까지 완벽하게 도달한 사람은 아무도 없지만, 다행히도 하나님은 그분의 오래 참는 은혜로 우리의 일관성 없는 모습을 덮어 주신다. 성경을 보면 하나같이 일관성 없는 사람들이 그 은혜를 받은 것을 볼 수 있다. 성경에서 온전하신 분은 주님 한 분밖에 없다! 그러나 우리는 우리에게 아낌없이 쏟아 부으시는 그 자비하심을 따라 조금 더 일관성과 기쁨이 있는 인생을 추구해야 할 것이다.

영원은 그런 것이다. 물론 그 현실이 뜻하는 바를 살아내는 것과 비교해서 영원을 믿는다고 말하는 것은 식은 죽 먹기다. 내가 지적으로 동의하는 내용이 지금 여기서 어떤 의미가 있는지를 생각하기 훨씬 전부터 이미 정답에 표시는 마친 상태였다. 이 진리가 매우 구체적인 의미에서 나를 자유롭게 하고 보호할 수 있다는 사실을 이제껏 알지 못하고 살았다. 하나님의 진리가 곧 은혜다. 하나님은 그 진리를 사용하셔서 우리를 우리 자신과 이 망가진 세상의 유혹에서 보호하신다. 그래서 나는 어떻게 하나님이 영원의 진리로, 돈으로 미친 세상에서 당신을 보호하기 원하시는지를 함께 살펴보려고 한다. 다음 내용이 펌프의 마중물이 되어 당신의 생각을 이끌어내기를 기대한다.

1) 영원의 존재는 내가 지금 여기서 내 바람과 필요와 감정에 초점을 맞추는 것보다 근본적으로 더 큰 관심사가 있는 존재를 위해 지어졌다고 말해 준다.

돈에 미친 것은 '죄'라는 이기심의 토양에 뿌리를 내리고 있다. 내가 내 세계의 중심에 있어, 어떻게 하면 나를 잘 돌볼 것인지만 골똘히 생각하는 사람들은 그것이 생각과 결정, 행동을 장악하기 때문에 돈을 원래의 의도대로 잘 사용할 방도가 없다. 영원의 존재는 계획을 실행하고 그 책임을 지는 누군가가 계심을 말해 준다. 나는 책임자가 아니요, 내 삶도 내 것이 아니다. 따라서 내 필요와 관심사가 전부인 양 사는 것은 말이 되지 않는다. '영원'이라는 실재를 인정하면 우리 모두가 빠지기 쉬운 "내 돈은 내 것이고, 내 삶을 향상시키고 나를 행복하게 만들기 위해 마음대로 쓸 수 있다"는 유혹에서 해방될 수 있다.

월급이 오르거나 거액의 세금을 환급받으면 기분이 좋아지는 이유가 무엇인가? 그 돈이 우리를 행복하게 해줄 물건이나 체험을 손에 넣을 수 있게 도와줄 방법을 이미 떠올렸기 때문이 아닐까? 그러나 영원은 우리로 하여금 돈까지 다스리시는 그분의 크심과 장엄함, 그분의 생명과 영광을 대면하게 해준다. 이런 관점에서 보면, 돈의 목적이 우리 필요를 채우고, 우리 욕구를 만족하게 할 물건을 사는 것에 그치는 것은 조금은 제정신이 아니라고밖에 할 수 없다. 우리 삶이 더 큰 것들과 연결되어 있다면, 우리 돈도 마땅히 그 큰 것들에 투자해야 한다. 우리가 가진 돈은 하나님이 우리의 필요를 채우시는 수단 이상의 더 큰 목적이 있다. 당신은 자기 중심적으로 돈을 사용하고 있지 않은가?

2) 영원의 존재는 이 세상이 목적지가 아니라 최종 목적지를 준비하는 과정이요, 현재의 목적은 내 자원을 활용하여 현재를 낙원으로 바꾸는 것이 아니라고 말해 준다.

'영원'이라는 실재는 우리로 하여금 수많은 사람의 삶을 형성하는 '목적지 사고방식'을 대면하게 해준다. 이 세상이 전부라면, 이 세상이 최종 목적지라면, 손에 넣을 수 있는 모든 안락과 쾌락을 붙잡는 것이 인생의 목적일 것이다. 영원 따윈 없다고? 그렇다면 우리가 가진 것을 총동원하여 가능한 한 인생을 즐기는 것이 이치에 맞는 일이다. "마지막 식사로 뭘 원하느냐?"는 질문을 받은 사람이 있다고 생각해 보라. 현미밥에 브로콜리를 먹고 싶다고 할 사람은 거의 없을 것이다. 인생의 마지막 식사인데, 굳이 건강식을 따질 필요가 있을까? 오히려 이렇게 생각할 것이다. "마지막 식사인데, 몸에 좋으냐 나쁘냐는 따지지 않고 세상에서 가장 맛있는 음식을 먹으리라!"

하지만 여기가 목적지가 아니다. 하나님은 최종 목적지를 준비하는 과정으로 이 순간을 계획하셨다. 그분의 신실하시고 때로 불편한 은혜로, 하나님은 나를 은혜가 예비한 영원에 준비시키고 계신다. 우리 안팎에 자리한 돈의 광기는 현재를 목적지로 여긴 나머지 반복해서 이렇게 묻는다. "어떻게 하면 현재를 더 편안하게 만들 수 있을까?" 그러나 매 순간의 목적은 개인의 행복보다 더 크다. 거룩함 가운데 성장하는 것이 그 목적이다. 이 점을 염두에 두고 당신의 돈을 사용하면 어떻게 될까? 당신의 재정 사용은 목적지 사고방식의 영향을 받는가, 아니면 준비 사고방식의 영향을 받는가?

3) 영원의 존재는 나의 유일한 진짜 만족을
언제, 어디서 발견할 수 있는지 말해 준다.

영원은 온전한 만족을 준다. 하나님이 그 가운데 계시기 때문이다. 영원의 존재는 우리로 하여금 소비를 부추기는 광기를 대면하게 해 준다. 이 광기는 무엇인가? 이 책 전반과 앞 장의 현재주의를 언급한 부분에서 이에 대해 계속 언급했지만, 이것은 매우 심각한 문제이기에 다시 한 번 반복할 가치가 있다. 물질세계, 피조세계가 우리 마음의 갈망을 채워 줄 수 있다는 망상이 그것이다. 어떤 면에서 당신과 나는 어떤 만족을 찾는 데 늘 돈을 사용하고 있다. 영원이라는 실재는 "__만 있다면 행복할 텐데"라는 패러다임을 대면하게 하는데, 이 패러다임이 우리가 돈으로 하는 대부분의 일을 결정한다.

당신에게 즐거움을 주는 것이 물질세계의 목적이긴 하나, 이 세상은 결코 당신의 구세주가 될 수 없다. 수평적으로는 모든 인류가 찾아 헤매는 삶을 찾을 수 없다. 이 물질세계의 모든 영광은 당신에게 놀라운 영광의 하나님의 존재를 보여주기 위해 계획되었고, 그분만이 당신의 마음을 만족시키실 수 있다. 우리에게 만족을 주는 영원한 영광은 어떤 특정한 장소가 아니라, 그분이시다. 죄는 더 이상 우리를 그분과 갈라놓을 수 없을 것이다. 피조물은 우리의 예배를 받기 위해 더 이상 그분과 경쟁하지 않는다. 우리는 마음을 만족시키는 교제 가운데 영원히 그분과 함께 있을 것이다.

따라서 '영원'이라는 진리는 생명이신 주님과의 관계 밖에서도 생명을 찾을 수 있다는 거짓말(이 거짓말은 에덴동산에서 맨 처음 시작되었다)에서 나와 내 돈을 보호해 준다. 나는 우리의 이기적이고 지혜롭지 못한 소비가 대부분 우리를 교묘히 빠져 나간 만족과 생명을 사려는 시도라고 확신한다. 영원은 우리가 은혜만이 줄 수 있는 것을 돈으로는 살 수 없음을 날마다 상기시켜 준다. 그렇게 영원은, 돈이 줄 수 없는 것을 줄 수 있다는 헛된 희망으로 우리에게 필요하지도 않은 것을 바라지 않도록 우리를 보호해 준다. 당신은 돈이 절대로 줄 수 없는 것을 살 수 있다고 기대하며 돈을 쓰고 있지 않은가?

4) 영원의 존재는 내 자원을 어디에 투자해야 하는지 말해 준다.
무엇이 내게 가장 큰 보상을 주는지도 알려 준다.

예수님은 놀랄 만한 지혜를 담은 두 마디 말씀으로, 영원이 어떻게 당신의 투자처를 결정해 주는지를 요약하신다. "너희를 위하여 보물을 땅에 쌓아 두지 말라"(마 6:19). "그러므로 너희는 이렇게 기도하라…나라가 임하시오며 뜻이 하늘에서 이루어진 것같이 땅에서도 이루어지이다"(마 6:9-10). 영원을 염두에 둔 투자가 어떠해야 하는지를 묘사한 메시아의 지혜가 번뜩이는 두 마디 말씀이다. 이 땅에 보화를 쌓는 것을 자금 투자의 주목적으로 삼지 말라. 금세 깨지고 쇠하며, 도둑질 맞고 부패하는 사라질 것들에 자원을 소비하지 말라. 물건을 저장해 둔 창고가 소비를 부추겨, 많은 사람이 저장 공간을 빌려야 한다. 왜냐하면 우리 집은 모아 둔 돈으로 산 물건을 다 쌓아 두기에는 좁기 때문이다.

주기도문은 예수님의 투자 지혜의 이면을 포착한다. 당신이 하나님께 요구하는 다른 모든 것을 형성할 첫 번째 요구 사항을 고려해 보라. "나라가 임하시오며 뜻이…이루어지이다"라는 말씀은 위로인 동시에 요청이다. 하나님은 당신을 그 나라로 맞아들이셨다. 당신이 자신을 위해 지을 수 있는 그 어떤 나라보다 더 크고 아름다우며, 큰 만족을 주는 그 나라로 환영하셨다. 또 당신은 당신의 삶과 재원을 당신의 나라보다 더 큰 하나님 나라의 사역에 드리라는 요청을 받았다.

은혜는 나 자신의 노예가 된 나를 해방시켰고, 그 때문에 나보다 더 큰 것들에 투자할 수 있게 되었다. 은혜는 삶을 복잡하게 만들고 빚만 더 늘리는 단기 투자에서 나를 해방시켰다. 은혜 때문에 나는 하나님 나라 사역이 지닌 영원한 중요성을 기뻐하게 된다. 은혜는 내 마음을 바꾸고 내 눈의 초점을 맞춰 준다. 은혜 때문에 하나님을 모르고 죽어 가는 이 세상을 바라보며 슬퍼하게 된다. 은혜 때문에 나는 다른 사람들도 내가 알게 된 마음의 평안을 알게 되기를 간절히 바라게 된다. 은혜 때문에 꼭 움켜 쥔 손을 펴고 내 것이 아닌 것을 원래 그 주인이신 분의 더 큰 목적에 맞게 드리게 된다.

자, 돈을 주고 생필품을 사는 것은 잘못이 아니다. 의료보험이나 은퇴자금에 투자하는 것 역시 잘못이 아니다. 하지만 이게 다라면 그건 잘못이다. 잊지 말라. "오늘날 우리에게 일용할 양식을 주시옵고"라는 기도는 "나라가 임하시오며"라는 가장 중요한 요구 사항이 전제되었을 때만이 가능하다는 것을. 당신은 영원한 중요성을 지닌 것들에 즐겁게 투자하는가?

5) 영원의 존재는 정말로 중요한 것이 무엇인지를 알려 주어 내 가치관을 분명히 해준다.

모든 사람에게는 가치관의 문제가 있다. 이 땅에서는 하나님이 중요하다고 말씀하신 것들을 마음으로 소중히 지키기가 매우 힘들다. 모든 게 실제보다 그 중요성이 부풀려 있어서 우리 마음의 관심과 충성, 투자를 요구해 댄다. 편안한 생활을 바라는 것이 잘못은 아니지만, 안락함이 우리 마음을 지배해서는 안 된다. 아름다운 환경을 바라는 것이 잘못은 아니지만, 우리가 사는 곳의 물리적 아름다움이 우리 마음을 지배해서는 안 된다. 이 부분에서 그리스도가 언급하신 '보화'가 도움이 된다. 우리가 소중히 생각하는 보물 중에 본래부터 고유한 가치를 지닌 것은 거의 없다. "어떤 사람의 쓰레기가 다른 사람에게는 보물이다"라는 옛말의 숨은 뜻이 그것이다. 우리는 끊임없이 물건에 가치를 부여하고, 열심히 일해 그 물건들을 손에 넣은 다음에는 그것들을 유지하고 즐기며, 보호하기 위해 애쓴다. 그래서 알든 모르든, 우리는 우리가 가치 있다고 여기는 것에 늘 돈을 쓴다. 하나님이 중요하다고 말씀하신 것을 우리가 얼마나 중요하게 여기는지에 따라, 일상에서 우리 돈을 지혜롭게 쓰게 된다.

여기서 '영원'이라는 실재가 우리에게 도움이 될 수 있다. 성경에서 하나님은 우리가 영원을 엿들을 수 있도록 초대하신다. 여정을 마치고, 영생에 도달한 믿음의 조상들의 말씀을 듣게 된다. 그들이 영원으로부터 자신들의 삶을 되돌아보는 동안, 우리는 그들에게 중요한 것이 무엇인지 듣고, 그 내용을 들으면서 우리의 가치관을 분명히 하게 된다. 이 세상을 떠난 믿음의 조상들이 감사하는 마음으로 뒤돌아보며 하는 말이 이렇지는 않았을 것이다. "우리는 좋은 옷을 입었어요." "고급 주택에 살았어요." "막대한 부를 쌓았지요." 오히려 영원의 관점에서는, 우리에게 가치 있어 보이는 것들이 그들에게는 별 가치가 없을 것이다. 그들이 기념하는 것은 구속이다. 하나님은 모든 원수를 물리치고, 모든 약속을 성취하며, 예언하신 모든 말씀을 그대로 행하셨다.

아직도 내 마음속에서는 여러 가치가 맹렬히 다투고 있다. 때로는 가치관의 혼란이 내 소비를 결정하기도 한다. 따라서 내 삶에서 정말 중요한 것이 무엇인지 기억하기 위해 다른 쪽 소리를 들어야 한다. 정말 중요한 것은 나 몰라라 하고 영원의 가치가 없는 것들에 대거 투자하는 어리석음에서 구조되어야 한다. 당신의 소비생활은 당신의 가치관을 수정하기 위해 영원이 필요하다는 사실을 드러내는가?

6) 영원의 존재는 창조주가 아니라
피조물을 예배하려는 유혹에 넘어갈 위험을 말해 준다.

이 이야기는 앞에서 너무 많이 한 터라 여기서 더 하지는 않겠다. 그러나 이것이 정말 중요한 문제임을 다시 한 번 강조할 수밖에 없었다. 당신이 돈을 쓰는 방식은 예배 행위다. 당신의 소비생활은 창조주에 대한 예배나 피조물에 대한 예배, 아니면 그 둘의 혼합을 드러낸다. 우리가 돈을 중립적으로 쓰는 경우는 절대 없다. 우리는 늘 은행계좌를 통해 우리의 방식을 예배한다. 또 우리의 돈 씀씀이는 우리가 창조주에 대한 예배와 섬김을 피조물에 대한 예배와 섬김으로 대체했음을 드러낼 때가 많다. 잊지 말라. 우리는 공식적인 교회 모임에서만 예배하지 않는다. 날마다 일상의 매 순간 끊임없이 예배한다. 그러기에 우리가 돈을 사용하는 것 역시 예배 행위일 수밖에 없다. 영원은 하나님만이 우리 삶을 형성하고 인도할, 매 순간의 예배를 받기에 합당하심을 우리에게 상기시켜 준다. 피조물을 즐기는 데 돈을 사용하는 것은 옳지만, 그 피조물을 만드신 분을 예배하는 방식으로 사용할 때만이 그렇다. 당신의 소비생활은 당신이 예배하는 대상에 대해 무엇을 드러내는가?

7) 영원의 존재는 내 마음속에서 끊임없이 계속될 돈과의 전쟁에 필요한 은혜를 보장해 준다.

당신과 내게 주님과 함께할 영원한 자리가 보장되었다면, 그 여정에서 필요한 모든 은혜도 보장받은 셈이다. 이렇게 한번 이야기해 보자. 영원이 보장하는 미래의 은혜에는 늘 현재 은혜의 약속이 따라다닌다. 하나님의 은혜가 지금 여기서 우리를 보호해 주지 못하는데, 어떻게 구속을 소망하는 영원을 약속하실 수 있겠는가? 따라서 영원은 '이미'와 '아직' 사이에서 우리 혼자 힘으로 싸워야 할 영적 싸움은 없다는 사실을 상기시켜 준다.

그분의 은혜는 지금 여기서 무엇을 허락해 주시는가? 바로 그분 자신이다! 그분이야말로 그분의 은혜가 주는 최고의 선물이다. 나는 너무 약하고 내 필요는 너무 크기 때문에, 나를 도와주실 수 있는 건 그분밖에 없다. 그래서 그분의 영이 내 마음 문을 여시고 내 안에 들어오신다. 그 사실은 나와 내 돈에 어떤 의미가 있을까? 이제 더이상 나 혼자 돈의 유혹에 맞서지 않아도 된다는 뜻이다. 내가 가진 빈약한 자원으로 돈과의 싸움에 맞서지 않아도 된다. 그분은 돈에 미친 세상의 유혹뿐 아니라 그보다 더 위험한 것, 즉 방황하는 내 마음으로부터 나를 구원해 주신다. 그분은 내 마음을 바꾸셔서 나를 내게서 건져 주신다. 내게 새로운 사고방식을 주셔서 새롭고 더 좋은 것을 바라게 하신다. 사랑으로 내 가치관을 교정해 주신다. '아니!'라고 대답하고 도망갈 힘도 주신다. 내게 싸울 의향이 없을 때조차 나 대신 돈과의 싸움을 싸워 주신다. 이것은 내가 그저 돈 문제를 바로잡는 것보다 더 큰 것을 소망할 수 있다는 뜻이다. 내 소망은 이 한 가지다. 그분이 은혜로 내 삶에 들어오셔서, 내가 온전히 회복될 그날까지 나를 끊임없이 용서하시고, 변화시키시며, 힘을 주신다는 사실이다. 그분은 나를 돈이나 다른 그 어떤 것에도 빼앗기지 않으실 것이다. 당신은 자신이 누구인지 잊어버리고 돈의 유혹(은혜가 그 싸움을 싸울 힘을 준다)에 넘어가지는 않는가?

8) 영원의 존재는 내가 성과 돈 문제에서 큰 실수를 저질렀을 때 소망을 준다. 나의 행적이 아니라 그분의 행적에 소망이 있다.

이 땅에서 우리는 끊임없이 돈 문제로 실수할 것이다. 이 땅에서 우리는 거짓말에 속아 넘어가 돈이 줄 수 없는 것을 돈으로 사려고 애쓰기도 할 것이다. 이 땅에서 우리는 하나님을 잊어버리고, 우리의 예배를 받을 가치가 없는 것들을 예배할 때도 있을 것이다. 이 땅에서 우리는 하나님이 맡기신 자원을 제대로 운용하지 못하는 형편없는 청지기로 살 때도 있을 것이다. 돈 문제에 관한 한 우리는 완전히 기준 미달이어서, 잘해야 평균 수준을 유지할 것이다.

하나님이 우리에게 은혜를 주신 이유가 바로 그 때문이다. 우리에게는 아무런 희망이 없기에 하나님은 그분의 아들을 보내시사 죽게까지 하셨다. 하나님의 율법을 알고 순종한다지만, 우리는 끊임없이 분란을 일으킨다. 튼튼한 신학 지식이 있는데도, 늘 뒤처진다. 그분의 임재와 약속을 알면서도, 그분께 충성하지 못할 때가 있다. 은혜 덕분에 우리는 그분께 우리 의를 과시하고 행적을 자랑하지 않는다. 은혜 덕분에 우리에게 자랑할 것이 아무것도 없다는 걸 알 때도 그분을 피해 달아나지 않는다. 은혜 덕분에 우리는 돈의 자기 의에 빠지거나 돈의 절망에 빠지지 않고 양쪽을 모두 피할 수 있다. 아무리 심각한 돈 문제가 있다 해도 그분의 은혜는 늘 그보다 더 깊다. 우리는 그분의 사랑을 얻을 수 있으리라는 기대로 돈을 쓰지 않아도 된다. 오히려 그분의 사랑이 우리의 소비를 변화시키고 계신다. 또다시 넘어지더라도, 그분의 사랑이 우리를 놓지 않으리란 것을 안다.

마음속에서 돈과 사투를 벌이고 있을 때, 우리가 반드시 기억해야 할 핵심은 이것이다. 아무리 훌륭한 영웅이라도 영원까지 칭송받을 사람은 없다. 오직 하나님만 찬양을 받으신다. 영원에 이른 사람이 있다면 하나같이 그분에게 구조된 자들이다. 당신은 돈의 '자기 의'(돈이라는 최후의 원수에 패했다고 생각하는 것)에 넘어갈 것인가, 아니면 '돈의 절망'(돈에 관한 한 내게는 희망이 없다고 생각하는 것)에 넘어갈 것인가?

돈으로 미친 세상에서 돈 문제에 책임 있게 대응하려 애쓰는 동안, 잊지 말아야 할 것이 있다. 지갑을 열 때마다 영원에 시선을 고정하라. 영원이 주는 위로를 기억하고 그 부르심에 당신의 돈을 드리라.

14장

가난한
사람처럼
살고 있지
않은가?

▷◁

　예전에 어느 선교사에게서 들은 이야기인데, 그 당시나 지금이나 대단한 흡인력이 느껴졌다. 그는 어느 극빈 지역에서 말 그대로 가진 게 아무것도 없는 사람들을 대상으로 사역하고 있었다. 한번은 장을 보러 시장에 가는 길에 무더기로 몰려 다니는 어린 소년들과 마주쳤다. 수중에 돈은 별로 없었지만, 희망은 고사하고 암울한 미래밖에 없는 그 아이들을 보고 안타까운 마음이 들었다. 그는 주머니를 뒤져서 우두머리로 보이는 아이에게 미국 돈 10달러에 맞먹는 돈을 건넸다. 소년은 지금까지 한 번도 만져본 적 없고 앞으로도 다시 보기 힘들 그런 돈을 손에 쥐었다. "잘 써야 한다." 그 선교사는 이 말을 남기고 다시 가던 길을 갔다.

　장을 다 보고 다시 같은 길로 집에 돌아오던 중, 왁자지껄 떠드는 소리가 들렸다. 아까 만난 그 아이들이었다. 그는 아이마다 손에 아이스크림을 하나씩 쥐고 있는 모습을 보고 충격을 받았다. 그는 자

285
◇

기 눈을 의심했다. 갑자기 그의 마음속에 분노가 끓어올랐고, 그는 우두머리 격인 아이를 한쪽으로 불러 야단을 쳤다. "내가 그렇게 큰 돈을 줬는데, 고작 이런 데다 돈을 쓴 거니?" 아이는 잠시 머뭇거리다가 이렇게 대답했다. "아저씨, 우리는 어제도 가난했고 내일도 가난할 거예요. 하지만 오늘만큼은 아이스크림이 있잖아요."

보다시피 빈곤은 어떤 상태가 아니라, 정체성이 되고 있다. 소년의 말은 이런 뜻이다. "아저씨, 생각 좀 해보세요. 저는 지금도 가난하고, 앞으로도 쭉 가난할 거예요. 아저씨가 주신 돈은 저를 가난에서 구제하지 못해요. 뭔가가 달라지리란 기대는 포기한 지 오래됐으니 오늘만이라도 작은 즐거움으로 고통을 잊어 보렵니다." 안타깝게도 오늘날 주 예수 그리스도의 복음을 믿는다는 많은 그리스도인이 이런 박탈의 사고방식을 소유하고 있다. 자신이 날마다 맞서야 할 것들에 대항할 무기가 없다고 느낀다. 뭔가를 소유할 수 있다는 희망이 별로 없다. 그래서 순간의 쾌락으로 고통을 무마하고 있다. 그런데 이 박탈의 사고방식 배후에는 뭔가가 더 있다.

나는 그리스도의 몸에 대한 정체성의 혼란이 있다고 확신한다. 자신이 누구인지 모르는 신자들이 너무 많다. 이것은 매우 심각한 문제인데, 지각 있는 사람이라면 누구나 자신에게 일종의 정체성을 부여하기 때문이다. 우리가 늘 하는 영향력 있고 유익한 자기 대화를 통해, 우리는 우리가 누구인지 스스로에게 말한다. 그리고 우리가 자신에게 부여하는 정체성은 우리가 해야 할 일들을 다루는 방법을 결정한다.

정체성의 혼란을 겪는 사람은 대부분 박탈의 사고방식을 가지고 살아간다. 그러면 성과 돈으로 미친 세상의 손쉬운 공격 대상이 된다. 풍요만이 당신을 풍요에서 구할 수 있다. 이 말이 도대체 무슨 뜻인가? 예수님의 은혜가 주시는 마음을 만족시키는 풍요로움만이 이 타락한 세상의 거짓 '풍요'에서 당신을 보호하고 구할 수 있다. 당신의 마음이 만족할 때만이 일시적 만족을 주는 이 피조세계의 쾌락에 중독되지 않도록 당신을 보호할 수 있다. 그래서 당신이 그리스도 안에서 받은 이 풍성함을 이해하는 것이 중요하다. 풍요로운 사람으로 인생에 접근하는 것이 꼭 필요하다. 상상을 초월하는 막대한 유산을 물려받은 사람이 길가에 나가 구걸하는 것은 말도 안 되는 일이다.

그는 또다시 고개를 푹 숙인 채 의자에 주저앉아 있었다. 그의 표정에는 패배감과 절망이 가득했다. 나를 보러 왔다고 하지만, 별로 오고 싶지 않았던 눈치다. 억지로 몇 마디를 꺼내기는 했지만, 대화에는 아무 관심이 없었다. 어떤 문제가 있어 그가 이 자리까지 온 것은 아니었다. 오히려 그는 오랜 시간 끝에 자신을 정확히 보게 되었고, 자신이 발견한 진실에 충격을 받았다. 이제는 자신의 문제가 상상 이상으로 크고, 자신의 약함도 생각했던 것 이상임을 알게 됐다. 실제로는 1분도 채 안 되지만 마치 몇 시간은 흐른 듯한 기나긴 침묵 끝에, 그는 고개를 들고 나를 보며 이렇게 말했다. "지금처럼 큰 무기력과 절망을 느껴 본 적은 없는 것 같습니다." 그가 이 말을 내뱉는 순간, 나는 안도했다. 그가 옳았다. 그의 이야기는 연약함의 연속이었고, 그에게는 아무런 희망이 없었다.

당신 개인의 성과 돈 문제에 정면으로 부딪혀서 "문제없어. 이 정도는 얼마든지 해결할 수 있어"라고 말할 수 있다면, 당신은 심각한 영적 상태에 봉착한 것이다. 당신의 욕구와 능력, 희망이 사라진 데 대해 좌절할 때에야 비로소 주 예수 그리스도의 은혜로 당신의 것인 풍성함에 기쁨을 느끼기 시작할 것이다. 그 풍성함이 담긴 복음을 날마다 읽을 때에야 비로소 하나님이 당신을 부르시고 은혜를 부어 주셔서 그 싸움을 싸울 통찰력과 용기를 얻을 수 있을 것이다.

나는 그 순간, 그 사람이 날마다 부딪히는 유혹들을 최소화하는 것만으로는 그를 도울 수 없단 사실을 알았다. 그가 살아가고 있는 전쟁의 힘을 무효로 하는 것으로도 그를 도울 수 없었다. 그가 자신의 힘을 제대로 볼 수 있게 격려해 주는 것만으로도 부족했다. 그런 행동들은 오히려 성과 돈의 속이는 힘과 매력에 놀아나는 꼴이 된다. 나는 그 사람과 함께 앉아 있으면서 절망이 곧 희망으로 이끄는 문이라는 사실을 다시 한 번 확인했다. 자신의 의와 지혜와 힘에 더 이상 아무것도 기대하지 않고, 피조세계가 우리 구세주가 되리라는 희망을 포기할 때만이 우리는 예수님만이 주실 수 있는 풍성한 의와 지혜, 그리고 힘에 손을 내밀 것이다.

당신은 자신을 어떤 사람이라 생각하는가? 당신에게 있지도 않은 독자적인 의와 힘을 자신에게 부여하지는 않았는가? 당신이 실제보다 더 지혜롭다고 평가하는가? 아니면, 스스로 외롭고 가난하며 무기력하다고 고백하는가? 스스로 희망보다 절망에 가득 찬 사람이라고 이해시키는 데 더 능한가? "나는 이 문제를 해결할 수 있어"라고 생각하는 신자나 "나 같은 사람에겐 희망이 없어"라고 생각하는 신자나 동일하게 정체성 기억상실증으로 고생하고 있다. 그들은 예수님의 보혈로 구원받았지만, 과거의 용서와 영원 가운데 누리는 미래 사이에서, 자신이 누구인지를 잊어버렸거나 제대로 깨닫지 못했다. 그러므로 자신들에게 필요한 도움을 요청하거나 이미 받은 은혜를 누리거나 은혜로 주어진 무기들을 활용해서 싸우지 못할 것이다.

풍성한 은혜

다음은 내가 가장 좋아하는 성경 본문 중 하나다. 이 본문은 내 오랜 동무로 아침이면 나를 일으켜 준다. 이 본문은 내가 누구인지 일깨워 주며, 내가 받은 것을 정확히 평가하게 도와주고, 그날 하루의 싸움을 싸울 수 있는 용기를 북돋워 준다. 이 본문에서 하나님은 우리에게 마치 그림을 보여주듯 아름다운 묘사를 하고 계신다.

> "오호라 너희 모든 목마른 자들아 물로 나아오라
>   돈 없는 자도 오라
> 너희는 와서 사 먹되
>   돈 없이, 값 없이 와서 포도주와 젖을 사라
> 너희가 어찌하여 양식이 아닌 것을 위하여 은을 달아주며

배부르게 하지 못할 것을 위하여 수고하느냐

내게 듣고 들을지어다 그리하면 너희가 좋은 것을 먹을 것이며

너희 자신들이 기름진 것으로 즐거움을 얻으리라

너희는 귀를 기울이고 내게로 나아와 들으라

그리하면 너희의 영혼이 살리라

내가 너희를 위하여 영원한 언약을 맺으리니

곧 다윗에게 허락한 확실한 은혜이니라"(사 55:1-3).

 우리의 마음에 즐거운 만족을 주는 은혜를 이토록 아름답게 묘사할 수 있을까? 당신이 하나님의 자녀로 왕의 잔치에 초대받았다는 사실을 알지 못한다면, 당신이 누구인지, 당신이 무엇을 받았는지, 지금 여기서 당신의 소유인 자원들을 도무지 알 수 없을 것이다. 왕의 초청장은 돈으로는 살 수 없다. 당신은 그 잔치에 초대받을 자격이 없다. 그러나 당신이 애써 수고하지 않아도 그 풍성한 식탁을 누릴 수 있다. 당신이 누구이고, 은혜가 당신 앞에 차려 준 식탁을 알 때만이 만족을 줄 수 없는 것으로 영혼을 채우려는 헛된 노력을 그만둘 것이다. 당신이 이미 받은 풍성함을 누릴 때만이 더 이상 엉뚱한 데서 풍요함을 찾아 헤매지 않을 것이다. 충만하고 만족스러운 마음을 가질 때만이 탐욕스런 마음에서 벗어날 수 있다. 기뻐하며 왕의 음식을 먹을 때만이 더 이상 다른 곳에서 음식을 찾아 헤매지 않아도 된다. 이미 생명을 받았다는 사실을 알고 평안을 누릴 때만이 돈과 성에서 생명을 구할 수 있으리라는 기대를 내려놓을 수 있다. 당신은 영원한 식사에 초대받았고, 왕의 식탁이 당신을 영원히

환영한다는 사실을 깨닫기 시작할 때에야 비로소 다른 식탁을 훔쳐 보는 일을 그만둘 것이다.

구원이라는 풍성한 음식

'하나님의 자녀'라는 정체성을 확인하고 그분의 풍성한 은혜를 누리면서 사는 삶은 실제로 어떤 모습일까? 예수 그리스도의 복음의 관점에서 성과 돈 문제에 접근한다는 것은 무슨 뜻일까? 당신이 영혼에 만족을 주는 만왕의 왕의 잔치에 초대되었다고 정말로 믿는다면, 그런 삶에서는 어떤 새로운 삶의 방식이 나타날까? 우리 안팎에 만연한 성과 돈 문제로부터 자신을 보호하기 위해 각 사람이 자기 자신에게 날마다 선포해야 할 지금 여기의 복음은 어떤 것일까? 다음 내용이 그 출발점이 되어줄 것이다.

1) 나는 결코 혼자가 아니다.

하나님을 존중하는 청지기의 삶과 순결한 삶을 위해 고군분투하는 동안, 당신은 당신이 하나님의 자녀요, 그분의 은혜로 구원받아 하나님의 영원한 가족이 되었고, 당신은 결코 혼자가 아님을 끊임없이 되새겨야 한다. 당신 홀로 맞아야 할 상황도, 관계도, 장소도, 싸움도 없다. 구세주요, 왕이요, 어린양이요, 대장 되신 승리자 예수 그리스도가 당신의 삶에 들어오셨기 때문이다. 그분은 당신의 영적 생명이요, 당신의 능력, 그리고 지혜요, 소망이시다. 또한 그분은 왕의 식탁에 놓인 음식이요, 음료시다. 하나님이 우리에게 주신 가장 놀라운 선물은 물건이 아니라 바로 한 인격이시다. 우리의 필요는 너무 크고, 죄와의 싸움은 너무 격렬해서, 그분이 아니고서는 아무도 우리를 도와줄 수 없음을 아셨다. 그래서 그 아들을 선물로 주셔서 십자가에 못 박히고, 부활하시고, 우리 안에 사심으로 그분 자신을 우리에게 주셨다.

이것은 내가 더 이상 "나와 세상의 대결" 구도로 성과 돈의 문제를 바라볼 필요가 없다는 뜻이다. 내 이전의 행적이나 당면한 문제의 크기에 근거해서 다음 유혹을 물리칠 만한 잠재력이 있는지를 평가해서는 안 된다. 또한 의지할 건 내 재주와 힘밖에 없다고 생각해서는 안 된다. 이런 사고는 내가 누구이고 무엇을 받았는지에 대한 복음의 실재를 부인하는 것이다. 주님이 함께하시면 외롭고 무능력하다는 나 자신의 평가는 늘 거짓으로 드러난다.

그런데 '하나님의 임재'라는 실재는 반직관적이다. 의심, 두려움, 염려, 시기, 자질에 대한 의심, 편한 삶을 바라는 마음은 인간에게 자연스럽지만, 구세주의 임재를 의식하는 삶은 그렇지 않다. 그러므로 이 사실을 당신에게 반복해서 선포하는 것이 무엇보다도 중요하다.

2) 내게는 필요한 자원이 다 있다.

사도 바울은 하나님이 "그리스도 안에서 하늘에 속한 모든 신령한 복을 우리에게 주셨다"(엡 1:3)고 말한다. 또 로마서 8장에서 타락한 세상 가운데 있는 인간의 삶을 이야기하면서 이렇게 마무리한다. "자기 아들을 아끼지 아니하시고 우리 모든 사람을 위하여 내주신

이가 어찌 그 아들과 함께 모든 것을 우리에게 주시지 아니하겠느냐"(32절)? 한편 베드로는 고난받는 사람들에게 이런 위로의 말씀을 전한다. "그의 신기한 능력으로 생명과 경건에 속한 모든 것을 우리에게 주셨으니"(벤후 1:3). 하나님은 우리를 잠시 이 타락한 세상에 두시기로 정하셨다. 우리는 이 세상에서 성과 돈에 미친 온갖 유혹들에 날마다 노출된다. 우리는 사단이 마치 굶주린 사자처럼 잠복하고 있는 세상에 살고 있다. '이미'와 '아직'의 중간 지대를 살아가는 우리는 죄에 빠지기 쉽다. 그러나 아무런 자원 없이 우리 홀로 남겨졌다는 말은 사실이 아니다.

은혜는 하나님이 당신을 홀로 내버려두지 않으시고, 그분이 당신을 부르신 일을 하는 데 필요한 자원을 허락하지 않으신 채 당신을 특정한 상황이나 장소로 부르시지 않는다는 뜻이다. 그래서 나는 도망쳐야 할 때가 있는가 하면, 그 자리에서 버텨야 할 때가 있다. 내가 실제보다 더 현명하고 의로우며 강하다는 식의 규정은 피해야 한다. 여러 모습으로 찾아와 구세주 이외에도 생명의 길이 있다고 믿게 하려는 원수의 암울한 거짓말에는 저항해야 한다. 성적 쾌락이나 돈의 권력 같은 데서 마음의 만족을 찾으려 하는 유혹에 맞서 싸워야 한다. 창조주보다 피조물을 더 사랑하려는 유혹을 상대해야 한다. 하지만 나 혼자 힘으로, 내가 가진 자원만으로 이런 일들을 하지 않아도 된다. '놀라운 은혜'라는 풍성한 자원을 받았기 때문에, 나 혼자서는 죄에 맞서거나 죄를 물리칠 힘이 없고, 온전한 평온도 누릴 수 없다고 단언할 수 있다. 그러기에 내가 필요한 것을 손에 넣을 수 있으리라고 기대할 필요가 없다. 십자가는 내게 필요한 영적 창고를 이

293

미 소유했다고 확인해 준다. 이 사실을 자신에게 아무리 강조해도 지나치지 않을 것이다.

3) 나는 용서받았다.

성과 돈 문제를 부추기는 죄의 두드러진 특징은 자기 의, 죄책감, 수치심이다. 첫째, 나의 의는 잘해 봐야 누더기에 불과하단 사실을 잊어버린 채 내면의 안녕을 자기 의에 갖다 붙이는 불합리한 행동을 한다. 그렇게 함으로써 내가 의롭다는 사실을 하나님과 나와 다른 사람들에게 증명하려 하는 것이다. 이를 위해 내 죄에 대한 비난은 최소화하고 부정하며, 변명하고 합리화하거나 남에게 떠넘긴다. 현실은 그렇지 않은데 나를 좋게 보려고 애쓴다. 스스로에 대해 속죄하려는 목적으로 내 역사를 재구성하고, 내 이야기를 다시 쓴다. 그러는 사이 마음속에서는 성과 돈에 대한 중독이 커져만 간다.

그게 아니면, 성과 돈 문제에서 드러난, 내가 전혀 의롭지 못하다는 분명한 증거를 보고 어쩔 줄 몰라 한다. 크고 작은 여러 방법으로 끊임없이 실수하기 때문에 두려움에 빠진다. 그럴듯한 연기를 하지 못할 때는, 계속해서 내가 바라서는 안 될 것들을 바라거나 동경한다. 신실하지 못하다는 죄책감을 벗지 못한 나는 아무 일 없이 괜찮다는 인상을 주지 못한다. 그래서 다른 사람들의 거부감과 하나님의 분노를 두려워하며 수치심 속으로 숨는다. 나는 하나님이 나 같은 사람도 사랑하실 수 있다는 사실을 믿지 못한다. 이 역시 예수 그리스도의 복음을 완전히 잊게 만드는 자기 의의 역할이다.

당신이 얼마나 특별하게 의로운지는 중요하지 않다. 당신이 성과 돈을 다룰 때 얼마나 순수한지는 중요하지 않다. 당신이 얼마나 유혹을 강하게 물리치는지는 중요하지 않다. 하나님 앞에서 당신의 위치는 당신의 의가 아니라 그분의 의에 근거하기 때문이다. 예수님의 완벽한 삶, 하나님이 받으신 죽음, 죽음을 물리친 부활이 하나님 앞에서 당신의 위치를 보장한다. 그분의 보혈이 당신의 과거와 현재, 미래의 죄를 모두 덮었다. 그분의 의가 당신에게 전가되었다. 따라서 당신이 크게 실패할 때도 하나님을 피하거나 그분의 임재를 두려워할 필요가 없다. 당신의 첫값은 이미 지불되었고 영원한 용납이 보장되었으니, 당신이 수없이 깨지고 길을 잃을 때에도 그분의 거절을 두려워하지 않고 하나님의 임재 속으로 뛰어들 수 있다. 은혜는 당신의 용서를 보장하고, 당신의 첫값을 대신 치르며, 어깨를 누르는 수치심의 짐도 제거해 준다. 그러니 당신 자신에게 용서의 메시지를 아무리 강조해도 지나치지 않을 것이다.

4) 나를 이해해 주는 누군가가 있다.

히브리서 저자는 "우리에게 있는 대제사장은 우리의 연약함을 동정하지 못하실 이가 아니요 모든 일에 우리와 똑같이 시험을 받으신 이로되 죄는 없으시니라"(히 4:15)고 확신 있게 말한다. 이 말씀을 쓰면서 저자는 원수의 가장 가혹한 거짓말을 폭로한다. 이 거짓말은 성과 돈의 유혹과 싸우는 당신을 마비시키려는 의도가 있다. 그 거짓말은 이런 식이다. "지금 이 일을 겪는 사람은 당신뿐이기 때문에 당신을 이해할 사람은 아무도 없다." 이 거짓말은 당신 홀로 지금 상황을 겪고 있기에 아무도 당신을 이해하지 못한다는 생각으로 당신을 낙담시키는 것은 물론, 더 큰 타격을 주려는 의도가 있다. 바로 하나님의 선하심을 의심하게 하려는 것이다. 이 거짓말의 취약점은 이 부분이다. "너는 혼자니까 아무도 널 이해하지 못할 거야. 주변을 좀 봐. 네가 겪은 일을 겪고 있는 사람은 아무도 없다니까. 하나님도 널 잊어버리셨을 거야. 그분이 늘 계신 건 아닐 수도 있거든. 아마 하나님이 좋아하시는 사람들이 따로 있겠지. 그분이 늘 기도에 응답하시는 건 아냐." 이 모두는 당신으로 하여금 하나님의 선하심을 의심하게 하기 위한 것이다. 성과 돈의 유혹을 받을 때 하나님의 성품을 신뢰하지 못한다면, 그분께 도움을 구하지 않을 테니 말이다.

하지만 히브리서 저자는 오히려 정반대라고 말한다. 성과 돈 문제에서 도움이 필요한 바로 그 순간, 당신에게는 안성맞춤 도움의 손길이 있다. 예수님은 온갖 유혹을 다 받아 보셨기에 당신의 어려움까지도 체휼하시는 그분께 늘 도움을 구할 수 있다. 그분은 당신의 어려움을 정확히 아시기 때문에, 위기의 순간에 맞춤형 도움을 제공하실 수 있다. 그러니 의심 때문에 머뭇거릴 필요가 없다. 100퍼센트 확신으로 그분께 달려갈 수 있다. 그분은 우리를 아시고 이해하신다. 산전수전 다 겪으시고, 당신이 지금 물리쳐야 할 대상을 이미 물리치신 그분이 당신에게 공감해 주신다. 와! 우리에게 이 메시지가 필요하지 않은 날은 단 하루도 없다.

5) 나도 변할 수 있다.

이 모든 말씀은 내가 수없이 넘어졌더라도, 아니라고 대답해야 할 때 번번이 예라고 대답했더라도, 막대한 패배감을 느꼈더라도, 여기서 끝이 아니라는 뜻이다. 그 누구도 막을 수 없는 강력한 은혜가 내 존재를 양도받아 변화시켰다. 내 죄가 아무리 커도, 내가 아무리 어리석어도, 내 과거가 아무리 형편없어도, 결국 은혜가 이길 것이다. 하나님의 나라는 임할 것이다. 그분의 뜻은 이루어질 것이다. 하나님의 모든 자녀의 마음속 구석구석에 있는 아주 미세한 죄 하나부터 그것들이 다 사라질 때까지 그분은 멈추지 않을 것이다.

비록 성과 돈에 미친 세상과의 싸움 속에서 살아가지만, 우리는 지칠 줄 모르도록 열성적인 구속주의 자녀가 되는 축복을 받았다. 그분은 절대 낙망하지 않으신다. 상황이 어려워도 침착하시다. 당신에게 은혜를 부으신 것이 잘못된 결정이었다고 의심하지 않으신다. 초조한 듯 손을 비벼대며 문제가 사라지기만을 기다리시지 않는다. 미완성의 일을 포기하지 않으실 것이다. 무엇보다도, 당신 안에 일을 시작하시고는 그냥 내버려두시지 않을 것이다. 그러기에 당신은 변할 수 있다. 당신의 동기가 바르거나 그럴 능력이 있어서가 아니라, 최후의 원수가 망할 때까지 그분이 포기하지 않으실 것이기 때문이다.

절망에 빠져 옴짝달싹 못 해서는 안 된다. 물론 변화가 불가능해 보이는 때도 있을 것이다. 상황이 나아지기는커녕 더 악화되는 것처럼 보이는 때도 있을 것이다. 하나님이 계시기는 하는지, 그분이 과연 자신을 계시하신 그분이 맞는지 의심스러울 때도 있을 것이다. 은혜가 우리 집 주소를 까먹은 건 아닌지 궁금해지는 때도 있을 것이다. 그러나 우리의 구속주가 우리와 다르다는 사실을 기억해야 한다. 그분은 자기 손으로 하시는 일을 절대 포기하지 않으실 것이다. 그분은 우리 안에서 시작하신 일을 완성하겠다고 약속하신다. 우리의 성품이 아니라 그분의 성품에 우리가 변할 수 있다는 희망이 있다. 그것이 바로 좋은 소식이다!

6) 내가 약한 것은 큰 문제가 아니다.
오히려 내가 강하다는 망상이 문제다.

"내 은혜가 네게 족하도다 이는 내 능력이 약한 데서 온전하여짐이라"(고후 12:9). 이는 패러다임의 변화를 가져오는 말씀, 곧 이 타락한 세상에서 당신의 자아상과 인생관에 대변혁을 일으키도록 의도된 말씀이다. 당신이 강하다고 생각하거나, 그렇게 하려고 애쓴다면, 그리스도 예수 안에서 받은 능력의 은혜와 안식을 구하려고도 얻으려고도 하지 않을 것이다. 우리 모두는 정신을 바짝 차려야 한다. 우리의 사연들은 우리가 실제로는 약하고, 그 때문에 우리가 마땅히 저항해야 할 것들에 오히려 항복하고 있다는 충분한 증거다. 우리는 성과 돈의 유혹으로부터 달아나야 하는데도, 오히려 거기에 넘어가 버렸다. 하지만 겁먹을 필요가 없다. 하나님은 우리가 얼마나 약한지 아신다. 우리에게 힘이 부족하다는 여러 증거에도 놀라거나 충격을 받지 않으신다. 우리의 약함이 그분의 은혜를 방해하지 못하기 때문이다. 오히려 그 반대다. 우리의 약함이 드러나는 바로 그 순간에 그분의 은혜는 최고의 능력을 발휘한다.

우리의 희망은 우리의 힘이 아니라 헤아릴 수 없는 그분의 능력에 달려 있다. 은혜는 우리의 모든 약함을 덮고도 남지만, 스스로 강하다고 고집하는 사람은 그 은혜에 관심이 없다. 성과 돈 문제에 대한 메시지에 귀를 기울이는 것은 우리에게 큰 유익이 될 것이다. 우리 삶에서 성과 돈 문제보다 더 복음이 필요한 영역은 없다. 그 메시지에 귀를 기울인다면, 당신은 아낌없이 부어 주신 하나님의 능력의 은혜를 찾고 누리는 사람이 될 것이다.

7) 나는 날마다 필요한 풍성한 지혜를 받았다.

죄의 슬픈 결과 중 하나는 그것이 모든 사람을 어리석게 만든다는 것이다. 인간이 성과 돈 문제에서 내리는 어리석은 선택이야말로 죄의 어리석음을 가장 잘 드러내는 증거가 아니겠는가? 다윗 왕이 밧세바를 간음한 사건을 생각해 보라. 그는 도대체 무슨 생각을 했을까? 마음속으로 어떤 결말을 생각했을까? 하나님의 행동을 어떻게 예상했을까? 정말로 아무 일 없이 넘어가리라 생각했을까? 어떻게 이 잘못된 관계가 아무 일 없이 매듭되리라고 자신을 이해시킬 수 있었을까? 죄의 어리석음을 적나라하게 보여주는 장면이 아닐 수 없다. 또 예수님의 이야기에 등장하는 젊은 부자 관원은 어떤가? 그는 메시아와의 관계 대신 재산을 유지하는 쪽을 택했다. 그는 정말로 물질세계와 영적세계의 가장 좋은 것을 모두 취할 수 있다고 생각할 만큼 어리석었을까? 그는 정말로 자신의 마음을 다스리는 것이 무엇인지 알지 못했을까? 예수님께 등을 돌리는 것이 정말로 더 좋은 선택이라고 생각했을까?

어리석음은 모든 인간의 문제다. 어리석음은 죄의 불가피한 결과의 하나인데, 우리 모두는 죄인이기 때문이다. 우리는 우리 자신을 피할 수 없기에 이 어리석음을 피하지 못한다. 그래서 예수 그리스도의 복음이 이토록 강력한 능력으로 우리를 환영하고 있다. 복음은, 지혜가 책도 아니요, 블로그의 글이나 트윗도 아니요, 신학 논문도 아니라고 선포한다. 지혜는 무엇보다도 한 인격인데, 그분의 이름은 예수시다. 바울은 골로새서 2장 3절에서 "그[예수] 안에는 지혜와 지식의 모든 보화가 감추어져 있느니라"고 말한다. 하나님은 우리의 어리석음에서 우리를 구하시기 위해 우리의 유일한 도움인 그분의 아들을 보내셨다.

그런데 우리는 말씀이신 그 아들뿐 아니라, 그분의 말씀이라는 축복도 함께 받았다. 성경 각 페이지에는 우리 스스로는 터득할 수 없는 지혜가 가득하다. 성경에는 당신 안팎에 만연한 성과 돈과의 싸움에서 당신이 알아야 할 교훈이 가득하다. 그 지혜는 개인의 체험이나 공동의 연구로는 도무지 알 수 없는 것이다. 오로지 계시를 통해서만 이 중요한 진리를 알 수 있다.

그래서 하나님은 우리에게 말씀을 주셔서 우리가 그분과 그분의 계획을 알게 하신다. 그분과 그분의 계획을 알면, 우리는 우리 자신과 우리의 필요를 알게 되고, 영원한 희망과 도움을 어디서 찾을 수 있는지도 알게 된다. 하나님 말씀의 목적은 종교적이고 신학적인 정보를 전달하는 것이 아니라, 우리의 인격을 변화시키는 것이다. 그래서 말씀이신 아들과 아들의 말씀은 그분이 우리를 우리 자신의 어리석음에 내버려두지 않으셨음을 뜻한다. 지혜이신 분, 즉 그분 없이는 우리가 결코 소유할 수 없는 지혜를 주신 분이 우리와 함께하신다. 우리는 이 진리를 자신에게 거듭해서 말해 주어야 한다.

8) 풍성한 은혜만이 내 마음에 만족을 줄 수 있다.

이 부분에 대해서는 달리 덧붙일 내용이 없고, 이 점만 다시 한 번 강조하려 한다. 우리는 날마다 자신에게 이 말씀을 선포해야 한다. 모든 사람이 찾는 마음의 만족은 오로지 수직 관계에서만 가능하다. 수평 관계에서는 찾을 수도 없고 찾아지지도 않을 것이다. 그 어떤 피조물이라도 당신의 마음에 만족을 줄 수 있는 능력이 없다. 피조물은 당신의 마음이 만족과 안식을 찾을 수 있는 곳을 가리켜 줄 뿐인데, 하나님만이 우리에게 참 만족을 주실 수 있다. 우리 삶을 해치고 망가뜨리는 성과 돈의 문제는 창조주만이 주실 수 있는 것을 피조물에서 찾은 결과다.

9) 성과 돈 문제와의 싸움은 언젠가는 끝날 것이다.

예수님의 승리는 당신의 승리를 보장해 준다. 농업 용어를 빌리자면, 그분이 첫 번째 열매시다. 나무에 사과가 처음으로 열리면, 더 많은 사과를 수확할 수 있다는 표시다. 예수님의 십자가와 빈 무덤은, 언젠가는 당신이 성과 돈의 죄를 물리치고, 안팎을 얽매던 구속에서 해방되어 영원히 살아가리라는 보장이다. 이 미래의 승리에 대한 보장은 또한 그 과정에서 당신에게 필요한 모든 은혜를 보장해 준다.

우리는 성과 돈으로 미친 세상에 살고 있다. 그리고 그 죄성은 모든 사람의 마음속에 어떤 식으로든 살아 있다. 하지만 겁낼 필요가 없다. 굴복할 필요도 없다. 우리의 싸움이 헛되다고 생각하지 않아도 된다. 우리는 결핍과 외로움, 불가능이 속삭이는 의견들에 굽히지 말아야 한다. 메시아 예수님이 이 미친 세상에 오셨기 때문이다. 그분은 우리가 마주치는 모든 문제에 부딪히셨고, 우리를 대신해 모두 물리치셨다. 그리하여 당신과 나는 성과 돈의 싸움에서 우리에게 필요한 은혜를 소유하게 되었다. 성과 돈의 문제가 완전히 해결되는 영원으로 돌아갈 때까지 우리에게는 이 싸움이 끊이지 않을 것이다.

돈과 섹스의 영성

초 판 1쇄 인쇄 2014년 8월 7일
개정판 1쇄 인쇄 2022년 1월 14일
개정판 1쇄 발행 2022년 1월 21일

지은이 폴 트립
옮긴이 이지혜
펴낸이 정선숙

펴낸곳 협동조합 아바서원
등 록 제 274251-0007344 (최초등록일 2005년 2월 21일)
주 소 경기도 고양시 덕양구 삼원로 51 원흥줌하이필드 606호
전 화 02-388-7944 **팩 스** 02-389-7944
이메일 abbabooks@hanmail.net

ISBN 979-11-90376-51-8 (03230)

잘못 만들어진 책은 구입한 곳에서 교환해 드립니다.